全国医药职业教育药学类规划教材

药品店堂推销技术

（第二版）

（供中职使用）

主编　梁春贤

编者　梁春贤　周朝霞　袁玲

中国医药科技出版社

内容提要

本书为全国医药职业教育药学类规划教材之一，直接针对零售药店的日常工作业务，为培养药品营业员的职业素质而设。

全书分为上下两篇，上篇为门店日常业务，以门店日常工作内容为背景，适度整合了与药品零售业务相关的法律、法规。下篇是业务拓展，以门店工作为中心，适度延伸，旨在为自主创业、门店业务拓展及个人发展打下坚定的基础。为突出专业技术课程的特点，还设计了相关的实训内容。

本书适合医药职业教育药学类学生使用，也可以作为门店在职营业员的岗位培训及考核使用。

图书在版编目（CIP）数据

药品店堂推销技术/梁春贤主编. —二版. —北京：中国医药科技出版社，2009.8

全国医药职业教育药学类规划教材. 供中职使用

ISBN 978 -7 -5067 -4278 -8

Ⅰ. 药... Ⅱ. 梁... Ⅲ. 药品 - 推销 - 专业学校 - 教材 Ⅳ. F763

中国版本图书馆 CIP 数据核字（2009）第 087498 号

美术编辑 陈君杞

版式设计 郭小平

出版 中国医药科技出版社

地址 北京市海淀区文慧园北路甲 22 号

邮编 100082

电话 发行:010 -62227427 邮购:010 -62236938

网址 www. cmstp. com

规格 787 ×1092mm $^{1}/_{16}$

印张 17 $^{1}/_{4}$

字数 281 千字

出版 2007 年 1 月第 1 版

版次 2009 年 8 月第 2 版

印次 2016年7月第9次印刷

印刷 三河市百盛印装有限公司

经销 全国各地新华书店

书号 ISBN 978 -7 -5067 -4278 -8

定价 31.00 元

编写说明

随着我国医药职业教育的迅速发展，医药院校对具有职业教育特色药学类教材的需求也日益迫切，根据国发［2005］35号《国务院关于大力发展职业教育的决定》文件和教育部［2006］16号文件精神，在教育部、国家食品药品监督管理局、教育部高职高专药品类专业教学指导委员会的指导之下，我们在对全国药学职业教育情况调研的基础上，于2007年7月组织成立了全国医药职业教育药学类规划教材建设委员会，并立即开展了全国医药职业教育药学类规划教材的组织、规划和编写工作。在全国20多所医药院校的大力支持和积极参与下，共确定78种教材作为首轮建设科目，其中高职类规划教材52种，中职类规划教材26种。

在百余位专家、教师和中国医药科技出版社的团结协作、共同努力之下，这套“以人才市场需求为导向，以技能培养为核心，以职业教育人才培养必需知识体系为要素、统一规范科学并符合我国医药事业发展需要”的医药职业教育药学类规划教材终于面世了。

这套教材在调研和总结其他相关教材质量和使用情况的基础上，在编写过程中进一步突出了以下编写特点和原则：①确定了“市场需求→岗位特点→技能需求→课程体系→课程内容→知识模块构建”的指导思想；②树立了以培养能够适应医药行业生产、建设、管理、服务第一线的应用型技术人才为根本任务的编写目标；③体现了理论知识适度、技术应用能力强、知识面宽、综合素质较高的编写特点。④高职教材和中职教材分别具备“以岗位群技能素质培养为基础，具备适度理论知识深度”和“岗位技能培养为基础，适度拓宽岗位群技能”的特点。

同时，由于我们组织了全国设有药学职业教育的大多数院校的大批教师参加编写工作，强调精品课程带头人、教学一线骨干教师牵头参与编写工作，从而使这套教材能够在较短的时间内以较高的质量出版，以适应我国医药职业教育发展的需要。

根据教育部、国家食品药品监督管理局的相关要求，我们还将组织开展这套教材的修订、评优及配套教材（习题集、学习指导）的编写工作，竭诚欢迎广大教师、学生对这套教材提出宝贵意见。

全国医药职业教育药学类

规划教材建设委员会

2008 年 5 月

第二版前言

药品行业的发展导致人才需求变化的一个明显特征是药剂专业毕业生的就业方向逐渐由医院转向药店，其业务内容也由药品调剂、制备转变为药品零售。这种人才需求的变化决定了职业学校为适应市场的需求，就必须改革传统的专业课程。

《药品店堂推销技术》是在《医学基础》与《药品商品学基础》等课程的基础上，以药品门店工作业务为背景开发的一门全新课程，是直接针对药品门店各岗位就业的业务要求而设置的课程内容。以培养学生从事药品零售相关业务所必需的职业能力为目标，致力于药品零售相关知识的传递与实际工作技能的训练，并强调职业态度的养成与价值观的培养。《药品店堂推销技术》是药剂专业的核心课程之一。

本课程分为上、下两篇。上篇是门店日常业务，以门店日常工作内容为背景，适度整合了与药品零售业务相关的法律、法规。内容包括：门店概述、门店管理、药品陈列、药品销售、收银作业与财务单据管理及售后服务等，介绍了从接待顾客到售后服务等门店日常业务所必需的知识与技能，在内容上覆盖了门店日常作业的各个环节；下篇是业务拓展，以门店工作为中心，适度地向外、向上延伸。内容包括：药店的开办与选址、营业场所的设计、网上药店、门店促销活动等，旨在为自主创业、门店业务拓展及个人发展打下坚实的基础。

本课程强调工作技能的训练与职业态度的养成。每一个教学单元都设计了一定的实训内容，以指导学生进行模拟训练。通过反复多次的模拟，不仅要让学生记住工作时应该如何做，更要在不断的训练中把这些职业理念内化为日常的执业习惯，完成从学生到门店员工的角色转变。

由于各种因素的限制，本书的编写难免存在许多缺陷与不足。如果您有建议与批评，请及时与我们联系，以不断完善，谢谢您帮助我们改进与提高。

编　者

2009 年 1 月

目 录

上篇 门店日常业务

下篇　业务拓展

附　录

上　篇

门店日常业务

第一单元 门店概述

【学习目的】

通过本章的学习，能让你了解药品门店组织机构的基本构架以及各岗位的能力要求，为将来进入企业做好思想上、知识上和能力上的准备。

【知识要求】

掌握药品门店的基本职能。

熟悉门店各岗位的工作职责。

了解门店的组织结构及商圈对门店销售的影响。

【能力要求】

学会商圈分析。

第一节 药品门店组织机构及岗位工作要求

一、门店基本职能

门店是药品零售企业的基本组织单位，在日常经营过程中应认真贯彻企业的经营方针、策略、执行各项规范和指令，以服务顾客为荣，努力提高经营管理水平，努力创造良好的经营绩效。

门店的基本职能有：

（一）经营和销售职能

门店的经营与销售职能主要指向顾客提供所需商品，完成各项经营指标，努力提升营业额，不断完善业务流程。

药品门店所提供的商品，一般情况下，除药品外，通常还包括保健品、化妆品及部分儿童用品。从发展情况看，药品门店提供的商品类别有不断扩大的趋势，故药品门店与一般商品门店的区别逐渐模糊。但根据国家有关法规的规定，药品零售必须遵循以下基本原则：一是必须取得药品经营许可证，否则不能经营除乙类非处方药以外的其他药品；二是同时经营药品与非药品的门店，药品与非药品必须分开陈列。

经营指标是企业实施门店业务绩效考核的主要依据，通常按门店的地理位置确定各项指标，包括销量、营业额、毛利率、损耗率等。部分连锁药店还用部分具体品种销量制定经营指标。

经营指标既是考核门店业务状况的依据，同时也常常是企业实施门店奖惩制度的依据。

（二）商品展示，管理职能

门店为企业经营的商品提供展示、储备、流通及养护。

商品展示方式，对商品的销量有直接而重要的影响。很多供货企业设专人负责门店的商品展示。连锁企业为统一企业形象，通常要求各门店按统一的格调展示商品，以便于顾客识别不同门店的相互关系，也利于顾客认同企业而成为忠诚顾客。特殊节日或企业为某项销售策略的实施，通常也同时提出改变商品展示方式的指令，以利于营造销售氛围而促进销售。

因顾客需求的多样性和不确定性，故门店的展示与销售业务必须与商品储备、流通和养护紧密联系起来。既要防止缺货，又要防止积压，还要防止药品由于保管不善，各种外界因素影响而发生变质。

因此，门店要做好销量的统计工作，对店内商品及时盘存，按销量及时补足所需商品。同时注意检查货架上的商品的质量，特别是对药品有效期的查验，防止过期商品滞留在货架上或库房内。

（三）顾客服务职能

顾客服务包括为顾客提供优质化的“情感服务”、高质量的医药专业服务和便利服务等内容。门店业务说到底是为顾客服务的过程。药品门店业务的核心内容就是为顾客提供药品服务。而服务质量的焦点是顾客满意。

根据顾客满意指数模型（图1－1）可知：在开展各项业务的过程中，门店的工作人员的工作方式、方法、情感、态度等对顾客期望、对质量的感知及对价值的感知产生影响，从而导致顾客满意度发生改变，结果可能产生顾客抱怨或顾客忠诚，从而影响企业的业绩与服务质量水平。优质化的情感服务、高质量的医药专业服务和便利服务，正是药店与一般商品门店职能的主要区别点。能够提供高质量的医药专业服务既是药店营业员必备的专业技能，也是区别于一般商品营业员的基本特征。

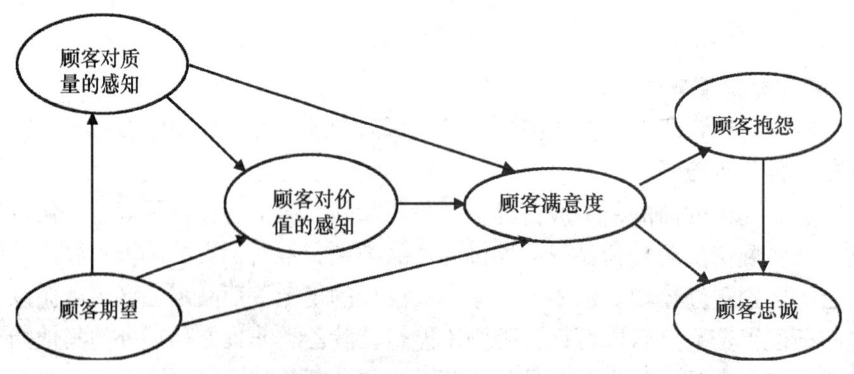

图1－1　顾客满意指数模型

满足顾客需求是顾客满意的基础。然而关系营销的理念提示我们，顾客不仅是产品的最终使用者，而且是有着多重利益关系、多重需求、有思想、有情感、存在潜在价值的人，因此把营销活动看成是一个企业与消费者、供应商、经销商等各组织机构的相互作用的过程，超越顾客需求，实施情感服务，与顾客建立良好的和谐关系，是提高顾客满意度的重要途径与方法。

（四）信息收集职能

信息收集包括商圈内顾客需求信息与竞争对手信息两个方面。这些信息对企业实施有效的竞争策略，促进企业的生存与发展有着极其重要的意义。门店通过与顾客交流和沟通，明确顾客需求，才能有效地满足顾客需求，实现对顾客的有效服务。同时也可以通过各种途径与方法调查了解同类门店的经营状况，从而为企业领导的正确决策提供参考依据。

可以收集的信息很多，对药店而言，最重要的信息包括顾客需求或喜爱的药品（商品）品种、品牌、规格及数量以及同类药品（商品）的价格、销售方式、促销手段等。如果某种或某类药品的需求规律发生变化，应予以重点关注并及时汇报。与常规不一致的变化通常意味着新需求趋势，对市场预测与经营决策有重大意义。

准确的门店销量统计表也是收集市场需求与竞争信息的重要途径。

（五）企业形象宣传职能

一个企业就像一个人具有独特的外貌、仪表和风度一样，也有自己独特的形象。每一个企业内在的精神素质和经营哲学，总要通过一定的具体形象表现出来。公众对某个企业的认识、了解和评价，也是从对这些具体的形象开始的。这种感受往往影响着人们对企业的态度，并形成一种不易改变的心理。

企业的形象特征有物质表征、社会表征和精神表征三种。

物质表征是企业形象构成要素中可见的物质形式及客观实在所代表的形象特征。如建筑群落、企业产品、广告标牌等，这些具体的、实在的客观对象，作为感知对象，通过公众的感受，印入其记忆系统成为表象，又经过认识加工，就形成了公众的形象概念和评价。

社会表征是指通过企业文化建设和企业管理过程所表现出来的企业素养和文化特色，如人才结构、技术优势、管理水平等。它反映了企业的经营管理水平、企业的经营方针和文化蕴含，体现了在市场竞争中的地位和水平。社会表征是企业形象塑造成果的折射。

精神表征是指企业行为所表现出来的内在精神和价值观。企业内在精神是企业形象的灵魂和精髓，是企业文化的体现。企业精神渗透在企业宗旨、企业目标、经营方针等各方面，企业精神表征具体地体现在企业的凝聚力、企业员工的精神风貌和企业内部群体社会心理气氛中，公众可据此把握一个企业的内在形象特征。

作为企业的一个重要组成部分，门店具有塑造、改善、维护企业形象的职责。干出好的业绩 、提供优质服务、开展宣传与沟通、加强公关活动等，都是实现企业形象宣传职能的重要途径。

（六）渠道附加值的职能

市场营销渠道是指产品从生产者向消费者或用户转移过程中所经过的一切取得所有权（或协议所有权转移）的商业组织和个人。简言之，就是产品在其所有权转移过程中从生产领域进入消费领域的途径。

销售渠道的作用：一是实现药品从生产者向消费者的转移；二是平衡市场供需矛盾。药品零售企业是向最终消费者提供医药商品和服务的中间商，处于商品流通的最终环节，销售对象是直接消费者，交易次数多而金额小，经营场地与服务质量的高低，对药品销售的影响很大。

药品零售企业通过提供优质的产品和服务，以提高聚客力，由此而巩固市场和拓展自身的市场地位，增强竞争力；另一方面以自身的终端资源，提高市场产品销售能力而增加对供应商的吸引力，最终提升零售业务的价值。

（七）员工培训职能

员工是企业价值的创造者。企业人力资源开发的目标包括两个方面：一是通过开发活动提高人的才能；二是通过开发活动增强人的积极性。其开发途径有教育性开发、政策性开发和使用性开发。教育性开发是指通过传授知识、训练技能、培养理想、锻炼意志等活动来提高人的才能和激发其活力的一项活动。政策性开发是指通过制订和颁布企业的人力资源管理制度来提高员工的素质，扩大员工队伍的存量、充分合理使用人力资源。员工的使用过程也是开发过程，科学合理地使用员工，是最好的开发途径，用人所长，使工作具有挑战性、明责授权、用人不疑、奖优罚劣、民主参与管理，都是企业培训职能的具体体现。

二、门店组织机构及岗位职责

（一）人员架构及特点

药店的从业人员为店长和店员。店长负责全面的经营管理工作，店员负责具体的进、销、调、存等工作，店员根据功能又可以分为初级店员、中级店员、高级店员三级（或初级、高级二级）、助理药师、药师、执业药师。根据工种可以分为营业员、采购员、保管员、质量员。

一般门店人员的标准配置如图1－2所示。门店与企业其他部门机构的关系见图1－3。

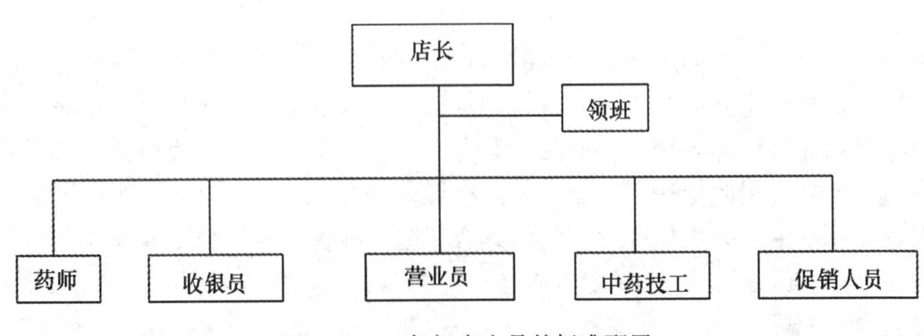

图1－2　一般门店人员的标准配置

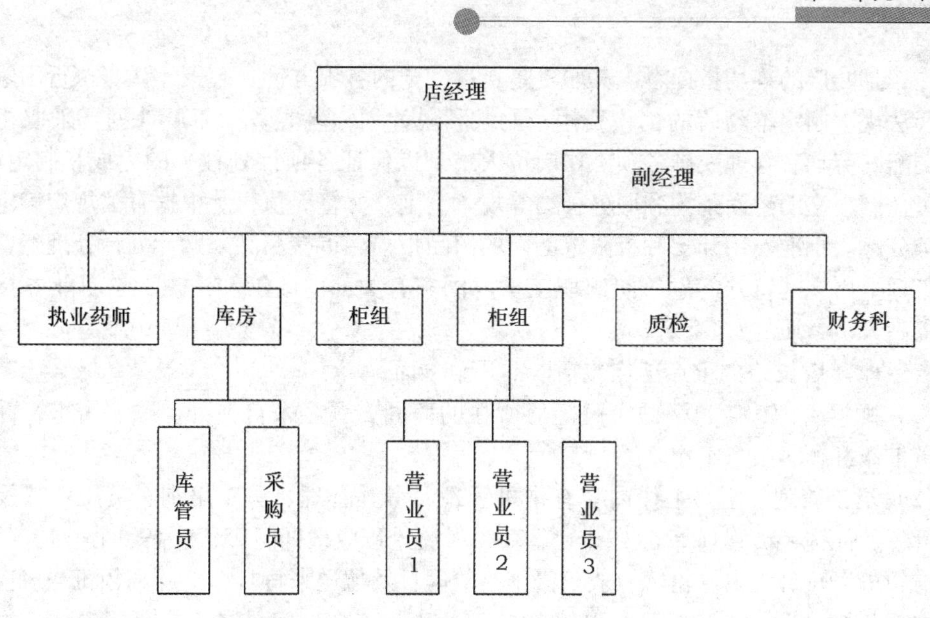

图1-3 大型门店人员配置与相关机构

（二）各级人员的岗位职责

药品是特殊商品，医药零售是特殊行业，医药零售对从业人员的素质有较高要求。药学专业技术人员是开办和经营药店的必要条件。根据《中华人民共和国药品管理法》和《药品经营质量管理规范》，药品零售企业和药品零售连锁门店的店长应具有专业技术职称，熟悉有关药品管理的法律法规，具备药学或相应专业知识、现代科学管理知识和一定药品经营实际经验。药品零售企业和药品零售连锁门店的店员应当具有高中（含）以上文化程度，或具有初中以上文化程度和5年以上的药品经营经验。经营处方药的，应配备执业药师或经过资格认定的从业药师进行处方的审核和调配工作。药品零售企业主管质量的负责人必须有药品技术职称或药学相关专业（医学、生物、化学）相应职称。大中型药房主管质量的负责人应当具有药师（含药师和中药师）或相关专业助理工程师（含）以上技术职称。小型药房和药品零售连锁门店主管质量的负责人应具有药士（含药士和中药士）或相关专业技术员（含）以上技术职称。药品零售企业和连锁门店中，从事药品质量管理工作的人员，应具有药师（含药师和中药师）以上技术职称，或具有中专（含）以上药学或相关专业学历。

门店内的各级人员要做好本职工作，需要保持良好的工作心态，对自己的工作角色进行恰当的定位。其共同的要求是：认同药店的服务职业性质，愿意用专业知识为顾客服务，体现自我价值，从中获得自我满足，不因不良情绪影响工作。

在行为举止方面，要求店内各个岗位人员着装整齐，工牌端正，发型美观得体，仪表大方，举止文明，能使顾客产生信任感。

在专业服务与态度方面要求员工热情招呼，微笑待客，礼貌谢别，咨询回答耐心、细致，使顾客满意。

1. 店经理（店长）职责

店经理是药店经营目标的实现者，也是药店经营的直接责任人。店经理负责门店的全面工作，是药店的现场指挥者。其职责是：贯彻党的各项方针、政策，认真执行国家有关政策及法规。制定本药店的销售费用、上缴利税计划，落实各项年度计划。采取相应措施，调配好劳动和合理安排各项工作岗位人员，以保证各项计划任务的完成。制定店规、岗位责任制、文明经商条约和服务公约等规章制度，并督促执行。根据有关规定确定职工的奖金分配。批准费用开支和权限范围内的商品报损，审核药品采购计划，处理经营、服务和管理上出现的特殊问题。组织职工学习国家有关部门政策和法规，学习业务技术知识，提高人员素质。

店经理（店长）的重点工作包括以下几个方面：

（1）顾客管理 店长必须了解门店所在的商圈、顾客来自何处、顾客需求，并组织门店员工作好顾客服务工作。

（2）员工管理 主要工作内容有排班管理、考勤管理、员工培训、员工考核及专柜人员管理及促销人员管理等。① 排班管理：人员排班应根据门店营业高、低峰情况而定，店长与领班以轮班为主，轮休一般不安排在节假日及配送来货日。药师和领班当班应当充分考虑业务能力进行合理搭配。② 考勤管理：店长应合理安排员工排班、轮休，每日掌握员工出勤及休假人数、迟到、早退等状况，保证正常营业。③ 员工培训：根据员工的具体情况分新员工带教、门店现场实操培训和实施集中培训等。通常通过每周例会或晨会在工作现场进行，也可以在工作过程中予以指导和纠正。基本要求：一是根据员工的工作需要，以提高员工的工作技能为目标分层次进行；二是短期目标与长期目标相结合，不断提升的综合素质，提高员工的服务水平；三是有计划、有目标地按预定的程序进行，并做好培训效益评估，持续改进培训质量。④ 员工考核：店长负责对本店员工的工作能力、工作质量及工作绩效进行考核。其内容包括工作相关基础知识、工作技能、工作态度及工作业绩等。通常分理论知识考试、现场实际工作技能考评及各项定额指标完成情况统计分析等形式。考核结果是企业激励员工的主要依据。⑤ 专柜人员及促销人员管理：门店的专柜人员和促销人员在建制上通常属于供应商或者合作伙伴。店长必须对这些人员在工作过程中执行本企业的制度、维护本企业的形象以及执行双方签订的合同或协议的行为状况进行监督和管理。

（3）供应商管理 从供应链看，门店是供应商的服务对象。但从企业发展的长期目标看，供应商又是门店的合作伙伴。店长的职责是根据本企业的业务需求协调好与供应商的关系，对供应商的服务水平进行监督、考查和评价，以保证营运工作的有序进行。

（4）收银管理 店长必须保证企业的《现金管理规定》在门店正确执行。为此，店长对收银管理工作的要点是：①钥匙的保管人应为店长或其他被授权人；②应经常查机，做好每日保险柜的清点、交接工作；③对收银员出现超过限度的长、短款事件，应要求当事人做出书面解释；④必须每日检查《门店零售日报表》；⑤应核对特价商品、退货商品、负存库商品的数据与收银台流水单是否相符，发现问题及时处理；⑥加强单据管理，确保有关商品的配货出货单、互调单、退货单和发票等的正确传递，并登记留底备查。

（5）数据分析 门店信息及资料的管理作为公司数据公管理的一部分，店长必须具有数据观念，从开业之日起进行，整理日常营业数据、收集资料，并不断总结、调整，为日常经营工作提供依据。店长应对数据进行分析，对数据反映的问题充分认识，不断提高门店绩效。

门店管理的主要数据指标及公式：

毛利率＝毛利额/销售收入　　　　费用率＝费用额/销售收入

人效＝销售收入/员工人数　　　　坪效＝销售收入/卖场平方数

存货周转率＝销售收入/（期初＋期末）/2

盈亏平衡点＝费用/毛利率

2. 领班职责

领班的职责是协助店长做好各项工作，店长不当班时，全面负责店面工作，传达并执行当班期间收到的公司及部门、区域经理的各项文件、通知、指令。负责当班责任区分工及营业现场的管理，督促、指导员工对当班责任区商品的理货、上货、价格牌、POP、卫生、促销、缺货登记等管理。对本班出现的突发事件处理，不能处理的应及时上报。维护顾客关系，做好服务工作，有效地处理好顾客投诉。做好工作交接、真实记录当班发生的事情，以便接班人员知晓并处理。配合药师做好 GSP 的表格填写及近效期药品的促销工作。按要求成为各项优质服务的榜样。

3. 执业药师（药师）职责

遵守国家药品管理法律、法规，遵守职业道德，忠于职守。熟悉药品性能，掌握专业知识和技能掌握最新药品信息。负责处方的审核及监督调配，提供用药咨询与信息，指导合理用药，开展治疗药物的监测及药品疗效的评价，保证药品质量合格，患者用药安全。参加培训和继续教育，参与社区卫生保健活动。

助理药师、药师在执业药师的指导下承担药学服务工作。

在药品门店工作的执业药师或药师的具体工作内容有：

（1）药品销售　根据顾客需求向其提供健康及药品信息，指导、帮助顾客正确选购非处方药品进行自我药疗。对凭处方销售的药品，应依据处方制度对处方进行审查，对有配伍禁忌或超剂量的处方应当拒绝调配和销售。必要时需经医师对处方更正或重新签字，方可进行调配、销售，并按规定做好处方药品记录。已经调配的处方按规定留存 2 年备查。

（2）商品管理　药师负责门店商品进货的质量验收、养护工作，负责近效期药品的跟踪管理，按公司要求做好各类 GSP 表格。

（3）处理质量问题　质量问题包括商品质量事故及顾客投诉两类。药师负责对门店商品质量进行处理，如包装破损，资料、证件不全，下货错误等问题及时上报商品质量部门或采购部、物流配送部，并跟踪处理结果。及时处理工作中出现的顾客投诉并上报质量部门。对经营中的药物严重不良反应和重大质量事故应及时上报商品质量部门。

（4）药店形象（布局与药品分类）管理　将药品与非药品、处方药与非处方药按 GSP 要求分类摆放，按规范要求在适当位置悬挂标示牌和警示语。

（5）药品知识培训　药师负责对本店员工进行药品知识培训，及时传达国家药品管理的有关政策、法规并监督执行，掌握药品最新信息（质量信息、新药信息、疗效、相互作用等，辅助员工理解与掌握相关药品知识，指导其做好各区域的商品养护，提高员工的专业素质。

3. 店员（营业员、健康顾问）职责

随着行业的发展，在不同的企业、不同时期，对门店店员有不同的称谓，同时也预示着店员的工作职责与工作内容的不断拓展。近年来有企业把营业员定位于顾客的“健康顾问”，不仅提升了营业员的工作地位与工作价值，对营业员的业务能力也提出了新的要求。

店员是第一线与消费者接触的人，对顾客购买决定有较强的影响。因此店员的基本工作职责是：热情接待顾客，诚实向顾客介绍药品，做好医药商品零售工作。做好处方调剂工作，严格执行审方、划价、计算、收款、配药、复核、包装及发药一整套处方调剂工作规程。当把药品发给顾客并告诉患者一些保健常识时，要时常请教执业药师。当回答顾客提问时，要经常向执业药师请教或查阅参考书。遵守药房的各项规定，时刻保持柜台和货架的干净整洁。做好药店营业销售的内务管理，使之与其他工作衔接紧密。

营业员的工作重点内容有：

（1）熟悉本区域内的商品信息　营业员要做好顾客的“参谋”，对顾客购买形成积极的影响，就必须熟悉商品知识、商品卖点，能准确地向顾客客观地说明商品特性及用途、注意事项，努力提高服务和专业水平，为顾客提供优质服务，努力提高工作业绩。

（2）商品管理　营业员负责本区域内商品的清洁、陈列、导购、促销、点货、补货和防盗等管理工作，对新到商品进行验收、合理储存及周转商品。必须做好商品核查及交接工作，交接无误后方可离岗。

（3）执行制度、规范　营业员是企业形象的主体，顾客往往通过营业员其自身形象、行为规范、工作态度等途径评价企业。因此营业员必须以国家法令、法规、企业内部制度为准则约束自己的行为，以维护企业的形象和声誉，保质、保量地完成当班负责人交代的工作任务。

（4）反馈需求信息　营业员应主动调查商圈信息及新商品信息，并及时反馈于当班负责人，为合理商品配置提供依据。

4. 收银员职责

收银员的职责是为顾客提供快速、准确的收银服务，规范执行各项收银作业，及时、准确地填写各类收银报表，在收银期间保管本班营业额，并向顾客宣传公司的促销活动。

5. 采购员职责

根据市场需要、季节特点、病人数量情况以及结合库存余额，编写进货计划，报经理审查同意后进行采购，平时采购则根据仓库及营业柜台缺货品种登记做临时补充。

加强采购工作的计划性，防止人为脱销和盲目购药。

采购工作必须以保证顾客需要为最大前提，尽量做到品种齐全，成交率高。在此基础上，积极增加深受广大顾客欢迎的品种，扩大销售，方便群众。

在保证药品供应的同时，根据资金情况，做到管好、用好采购资金，尽量避免药品积压。

采购应注重药品的质量，严把质量关，做到不符合质量要求的药品坚决不进，以确保顾客用药安全有效。

注意多方听取群众对药品的需求意见，收集信息，积极为顾客提供质量高、疗效好、价格合理的药品。

对采购的药品，如果验收时发现质量或数量不符，负责向原进货单位提出退货或索赔。

注意搜集药品供销信息、货源信息、价格信息及质量信息，做到心中有数，便于更好地开展采购工作。

负责购进药品的提运，以保证药品及时运回。

6. 质量管理员职责

对购入的药品进行验收和质量把关，凡不符合质量规定的，有权并有责任提出拒绝收货。

在验收时发现疑问的品种，经本人或与店内其他质管员研究仍不能确定其真伪时，负责将其送上级主管质量部门鉴定。

对鉴定为伪劣药品种，负责执行停止出售，听候上级质管部门处理。对已出售的伪劣药，负责采取措施，及时追回。

在执行药品质量管理工作中受到阻挠或干扰时，有权并且有责任越级向上级质管部门申诉。

7. 质量验收员职责

坚持“质量第一”观念，严格执行国家有关法律法规规定，坚决执行药房质量管理制度。

严格按药品法定标准和合同质量条款逐批验收购进药品。按规定比例抽验来货数量，明确验收重点、方法、手续。坚持做到不合格药品不入库。验收中发现质量问题及时反馈、上报。努力学习业务知识，提高验收水平。

8. 保管员职责

经验收后入库的合格药品，负责按不同类别、不同性质、不同剂型分别采取相应的储存保管方法，妥善存放。

全面掌握在库商品质量情况，对所有品种有效期、哪些品种易发霉、虫蛀、哪些易泛油、哪些易挥发等要心中有数。采取重点检查、经常检查和定期检查等不同方法，把库存品有条理、有计划、有相应措施地管理好，尽量把变异损耗减少到最低限度。

遇到医药商品变异程度严重或数量较大时，应及时上报经理，以便采取挽救措施，避免更大的损失。

负责发放营业领货工作，依照制度，做好商品入库、调出等登记。

对西药中的精神药品和医用毒性药品，中药中的毒性药品、麻醉药品和贵重药品，要严格管理制度。

对验收中发现质量或数量不符的代管品，负责代为妥善保存。未经解决前，不得调出销售，应另类存放，并挂上代管标签，避免错销错调。

被确认为假药、劣药的在库药品，一律不准调出销售，要妥善管理。待上级作出处理意见后，遵照执行。

根据药房制度，定期组织人员盘点。

9. 其他人员职责

（1）柜组长　负责某一种类产品的销售工作，对销售额及利润负责，同时负责管理本组店员。

（2）中药技工　职责与店员基本相同，但工作区域主要在中药柜。

（3）财务人员　负责收款及按经理意图执行货款给付。

三、门店营运管理要求

（一）工作原则

营运管理是对门店常规工作业务过程进行管理。根据管理学原理的一般要求，营运管理应遵循以下原则。

（1）先服从，后投诉原则　对上级指令必须先遵照执行，如有异议，可以向上级或隔级反馈，处处以大局为重。

（2）逐级原则　上级可以对下级进行越级检查，但不能越级指挥；下级对上级可以越级申诉，但不能越级请示。

（3）一个上级原则　门店只有一个负责人，其他人员只对第一负责人负责。

（4）勇于承担原则　对工作中出现的失误或过错不推诿，勇于承担责任，并找出补救办法。

（5）复命制原则　上级对下级的指令，下级不论是否完成，必须及时复命；不能完成的应及时说明原因，如因未及时复命延误了工作，要由受令人承担责任。

（6）文字化原则　对下属的指令、要求影响力超过一定期限的，必须以文字形式传达。若为紧急指令，口头通知后仍要补以文字形式。

（二）工作要求

1. 沟通信息

门店日常营运工作过程中的信息很多，根据信息的内容大致可能分为顾客需求信息、公司内部指令或文件信息及各种工作绩效信息等。这些信息通常通过文字或通讯设备进行沟通。因此工作中必须保持通讯设备畅通，有电必复，并做好相关记录。建立并执行公司内部指令或文件收发工作记录，是保证信息送达的有效措施。工作绩效的反馈则有利于员工及时调整工作策略，提高工作绩效。

信息沟通工作需要各级人员在工作中及时交流和反馈。

2. 工作规范

不同岗位的工作规范不完全相同，但均遵循基本的工作原则。具体表现为：①对顾客的意见无论对错均应诚恳接受，并表示感谢；②与供应商建立良好的合作关系，使用礼貌用语，相互尊重，诚恳待人；③做好安全工作，提高防损意识；④做好工作记录，对各种数据、文件、表格、票据及时进行归档或上报等。

3. 责、权清楚

各级人员的工作职责与工作权限通常按工作范围与工作内容予以划分，并以制度的形式固定下来，以文件形式进行传递。通过学习企业内部制度各级人员需明确自己的职责与权限，按制定的规定开展工作。如门店中必然涉及物品管理与现金管理的问题，原则上现金由收银员管理，商品由柜台员工管理，店经理负责检查、核实钱、物、账是否相符。又如各级员工都应熟悉“顾客购物须知”的具体内容，以免给予顾客不能兑现的承诺，造成损失。必要时店经理也可以通过授权的方式调整职责权限，指定人员负责某项具体事务，如指派人在收银员吃饭时顶机收款等。但原则上要先查机，确认无误后方可上机。

4. 奖、罚分明

企业有明确的奖惩制度，不同的门店可能对员工也有不同奖惩标准。奖、罚分明是企业管理的基本原则。但前提之一是奖、罚标准须预告明示，各项考核指标明确、清楚，考核过程与考核结果公平和公正。

（三）禁止事项

不同的门店禁止事项不完全相同，在此仅以某企业为例，呈现的是一般通用性的禁止事项：

（1）不得索取或收受业务相关联单位的任何利益，包括金钱、礼物、贷款、费用、报酬、受雇工作、合约、优待等。

（2）不得私自与供应商或其他业务关联单位接洽任何业务。

（3）不得通过伪造文件或提供虚假会计记录的形式欺骗公司。

（4）未经公司批准或授权，不得将门店的资金、设备、固定资产等擅自移用或借出。

（5）上班期间不准在门店内吸烟、吃零食，不得做与工作无关的事。

（6）对持有的涉密文件，须妥善保管并不得对外提供。

（7）不得在店内会客或打私人电话。

（8）不得在店内私自兜售或赠送任何商品。

（9）不得私用、私吃、私分店内商品或赠品。

（10）不得有与顾客顶撞、吵架等不礼貌行为。

（11）管理人员不得在顾客面前斥责员工，员工间就应加强团结，不得在卖场发生争执。

（12）工作期间不得擅自离岗，如有事外出必须向当班负责人请假，当班负责人如需外出，需向指定员工授权，并说明外出原因及时间。

（13）不得在工作时间购物，非工作时间在店内购买商品须由同事代为结账。

（14）不得带与门店同类的商品入店，特殊情况必须有相关证据（如所购物品必须由当班负责人核实后在小票上签名，且不得存放到第二天）。

（15）不得将私人物品存放在门店销售区内（如卖场货架上等）。

第二节　商　　圈

一、商圈的定义及构成

1. 含义

药店商圈是指以药店所在地为中心，沿着一定的方向和距离扩展，吸引顾客的辐射范围。也就是说，药店吸引其顾客的地理区域或来药店购买商品的顾客所居住的地理范围。

2. 构成

任何一家药店都会有自己特定的商圈。按客流密度的分布，商圈的构成一般是相同的，即由主要商圈、次要商圈和边缘商圈组成，主要商圈是最接近药店并拥有高密度顾客群的区域，顾客占其总数的55% ~70%；次要商圈是位于主要商圈之外，顾客密度较稀的区域，顾客占其总数的15% ~25%；边缘商圈是位于次要商圈之外，顾客密度最稀的区域，顾客只占其总数的5% ~10%。如图1－4所示。

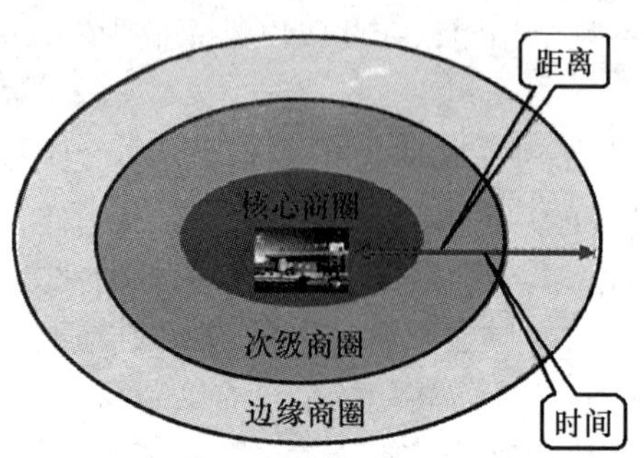

图1－4　药店商圈的构成图

药店商圈分析主要包括选址分析和经营策略分析。零售药店开店前开展商圈调查是必要的，它可以为新店开张进行风险评估和可行性分析提供数据，关系到选址的成功与否。药店开张后，也应继续对商圈进行分析，为商品品种配置及确定适当的营销方法提供依据。

药店客流与城市商圈客流呈现不同比例分布的特点，因此不能直接用城市商圈的分析方式、分析内容来对药店商圈进行分析。药店商圈分析更应侧重于所辐射区域人群疾病谱、年龄、家庭结构和收入水平等方面。药店商圈内应有两类重要人群：一是老年人，二是育龄青年。据调查，城市居民一生积蓄的1/3被用在老年人治病上。老年人是慢性病易发人群，是药店药品消费的稳定的顾客群。育龄青年多数是为小孩的保健开支和自身的保健开支，他们收入水平较高，消费水平也可观。

二、商圈形态及对药品门店的影响

1. 商圈形态

商圈形态是商圈分析的基础。一般而言，商圈形态具体分为以下五种：①商业区，指商业行业的集中区，其特点是商圈大，流动人口多、热闹、各种商店林立，其消费习性为快速、流行、娱乐、冲动购买及消费水平高等特点；②住宅区，其特点是住户多而集中，一般有1000户以上，消费习性表现为消费群稳定，家庭用品购买率高，要求服务具有便利性和亲切感；③文教区，指区域内或附近有大、中、小学校，其消费习性表现为消费群以学生居多、消费金额普遍不高，休闲食品、文教用品购买率高；④办公区，通常办公场所多而集中，具有外来人口多、消费水平较高、要求消费便利等消费习性；⑤混合区，具有住、商混合，住、教混合的特点，是由于城市功能的多变性所致商圈形态向复合式方向发展而形成的具有多元化消费习性的商圈形态。

2. 商圈形态对药品门店的影响

一般来说，影响药店商圈的因素有三：一是该药店位置所属城市商圈类型，它决定人流量的大小。人流量越大，客流量增大的机会也越多，但人流量不等同于客流量。二是该药店所处的位置，它将直接影响门店的聚客能力。通常在同一个地界里，方位不同，经营效果也会存在较大差异。这时，店面的结构、形状、招牌的大小、与客流集中点（如菜市场、超市）的距离等都会影响到顾客进店购买的倾向性。三是该药店辐射区域内人群健康特征和消费能力，这决定商圈的特性和用药规律，是值得深入研究的部分。前两个因素较容易定性，而第三个因素则需要定量，难度比较大，数据收集成本较高，粗放型管理企业常常忽略对它的收集分析。

三、商圈分析

（一）商圈分析的含义及其作用

商圈分析就是经营者对商圈的构成情况、特点、范围及影响商圈规模变化的因素进行实地调查和研究分析，为选择店址、制定和调整经营方针和策略提供依据。商圈分析的作用主要体现在以下三个方面：

1. 它是新设店进行合理选址的基础

新店经营者选址时要明确商圈范围，了解商圈详细资料。商圈分析在这一过程中极为重要。

2. 它有助于制定竞争经营策略

尤其是在日趋激烈的市场竞争环境中，仅仅运用价格竞争手段显得太有限了。连锁店为取得竞争优势，广泛采取非价格竞争手段，诸如改善形象、完善售后服务等。经营者通过商圈分析，根据顾客的要求，采取竞争性的经营策略，从而吸引顾客，成为竞争的赢家。

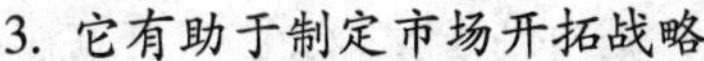
3. 它有助于制定市场开拓战略

一个连锁店经营方针、策略的制定或调整，总要立足于商圈内各种环境因素的现状及其发展趋势。通过商圈分析，可以帮助经营者制定合适的市场开拓战略，不断延伸经营触角，扩大商圈范围，提高市场占有率。

（二）商圈分析的内容

商圈分析的内容主要是对商圈内影响购买力的因素、经营过程中可能面临的问题及企业自身在商圈内的竞争能力等状况进行分析，从而评估开设门店的可能性以及风险的大小。具体内容包括：

1. 人口规模及特征

人口总量与密度、年龄分布、平均教育水平、拥有住房的居民百分比、可支配的总收入与人均可支配收入、职业分布、人口变化趋势及到邻近地区顾客数量和收入水平。

人口规模及特征影响商圈内商场容量的大小及消费能力的强弱，因而是商圈分析的重要内容。

2. 供货来源及促销

运输成本、运输与供货时间、制造商和批发商数目、可获得性与可靠性。这些因素会影响企业在商圈内的服务能力与竞争力，因此该项目的分析实际上是对企业内部竞争能力的分析。

促销是经营过程中常用的活动形式之一，而促销的效果会受到信息的可获得性与传达频率等因素的影响，因此商圈分析不能忽视媒体与消费者影响力的分析。

3. 经济情况

包括占优势的企业、多样化程度、经济增长预测、免受经济和季节性波动影响的可能性、获得信贷的可能性及金融机构情况。这些因素构成了企业在商圈内的“自然生态环境”，从而对企业的经营产生重要影响。例如商圈内经济状况很好，居民收入稳定增长，则市场的销售额也会增长；又如商圈内产业多角化，则消费市场不会因对某产品市场需求的波动而发生相应波动，但如果商圈内居民多从事同一行业，则该行业的变动会成为影响市场购买力的关键性因素。

4. 竞争情况

主要分析现有竞争者的业态、位置、数量、规模、营业额、营业方针、经营风格、经营商品、服务对象及其优势与弱点分析、竞争的短期与长期变动、商店的饱和程度。

一个饱和的商圈药店数目恰好满足商圈内人口对特定产品与服务的需要。饱和指数表明，一个商圈所能支持的药店不可能超过一个固定数量。

饱和指数可用公式表示为

$$IRS = C \cdot RE / RF$$

式中：IRS——商业圈的零售饱和指数；

C——商业圈内的潜在顾客人数；

RE——商圈内消费者人均购买额；

RF——商圈内商店的营业总面积。

由于饱和指数是以潜在顾客的数量计算的，故饱和指数的大小显示的是该商圈内消费潜力的强弱。这一数字越大，说明商圈内的饱和度越低，则市场潜在越大，再开新店的风险较小；该数字越小，则意味着该商圈内的饱和度越高，消费潜力趋于饱和，再开新店则风险较大。

例如：假设商圈 A 内有 10 万个家庭，平均每个家庭每周在食品中支出 25 元人民币，

共有 15 个连锁店在商圈内，共有 144 000 ㎡销售面积。而商圈 B 内有 15 万个家庭，平均每个家庭每周在食品中支出 20 元人民币，共有 18 个连锁店在商圈内，共有 160 000 ㎡销售面积。问新的门店选择在哪个商圈内更合适？

解：商圈 A 的饱和指数为：

$$IRS = 100\ 000 \times 25/144\ 000 = 17.36\text{（元）}$$

商圈 B 的饱和指数为：

$$IRS = 150\ 000 \times 20/160\ 000 = 18.75\text{（元）}$$

答：因商圈 B 的饱和指数高，故新店在商圈 B 开设比较合适。

5. 区位状况

区位状况的分析主要是分析商圈的地理位置及其交通状况、便利性、获得营业场所的难易程度及其成本与使用时间的长短等，这些因素对开设门店后的经营状况有重要影响。区位状况的分析还可以结合该商圈内的各种政策因素结合进行。如城市规划的限制、税收的优惠条件、劳资关系及其他公共关系等。

（三）商圈分析的步骤与方法

商圈分析可以分为“确定分析目的→资料收集与整理→实施统计与分析→撰写分析报告”四个步骤。

1. 确定分析内容

商圈分析的目的决定了分析的内容与资料的收集方法。一般情况下商圈分析的目的主要有开设新店的可行性分析、门店经营状况影响因素分析以及门店销售趋势与竞争策略分析三个方面。

2. 资料的收集与整理

资料的收集与整理的过程是根据分析目的，以确定调查内容并实施调查，最终形成分析数据资料的过程。这些资料可能需要分析者自己亲自参与或组织相关人员，通过访谈、问卷的形式获得；也可以通过直接调用现有的档案资料获得。例如只有亲临现场，才能了解到准确的商圈区位信息，而通过对现有门店的顾客档案进行分析，则可初步了解商圈内顾客的消费习性，从而评估销售策略的可靠性等。

3. 实施统计与分析

即对商圈分析内容的各相关数据进行统计，并进行研究和对比，从而得出分析结论。值得注意的是进行分析时可能不同因素对同一指标的影响不同，因此进行多因素分析时应对不同因素的重要程度予以一定的权重。例如对商圈内潜在购买力、交通的便利性、商圈税收优惠条件以及供货方式对新店址的决策有不同的影响，因此新店址的确定决策需要综合考虑这些因素，通过对这些因素给予一定的权重后再进行分析评价，则分析结果的可靠性更好。

4. 撰写分析报告

分析报告的撰写是以文字形式表达调查的方法、结果、分析过程以及分析结论。一般要求报告中明确分析对象、分析方法、分析范围、资料的来源与途径等内容。

（四）举例：商圈范围与营业额预测分析

1. 工作目的与内容

所有的经营者都期望自己的门店开业后能够生意兴隆。但不能回避的问题是门店经营业绩会受到商圈各构成要素的影响。显然营业额预测结果是业主进行开业决策的主要依据。而根据一般的经营规律，营业额会受到顾客流量、顾客群体构成、顾客收入水平及竞争者数量等因素的影响。因此顾客流量、顾客消费习性及收入水平是进行营业额预测分析所必需的资料，需求通过调查的方法予以收集。

2. 资料的收集与整理

（1）顾客流量　顾客流量的分析可以通过定性与定量两种方法进行。

定性分析是对预定的门店位置周边环境进行实地考察以预测顾客流量的大致情况。一般情况下，门店处于繁华地段、交通方便地段、车站附近、三岔路口、拐角、主干道旁边等位置的量会比较大，但如果主干道有栅栏，或机动车道、自行车道和人行道分开的道路，或街道过宽影响“人气”聚集的街道则不利于开设门店。

定量分析是在预定门店位置直接测定人流量的方法。对已经设立的门店，可以直接统计不同时间段内入店顾客数量，预设的门店可以统计不同时间段内的人流量以间接地估算顾客量。这种方法能提供直观、明确的数据帮助业主对市场情况进行分析，故结果比较准确。要注意的是操作时应注意在不同的时间段采样，以保证数据不会受时间的变化而产生过大的误差。

表1－1可作为顾客调查内容与调查方法设计的参考。

表1－1　顾客调查内容与调查方法设计

调查项目	调查目的	调查对象	调查方法	调查事项	调查优缺点
顾客购物倾向调查	了解各居住地的住户的年龄、职业、收入水平、所购商品类别、购买倾向，以调查可能的商圈范围	学校或家庭	邮寄问卷或直接访问的方式均可，或依据居住地点进行家庭抽样调查	居住地名、家庭构成、户主、年龄、职业、工作地点、所购商品类别、购物倾向	容易比较各居住地住户的购物倾向和对设店预定地的评价，但调查费用偏高
购物动向调查	了解设店预定地的通行人流或连锁主力顾客	设店预定地的通行人或连锁店主力顾客	在设店预定地采取面谈的方式，按一定的时间间隔对通过的行人进行抽样调查，时间以10分钟为佳	居住地、年龄、职业、上街目的、使用的交通工具、上街频率、各类商品的购买动向	调查费用较低，但难以明确把握居住地和设店预定地之间的购物关联性
顾客流量调查	在设店预定地分日期、分时间段对人流量进行调查，作为确立营业体制的参考	在不同时间段通过设店预定地的行人总数	实地调查	通过调查地点的男性、女性（包括儿童、青年、中年、老年的人数）	调查费用较低，所需时间较长，要分不同的时间段进行调查

（2）顾客群体构成　顾客群体构成主要通过顾客性别、年龄、学历层次、来源、消费意向及消费行为等信息进行分析。一般通过问卷形式调查比较有效。由于不同的顾客群体其消费习性不同，因此对这些信息的分析有助于了解顾客需求，从而评估门店开业后的销售潜力大小，最终为开业决策提供依据。工作时要注意的是问卷在数量、回收率等方面要达到一定值，以保证分析样本具有代表性，从而保证分析结果的准确性。

（3）收入水平　一般情况下收入水平的调查因涉及顾客的隐私，因此是一个比较难收集的数据资料，直接调查比较困难。一般通过间接方法可以粗略评估顾客的收入水平。

例如同一商圈内不同档次门店的客流量对比分析可以间接反映估计顾客的消费水平；一般情况下学历层次越高，则收入水平也相应较高；公务员小区的住户收入通常比较稳定等等。

（4）竞争者数量　在同一商圈内同类门店数量越多，显然对新门店越不利。

表1－2可作为竞争者调查的参考。

表1－2　竞争店调查

调查项目	调查目的	调查对象	调查方法
竞争店营业场所构成调查	调查竞争楼层构成，作为新店楼层构成的参考	设店预定地所在商圈内的竞争店，调查其主力销售场所及特征销售场所	销售人员和销售促进人员共同进行，针对竞争店的营业面积、营业场所、销售体制进行调查，以便共同研讨
竞争店商品构成商品构成调查	调查竞争店营业场所构成的基础上，对商品构成细目进行调查，作为新店商品类别构成的参考	设店预定地所在商圈内的竞争店，调查其主力销售场所及特征销售场所，着重对主力商品进行更深入的调查	在主力商品的调查方面，由销售人员、采购人员和销售促进人员共同进行着重对商品量的调查
竞争店价格线调查	对常备商品的价格线与价值进行调查，作为新店的参考	设店预定地所在商圈内的竞争店，调查其主力销售场所及营业额或毛利额在一定水平以上的商品进行调查	采购人员和销售人员共同进行，对陈列商品及其价格数量进行调查，尤其是过年过节繁忙期间的种种调查更为必要
竞争店出入顾客人数调查	调查出入竞争店的顾客人数，作为确立新店营业体制的参考	出入竞争店且15岁以上的男女	与顾客流量调查同时进行，以了解各时间段、各日期出入竞争店的顾客人数，尤其注意调查特殊日期或各楼层的客流量

3. 分析与预测

通过资料的收集，可以获得各方面的有效数据，经过统计以后，就可以对各项因素进行分析：通过顾客的来源可以了解商圈范围的大小，顾客流量、收入水平、顾客构成以及竞争者数量等能够反映新门店潜在的市场空间的大小，从而预测出新门店的经营趋势。

（五）注意事项

商圈分析工作的范围很广，内容很多。归根结底是对一定区域内的市场情况进行调查与分析，从而对市场经营趋势进行预测。对不同的数据进行分析，或采用不同的方法进行分析，所得的结论都有可能不同。因此，为保证分析结果的准确性，提倡多渠道、多因素、多方法地进行调查与分析。关键在于调查前必需明确五个方面的问题，即：What to do（调查什么——调查种类的确定）；Who（谁做调查——调查人员的确定）；Whom（调查谁——调查对象的确定）、When（何时调查——调查时间表的确定）；What is done（结果如何——调查统计分析方法与结果）；How（用什么手段——调查手段的确定）

四、实训：商圈调查

（一）实训目的

通过实地调查，体验访问面谈调查的过程，学会市场调查的基本方法。

（二）考核标准

以积极、主动、合作的态度参与调查前期准备与调查过程，能根据调查结果出具符合规范的调查报告。

（三）实训内容

背景资料：儿童处在生长发育时期，由于一些器官和组织发育还不完全成熟，抵抗力弱，饮食不当或生病后都易致脾胃功能失调，引起消化不良，食欲减退等肠胃病。这时就需要服用酶或其他类药物以促进胃肠消化。目前在零售市场上，主要的儿童助消化药有哈慈驱虫片、江中健胃消食片、儿康宁、妈咪爱和联邦健尔乐等品种。由于儿童是备受呵护的一代，父母上药店为其子女购买一些健胃助消化的药物时对药品的治疗作用、品牌、价格都较为关注，同样消费者对品种的认识状况，以及目标消费者的价格敏感度和承受水平，也是不少相关商家十分关心的内容。

为了解决这些问题，某零售药店决定在药店的消化专柜、公园、药店附近的适合场所，分别对30名专柜店员，150名目标消费者（年轻父母）进行面对面的访问调查，初步了解儿童助消化药零售市场的价格现状以及消费者对价格的敏感程度。

（四）实训过程与方法

1. 按自由组合的形式将全班分成六个小组，每组6～10人。
2. 以小组为单位讨论调查计划，把任务分解到每一个成员，使每一个成员都明确完成任务时间、线路、及调查范围。
3. 以小组为单位讨论调查的内容与方法，设计好调查用的问卷，请教师审批后执行。
4. 各小组利用课余时间或规定的教学时间按计划实施调查。
5. 汇总调查结果，并对结果进行分析，提出意见或建议，并以报告形式提交任课教师。

（五）调查结果

调查报告：儿童用助消化药的价格与顾客敏感程度调查报告。

（梁春贤）

第二单元 门店管理

【学习目的】

通过本章的学习，能让你了解药店对人员、设备以及安全管理的具体要求，能懂法规、守法规，严格按规程操作设备，并掌握一定的药品防盗技能和处理药店突发事件的技巧。

【知识要求】

掌握门店员工基本守则的内容。

熟悉营业场所常用设备的操作步骤。

了解门店储存与保管用设施设备的管理规定。

【能力要求】

能熟练操作打价机、收银机、煎药机等门店常用设备。

学会察言观色辨别门店中企图不轨的顾客。

第一节 门店员工管理

一、员工基本守则

（一）职业道德守则

（1）热爱企业，维护企业声誉，遵纪守法，顾全大局，服从企业管理。

（2）诚实守信，公平公正，注重承诺，牢记社会责任，对企业负责，对顾客负责。

（3）关心企业效益，爱岗敬业，努力提高专业知识及服务技能，为顾客提供优质高效的服务。

（4）团结互助，乐于助人，尊重他人，共同进步。

（5）忠于职守，严格保守企业商业机密。

（二）日常行为守则

（1）遵守工作秩序，工作时间不嬉笑吵闹、不高声喧哗，不影响他人。

（2）遵守企业考勤纪律，不迟到、不早退、不旷工，有事应先请假，准假后方可执行。

（3）爱护公司财物，树立节约成本和杜绝铺张浪费的意识，减少损耗，节省各种费用，养成开源节流的好习惯。

（4）爱护工作环境，保持工作环境的清洁卫生。

（5）上班时间严守工作岗位，不得擅离职守，不得聚众聊天、吸烟、看报、吃零食、睡觉等从事与工作无关的事情，认真、及时、有效地完成本职工作，杜绝粗心大意、无故拖延、贻误工作的行为。

（6）切实服从领导的工作安排和调度，如有异议必须做到“先服从后投诉”。对公司的经营决策、现有制度、管理方式等有不同见解，应循正当渠道提出，不得影响正常工作。

（7）员工的意见和建议应当遵循逐级向上级反映的原则，当得不到答复时，员工方可越级向上级公司领导及有关部门反映。

（8）对工作中出现的失误或过错不推诿、勇于承担责任，并积极找出补救办法。

（9）上级对下级的指令，下级不论是否完成必须及时复命，不能完成的应及时说明原因。

（10）做好安全工作，消除身边存在的安全隐患，提高防损意识。

（11）严谨操守不得索取或收受业务关联单位任何利益，

（12）不得私自经营与公司业务有关的商业或兼任公司以外的职务。

（13）严禁私自动用商品或挪用公款，对顾客遗漏物品应保管好，及时联系顾客归还。

（14）普通话交流，主动热情，面容和善，举止文明，用语礼貌，严禁使用服务忌语，不得有与顾客顶撞、吵架等不礼貌的行为。

（15）不得私用、私吃、私分店内的商品或赠品。

（16）员工着装及言行举止应符合公司的有关规定，更好地为公司客户提供服务，树立良好的企业形象。

二、GSP 对员工资质的要求

药品是特殊的商品，医药零售行业是特殊的行业，医药零售对从业人员的素质有较高的要求。《药品经营质量管理规范》及其实施细则对药品零售企业及零售连锁门店的从业人员做出了如下的要求：

（1）对质量管理工作负责人的要求　药品零售企业质量管理工作的负责人，大中型企业应具有药师（含药师和中药师）以上的技术职称；小型企业应具有药士（含药士和中药士）以上的技术职称。药品零售连锁门店应由具有药士（含药士和中药士）以上技术职称的人员负责质量管理工作。

（2）从事质量管理及药品检验人员的要求　药品零售企业及零售连锁门店从事质量管理和药品检验工作的人员，应具有药师（含药师和中药师）以上技术职称，或者具有中专（含）以上药学或相关专业的学历。以上人员应经专业或岗位培训，并经地市级（含）以上药品监督管理部门考试合格，发给岗位合格证书后方可上岗。从事质量管理和检验工作的人员应在职在岗，不得在其他企业兼职。

（3）从事药品验收及营业员　药品零售企业和零售连锁门店从事药品验收工作的人员以及营业员应具有高中（含）以上文化程度。如为初中文化程度，须具有5年以上从事药品经营工作的经历。以上人员应经专业或岗位培训，并经地市级（含）以上药品监督管理部门考试合格，发给岗位合格证书后方可上岗。零售中处方审核人员应是执业药师或有药师以上（含药师和中药师）的专业技术职称。

（4）从事保管、养护等工作及其他岗位　药品零售企业和零售连锁门店从事保管、养护等工作的人员应经过专业培训，考核合格后持证上岗。国家有就业准入规定的岗位，工作人员需通过职业技能鉴定并取得职业资格证书后方可上岗。

（5）继续教育　药品零售企业和零售连锁门店从事质量管理、检验的人员，每年应接受省级药品监督管理部门组织的继续教育；从事验收、养护、计量等工作的人员，应定期接受企业组织的继续教育。以上人员的继续教育应建立档案。

（6）健康要求　药品零售企业和零售连锁门店在质量管理、药品检验、验收、养护、保管等直接接触药品的岗位工作的人员，每年应进行健康检查并建立档案。发现患有精神病、传染病和其他可能污染药品疾病的人员，应及时调离其工作岗位。

【知识链接】

1. 药学相关专业指的是医学、生物学、化学等专业。

2. GSP实施细则中指出药品零售企业中的大型企业是指年药品销售额1000万元以上；中型企业是指年药品销售额500万元~1000万元；小型企业是指年药品销售额500万元以下。

三、员工健康检查及档案的建立

药品零售企业和零售连锁门店在质量管理、药品检验、验收、养护、保管等直接接触药品的岗位工作的人员，每年应进行健康检查并建立档案。检查的项目应包括：HAA（或乙肝“两对半”）、肝功能、胸透、皮肤病，以及国家规定的预防性健康检查项目的一般内容。由人事部门负责档案的建立与保存，档案至少要保存3年，发现患有精神病、传染病和其他可能污染药品疾病的人员，应及时调离其工作岗位。健康档案应包括：

（1）年体检工作计划。

（2）历年体检的总人员名单。

（3）体检证明原件（药品健康证、食品健康证、医院体检报告）。

（4）体检汇总表（时间、机构、项目、体检比率、体检结果等）。

（5）采取的措施（不合格的、换岗人员如何处理，处理结果如何等）。

第二节　门店设施与设备的管理

一、我国相关法规对门店设施与设备的要求

（一）面积要求

药品零售企业应有与经营规模相适应的营业场所和药品仓库，其营业场所、仓库、办公生活等区域应分开，并且环境整洁、无污染物。用于药品零售的营业场所和仓库面积不应低于以下标准：

（1）大型零售企业营业场所面积100平方米，仓库30平方米。

（2）中型零售企业营业场所面积50平方米，仓库20平方米。

（3）小型零售企业营业场所面积40平方米，仓库20平方米。

（4）零售连锁门店营业场所面积40平方米。

（二）设备要求

药品零售企业营业场所和药品仓库应配置以下设备：

（1）便于药品陈列展示的设备。

（2）特殊管理药品的保管设备。

（3）符合药品特性要求的常温、阴凉和冷藏保管的设备。

（4）必要的药品检验、验收、养护的设备。

（5）检验和调节温、湿度的设备。

（6）保持药品与地面之间有一定距离的设备。

（7）药品防尘、防潮、防污染和防虫、防鼠、防霉变等设备。

（8）经营中药饮片所需的调配处方和临方炮制的设备。

药品零售企业设置药品检验室的，应开展化学测定、仪器分析等检测项目，并配置万分之一分析天平、酸度仪、电热恒温干燥箱、恒温水浴锅、片剂崩解仪、澄明度检测仪。经营中药材和中药饮片的，还应配置水分测定仪、紫外荧光灯和显微镜。

（三）其他要求

药品零售企业和零售连锁门店的营业场所应宽敞、整洁，营业用货架、柜台齐备，销售柜组标志醒目，应配备完好的衡器以及清洁卫生的药品调剂工具、包装用品，并根据需要配置低温保存药品的冷藏设备。销售特殊管理药品的，应配置存放药品的专柜以及保管用设备、工具等。

二、营业场所设备设施及其管理

（一）营业场所的环境管理

药品零售企业应在营业店堂的显著位置悬挂药品经营企业许可证、营业执照以及与执业人员要求相符的执业证明，张贴服务公约，公布监督电话和设置顾客意见簿。在营业店堂内进行的广告宣传，应符合国家有关规定。并在店堂明显处设置市民废弃药品回收箱并做好有关记录。连锁门店还应在门店前悬挂本连锁企业的统一商号和标志。除此外还要达

到下面的要求：

（1）卫生管理　现场环境卫生简单来说应达到“三无”、“五净”，“三无”即无灰尘，无污垢、无异味，“五净”即地面、墙面、台面、门面、设备洁净。具体来说包括以下内容：应随时保持店内货架、商品、墙壁、天花板、收银台、处方柜台、收银机、盛物器具、称量工具、电脑、操作台面、空调、冰箱、购物篮、促销车、广告悬挂物、灯管、价格牌、饮水机、灭火器、24小时灯箱等的整齐干净，无明显灰尘、水迹、纸屑、蛛网，垃圾桶随满随倒。海报、POP、促销品、展示品等按公司规定促销时间和位置摆放，标签、标识齐全、醒目。店内空气清新，无刺激性或难闻气味。营业厅顾客视觉直观处，没有摆放个人物品及其他无关杂物。

（2）灯光管理　店内采光照明完好，灯光柔和、亮度适中、不刺眼，并防止因照明而引起的药品变色、褪色、变质等引起药品损害的事件发生。

（3）音乐及音响管理　营业时间内播放轻柔舒缓、明快，令人心情愉快的乐曲，如钢琴曲、圆舞曲、古筝或乐调轻柔的流行音乐，并保持音量适中。药店也可以通过广播宣传门店的最新动态及促销活动等。

（4）色彩管理　门店颜色过多易给人混乱的感觉，因此门店一般会根据企业VI标准色来选定某一个主色调后，再围绕这个主色调进行相近色彩的拓展，适当的加上一些辅助色，以达到区分不同商品和更加生动表达的效果。同时门店色彩应与季节相协调，通过具有季节感的色彩塑造，可以增加目标顾客群的认同，提升药店的形象。

（5）温度、湿度管理　门店人员应注意保持店内适宜的温湿度（温度要控制在30℃以下，温度在26℃及26℃以上时，要开空调降温，相对湿度一般应保持在45%～75%以内），注意通风，保证室内空气新鲜，利于药品储存的同时为顾客塑造一个舒适的购物环境。

（二）药品陈列展示设施及其管理

该类设备通常由多层结构的货架、柜台构成，一般包括封闭式和敞开式两种，敞开式的货架、柜台主要用于陈列非处方药、保健品以及门店销售的其他普通商品。封闭式货架、柜台主要用陈列一些药店中要求严格管理的药品或对储存条件有严格要求的药品，主要有处方药、特殊管理的药品、拆零药品、中药饮片、不合格药品、贵重商品等。

GSP对药品的陈列展示设施作了如下具体要求：处方药与非处方药应分柜摆放，处方药不应采用开架自选的销售方式；特殊管理的药品应按照国家的有关规定存放，应有专柜、专人专账、双人双锁保管；拆零药品应集中存放于拆零专柜，专柜有醒目标牌；不合格药品应存放在不合格品库（区），并有明显标志；中药饮片应存放于中药柜内；陈列标志应清晰，应有规范的警示语、忠告语；陈列药品的货架、柜台及橱窗应经常打扫，保持整洁和卫生。药品陈列柜橱内不应存放花草及工作人员生活用品等。

门店的药品陈列展示设施在国家有关法规许可的范围内，还应考虑到合理的陈列展示设施能方便顾客购物、刺激销售、节约人力，充分利用空间，美化环境、降低成本等方面的巨大作用，因此可根据门店具体情况对相关设施进行适当的灵活改进。例如，对于封闭式的销售来说，典型售货柜台和货架既要便于各种身材顾客的活动，又要便于普通身材的营业员的活动。为此，药品柜台一般高度为90～95厘米，宽度为46～60厘米；货架宽度一般为 46 ~ 56 厘米，高度不应超过 160 ~ 183 厘米；营业员活动区域宽度为 76 ~ 122 厘米；顾客活动区域宽度为 46 ~ 610 厘米。对于敞开式的销售来说，中等身材的顾客主动注视和伸手可及的范围，约从地板开始 60 ~ 180 厘米，这个空间称为药品的有效陈列范围。

除此外还有许多其他的异型陈列展示设施如前开、后开、前后开、敞开的陈列柜；托架、柜型架、台型架、框型架、立架、挂具型等陈列架；箱型台、平台阶、梯形台阶、桌型台等陈列台；采用不同的陈列用具，使药品的陈列多样化，可以使门店避免给顾客以呆板的形象。

图 2 – 1　打价机

图 2 – 2　收银设备

图 2 – 3　手持式扫描仪

（三）包装打码设备管理

门店中的包装打码设备主要有打价机、打码机和封口机等。

1. 打价机

通过打价机（图 2 – 1）可以把商品价格标签打印并粘贴于商品外包装上。

操作步骤：①按照打价机说明书中的装纸要求将打价纸装入机内，合上打价机底盖；②核对需打价商品与配货出货单（或调价通知单）上的商品名称、规格、厂家等信息是否一致；③无误后，按照单据上的编码、来货日期和价格等信息调校数字，轻轻拉动数字调节器尾端，将指示箭头对准所调数字的位置后，再转动数字调节旋扭，调出所需数字，并核对；④选择标签粘贴位置，将机身出纸部位轻触商品轻摁手柄，打出标签。

使用过程中应注意的事项包括：①严禁大力合上打价机底盖；②调校数字时，当箭头在两数字中间位置时，严禁转动调节旋钮；③打价时严禁敲击商品；④打价机使用完毕后应放在指定位置，严禁随手放在商品、货架或地上；⑤当打出的字迹不清晰时，必须给油墨头加墨，加墨量一次在 2 ~ 3 滴。⑥严禁用手向外拉打价纸底带。⑦商品标价签打贴位置、朝向一致。

2. 打码机

通过打码机可以把需要打印的字码、日期、编号等直接打印在商品外包装上。

打码机操作步骤：①开启打码机电源开关；②检查指示灯是否显示，色带、标签是否已安装正常；③正常，放入需打码商品，摁下启动按钮。

打码机在使用过程中应注意的事项包括：①安装标签和色带时，注意不要划伤打印头；更换不同类型标签时，必须做好检测工作；②严禁用尖硬物体触及打印头及滚筒、严禁随意调节打码机的相关设置；③打印头必须两天清洁一次，若使用频繁，须一天清洁一次；④未经电脑部人员的许可，禁止随便搬动、拔插打码机的电源线和数据线；⑤每次更换色带时，必须用酒精和棉签清洁打印头及滚筒；⑥若发现故障时，应立即和电脑部人员取得联系。

3. 手动封口机

通过手动控制机器，用于压封塑料商品包装袋。

操作步骤：①开机、预热到设定温度后将胶杯放入下模滑板；②并将滑板推到确定位置；③向下压动手柄至最大行程，保持1~2分钟；④然后缓缓拉起手柄，并推至原来位置；⑤拉出下模滑板取出胶杯。

注意事项包括：①使用过程中不得把手伸入上下模之间，以免压伤或烫伤；②每次压封时间应控制在10秒钟以内，严禁超时；③压封强度不宜过大，且应待塑料袋冷却后方可取出；④严禁空压机器；⑤应经常用干抹布擦拭机身，保持接口处电热丝洁净；⑥清洁时必须切断电源。

（四）收银设备管理

收银设备包括收银机（图2-2）、不间断电源（UPS）、电脑、扫描仪、钱箱、打印机等。

1. 收银机

操作步骤：①开机时须先打开UPS电源，再开启主机电源；②收银员登录进入操作系统，为顾客输入交易明细，开票，进行优惠操作等；③关闭时必须先退出收银系统，关闭主机电源，再关闭UPS电源，盖上防尘罩。

注意事项包括：①收银机由收银员负责日常使用，由店长负责管理工作；②每天必须清洁收银机及其外围相关设备；③电脑部人员对收银机的键盘、打印机、内壳进行清洁，每月不少于一次；④不能用力敲击键盘、随意转动客户屏，造成客户屏数据线松动或扭断；⑤不能在收银机上放置任何物品，不能在其周边放置液态物品，以防液体浸入机身；⑥当收银机不小心浸入液体时，须立即切断电源，通知电脑部人员到场处理；⑦严禁频繁开启和关闭收银机，未经电脑部人员的同意，不能随意搬动、拔插收银机后盖的电源线、数据线；⑧当收银机出现故障时，立即通知电脑部人员到场解决，并尽量保护故障现场；⑨ 当收银机相关设备损坏时，马上通知电脑部驻店人员，并将损坏部分交还电脑部。

2. UPS

操作步骤：开启电脑设备之前应先开启UPS，打开电源开关，待机即可，关闭UPS之前应先关闭电脑设备。

注意事项包括：① 保持UPS外壳的洁净；严禁把UPS放置于潮湿的地方，严禁在UPS上及使用中的UPS外围放置任何物品；②在开启或使用UPS中发出警报声及非正常声音时，须立即通知电脑部值班人员；③在带电的情况下严禁搬动UPS、拔插UPS上的电源线；④不能在UPS上接与电脑无关的设备，禁止超负荷运行；⑤未经电脑部人员的许可，严禁以任何理由打开机壳；⑥在使用中UPS电源一旦短路，必须立即切断电源，通知电脑部值班人员到场处理。

3. 电脑

操作步骤：①使用电脑时，应先开UPS，再开外围设备（打印机、显示器等），最后开电脑主机电源；②工作结束后，先退出所有的应用程序，再退出操作系统，关主机电源，关外围设备电源，最后关 UPS 电源。

注意事项包括：① 必须保持清洁卫生、摆放整齐，未经许可，不得随便移动、私自拆卸及野蛮操作；②严禁随意删除电脑内的各种软件、数据，随意使用外来软件等，确因工作需要应报电脑部批准，经电脑部检查后方可；③严禁随便修改电脑设备的设置，如系统配置、口令、IP 地址等；④禁止撕毁电脑设备外的标识性文字、封条等；⑤严禁利用网络异地传输大批量和大型图形文件、使用他人的用户名及密码、利用电脑及网络设备泄漏公司资料；⑥在一台电脑上不能开多个用户窗口，操作人员离开时，必须退出应用程序；⑦若电脑出现故障，要立即通知电脑部，严禁自行维修。

4. 条码扫描仪

可通过扫描商品条形码获取商品价格等方面的信息。扫描仪安全使用准则：

（1）台式扫描仪

操作步骤：①保证台式扫描仪的位置摆放正确。②接通电源后，绿色指示灯亮，内置马达高速旋转，听到连续的“嘟”声，并产生垂直向上、纵横交错激光网，表示扫描仪正常工作。③扫描商品条码时，应注意条码是否有断码、变色、模糊等现象，若商品条码正常，应将商品条码朝下，顺箭头方向扫入，听到“嘟”一声响，表示条码信息已被正确输入。

注意事项：①扫描仪待机时，应用盖板遮住扫描窗口。②若出现扫描仪面板上红灯亮、扫描商品时听不见“嘟”一声响或扫描条码后无商品资料显示等现象时，应立即通知电脑部驻店人员。③平常注意避光避灰尘，保持扫描窗口表面的清洁。④非工作时间须切断电源。

（2）手持式扫描仪（图 2－3）

操作步骤：①接通电源后，扫描仪绿色指示灯亮，同时听到“嘟”一声响，即表示扫描仪处于待机状态。②商品扫描时，手握扫描仪手柄，将扫描窗口对准商品条码，商品条码与扫描仪之间的距离不超过 30 厘米。③当扫描仪发出“嘟”的声响，表示商品条码已被识别输入。

注意事项：①使用时应注意商品条码是否有断码、变色、模糊等现象。②待机时，需小心置放于托架上，当收银台关闭时，也需切断手持扫描仪的电源。③平常要保持扫描仪表面清洁，轻拿轻放，严禁摔碰。④开机前，先检查一下设备连接端，是否插在正确位置。⑤如有异常现象（如扫描仪亮红灯、开机或扫描条码无“嘟”的一声、商品信息无法输入等），须及时与电脑部人员联系。

5. 钱箱

操作步骤：收银动作完成后，钱箱会自动弹开，手轻托钱箱底部，收银完毕轻推关闭钱箱。

注意事项：①当收银动作完成后钱箱无法弹开时，检查钱箱是否与打印机连接正常，或卡槽是否有异物阻挡等；②按人民币金额大小顺序依次放入不同的分格内，如百元、十元、五元、一元两元、毛票、硬币，不可混放。当钱箱内大额钞票达到规定数量时应及时拿出，放入保险柜；③ 除非特殊情况，否则非收银时间不得打开钱箱。

6. 打印机

用于打印顾客购物商品清单或发票。

操作步骤：打开电源开关，待机等待收银机指令即可。

注意事项：①每天检查打印纸是否用完，换打印纸、色带时要注意用手轻托，不可硬拉，撕纸时也应注意不可用力过猛；②打印不清晰时应检查是否需要更换色带或打印头是否有断针等现象；③发现卡纸现象应及时停机处理；④打印机不工作时，检查打印线是否松动，电源线是否接好等。

（五）多媒体设备管理

药店多媒体设备主要有信息电视、音响、DVD 机和功放等。

（1）信息电视　信息电视由电脑部人员负责日常操作及管理工作。信息电视主要用于播放促销信息、商品广告、公告及新闻、娱乐节目。营业开始前必须开启信息电视。信息电视必须保证图像清晰。信息电视出现黑屏、图像模糊、变形等，须立即通知电脑部人员。各业务部门因工作需要，需在信息电视上播放信息，应提前向有关部门申请，批准后，将要播放的内容以文本、图片或光碟的形式传电脑部编辑后播放。营业结束后必须关闭信息电视。

（2）音响　通过音响进行广播，广播内容要与顾客的购物心理相结合，既可以进行广播宣传，如一些促销活动介绍、活动安排等，也可以播放音乐，营造舒适的购物环境。

（3）DVD 机、功放　注意保养，发现损坏及时报修。

（六）购物篮的管理

摆放在入口附近明显的位置，方便顾客取放。

购物篮每天清洁一次，每半月进行一次彻底清洁，平时保持洁净，无杂物，发现明显污迹应随时清洁。

应在顾客使用后，及时将购物篮还原到指定位置，营业结束后清点购物篮数量，如有丢失由当班人员负责赔偿。

（七）顾客休息区及便民设备

完善的顾客休息区及便民服务设备，使每一位进入店堂的顾客在没有享受到服务之前就已经感受到了浓厚的服务氛围，从而产生与药店的亲近感。这些设施设备包括：①药店便民箱，包括老花镜、放大镜、体温计、碘酊、棉签、圆珠笔、便笺等；②顾客需求登记本、顾客意见簿，帮助门店与顾客之间进行良好的沟通；此外还有供顾客暂时休息用的桌椅、冷热饮水机、一次性纸杯、存包柜、垃圾桶、体重秤、血压计、血糖仪、听诊器、行动不便的人提供的轮椅、便民雨伞、摇摇车以及增加门店生气的绿色植物等。

（八）药学服务设备

包括药师导购台、报刊杂志、宣传栏和健康热线等。

（1）药师导购台　药师坐堂咨询为顾客审方并指导其合理用药。

（2）报刊杂志　由企业购买、供顾客阅读的保健知识报刊杂志。

（3）宣传栏　门店根据季节、商圈人群特点等的实际情况，自编的健康知识指导手册和健康知识宣传栏。

（4）健康热线　企业开设的健康热线、健康专题讲座等。

这些都可为顾客提供了包括用药、康复、保健、营养指导乃至心理咨询方面的服务，就顾客怎样服用药品、保健品、怎样饮食、怎样护肤、怎样运动等方面提出科学的建议。

（九）门店广告宣传设备

这里主要指的是在门店内的广告宣传设备，包括：招牌、橱窗、海报、POP 广告、悬挂吊旗、店内横幅、灯箱、台卡、立牌、店内 POP 空盒展示、店内促销车、端架、堆头等。

员工按公司规定在指定的促销位置摆放设备，保持设备的清洁并注意及时更新广告内容。

（十）安全设备

1. 防火设备

（1）灭火器　注意使用年限、压力表指标，如有减低应及时补充，定期更换及维护。

（2）消防栓　原则上消防栓应放置于走廊或厅堂等公共的共享空间中，一般放在上述空间的墙体内，不对其做任何装饰，要求有醒目的标注写明“消防栓”，并不得在其前方设置障碍物，避免影响消防栓门的开启。

（3）消防通道　指消防人员实施营救和被困人员疏散的通道，该通道要有明显的标志，要求员工记住消防通道的位置，不得堵塞消防通道。

（4）紧急出口　发生意外时，供人员紧急疏散逃生所用的出口。紧急出口要易识别、无障碍、不上锁。

（5）火灾报警器　发生火灾时，报警系统会自动发出火灾警报。

（6）应急照明系统　要使用独立于楼内正常供电系统的电源，并保证停电时该系统可以自动提供照明。应急照明必须能够照亮所有出口的标志，以及其他照明设备所应该照亮的地方。

2. 防盗设备

（1）电子防盗设备　配备电子防盗设备是通过消磁的原理，未付款的商品通过电子防盗设备时会发出声音，以确认偷盗行为。收银员收银时，首先要用扫描仪阅读商品条码，确认商品信息输入后，再把商品放在消磁板上。

（2）保险柜　晚班营业结束后，为保障晚班营业款项的安全，当班负责人将当班营业款、备用金、收银票据等存入店内的保险柜内。

（3）红外线报警设备　应做到：①营业卖场在夜间清场后开始设防，早上清洁工作开始之前撤防，设防及撤防工作必须由领班以上人员操作；②系统密码严格保密，每半年更换一次，如有操作人员变动应立即更换；③设防后不得擅自进入设防区域。④设防后报警，应迅速查明报警原因，采取相应措施，并视情况上报；⑤定期对系统进行检测，确保正常工作。出现故障应立即向主管汇报，通知有关人员维修。

（4）监控设备　应做到：①开机前应清洁监视屏幕。②按照正确的开机程序打开监控设备；③已调整好角度的屏幕不得再随意调动；④不得随意挪动监控设备位置；⑤不得频繁开关设备；⑥出现故障应立即汇报并通知有关人员维修。

另外门店的屋顶开口、空调口、通风口、天窗或墙壁上的打开部位，也是盗贼可能利用的目标。因此，必须将这些开口用钢条或金属板加以覆盖，并与警报器连接。

（十一）经营中药饮片所需的调配和临方炮制设备

有中药饮片的药店，需配置调配处方和临方炮制的设备，要有准确的衡量器具、调配工具及包装用品。衡量器具必须按规定检测合格。中药饮片装斗不得错斗、串斗，防止混药，饮片斗前应写正名正字。调配处方和临方炮制的设备应达到卫生要求。主要包括戥秤、电子秤、中药煎药机、中药切片机、中药粉碎机、烤箱、冲钵、电药煲、封口机等。

（1）戥秤　用前核准准确度，严格按戥秤正确操作规程使用，调剂中药完后要用软布清理戥盘，并注意戥秤的检验合格效期。

（2）电子秤　必须放在规定位置，放置平稳，用前调平，严禁随便挪动，。

戥秤电子秤应按国家有关规定进行年检。称取商品时应注意轻拿轻放。注意电子秤的卫生，需清洁电子秤托盘、外壳上的污迹。

（3）中药煎药机　机器使用前应用水认真清洗，以防非洁净物混入和药液残留。药渣及时取出，并立即用清水冲洗煎药桶。使用后应填写使用表。杜绝干烧，以免烧坏机器。

（4）烤箱　用前要清理干净，尤其要注意加热管之间，必须清扫干净。注意不能烤糖分高易融化的药品。

（5）中药切片机　使用前要先检查卫生情况，须切片的药品必须烤软，以用手可折弯为度，根据需要的片形不同和药物大小选择不同的进料孔。平时注意刀片的干燥、卫生。

（6）中药粉碎机　使用前要先检查卫生情况，须粉碎的药品必须先干燥。

（7）冲钵　使用前要先检查卫生情况，要放在结实稳定的地方冲碎药物，用力要重速度要慢。

（8）电药煲　严禁装药后未加水通电干烧，严禁壶体高温时急冷冲水，严禁将壶整个浸入水中或进行淋洗。用水量勿超过容量的80%，防止药液煮沸过程外溢，应小心轻放。

（9）手动封口机　开机、预热到设定温度后将胶杯放入下模滑板、并将滑板推到确定位置，向下压动手柄至最大行程，保持1～2分钟，然后缓缓拉起手柄，并推至原来位置，拉出下模滑板取出胶杯。使用过程中不得把手伸入上下模之间，以免压伤或烫伤。

（十二）分类、指引、区别、识别设施

在店内指示牌、路标、地面指引贴纸等均应清洁、完好、无脱落。

店内根据所经营药品的特点，按不同的类别、不同用途、不同品种的药品进行正确、易于识别的分类、区别与标识，（如有明确的处方药与非处方药标识，各系统分类标识等），并保持标识与药品的对应及其整洁。

（十三）员工休息区设备

员工休息区包括桌椅、个人储物柜、商品信息张贴栏、公司下达文件阅览本、洗手间、拖把、扫把及其他清洁工具等。

三、门店储存与保管用设施设备及其管理

（一）药品储存的设施设备及其管理

药品应按剂型或用途以及储存要求分类陈列和储存，企业应配置保持药品与地面之间有一定距离的设备，如应有支架、货架和保持药品与地面之间有一定距离的地面衬垫物、

底垫、垫仓板等。

应无药品着地放置现象，药品垛堆应留有一定距离，药品与墙、屋顶（房梁）的间距不小于30厘米，与库房散热器或供暖管道的间距不小于30厘米，与地面的间距不小于10厘米。货物堆放应有间隔。

（二）通风、防潮设施设备及其管理

仓库内通风、防潮设施包括：排风扇、通风器、吸湿剂和除湿机。以保证药库内通风、阴凉、干燥，符合药品存放条件。对这类设施设备的管理要点如下：①药库安装排风扇或通风器，根据药品的特性，可在适当的时候，开启机器持续适当长的时间。②定时检查排风扇或通风器和除湿机性能，记录存档，如发现有问题应及时修理。③若设备沾上灰尘，应及时加以清理。

（三）检测和调节温、湿度的设施设备及其管理

库房应有温、湿度监测仪器、空调、除湿机、散热器、供暖通道、电加湿器等设备。

企业应做好库房温、湿度的监测和管理。每日应上、下午各一次定时对库房的温、湿度进行监测管理并作好记录。企业库房温、湿度超出规定范围，应及时采取调控措施，并予以记录。

大部分药品可在常温下保存，该类药品置于货架上，利用空调来调节温度，对于需阴凉存放或冷藏存放的药品如生物制品、生化制剂等，应配备电冰箱或小冷藏库。

药品的储存特性要求通常在药品包装的储存条件上注明。根据药品的储存特性，适当地启动空调、散热器、暖气等相关设备。

经常检查这类设备的性能，检查中发现的问题应及时向质量负责人汇报并尽快处理和备档。

【知识链接】

温湿度计类型

温度计是测温仪器的总称。根据所用测温物质的不同和测温范围的不同，有煤油温度计、酒精温度计、水银温度计、气体温度计、电阻温度计、温差电偶温度计、辐射温度计和光测温度计等。

湿度计是用来测量物体的湿度的。按测量方法分类可分为：干湿球湿度计、露点湿度计、毛发湿度计、库伦湿度计、电化学湿度计、光学型湿度计等。

（四）特殊管理药品、贵重药品的专用保管设施设备及其管理

专用保管设备包括：专业保险铁柜、专用仓库。

有条件的企业对于特殊管理药品应设置专用仓库。仓库应为砖钢混结构，且无窗、无通风孔，安装钢制保险房门，防撞，并与附近公安派出所建立联系，以便做好重点防护的准备。

无条件或经营数量较少而不需建立专用仓库的企业，要有特殊管理药品存放的专用保险铁柜，由钢制而成，结实，不易撬开、破坏，设置双门、双锁，或使用专业保险铁柜。

（五）消防、安全防盗设备及其管理

消防、安全设备包括灭火器、消防栓、消防通道、防盗门、防盗窗等

此类设备的管理和上述营业场所的消防、防盗设备基本相同。

（六）防尘、防虫、防污染和防霉变等设施设备的管理

门店应有调温、通风设施，应有防尘、防虫、防鼠等设施。防尘、防虫、防鼠设施包括纱窗、门帘、灭蝇灯、电猫、鼠夹、鼠笼等，门窗应严密，定期检查纱窗是否有漏洞并及时修补，定期检查电猫、鼠夹等设备的性能，观察其是否生锈、是否正常工作，检查中发现的问题应及时向质量负责人汇报并尽快处理和备档。

（七）验收养护用设施设备及其管理

GSP 规定，验收养护设备包括万分之一分析天平、酸度仪、电热恒温干燥箱、恒温水浴锅、片剂崩解仪、澄明度检测仪。经营中药材和中药饮片的，还应配置水分测定仪、紫外荧光灯和显微镜。

（八）标牌及其管理

药品储存时，应有效期标志。对近效期的药品，应按月填报效期报表。

陈列药品应按品种、规格、剂型或用途分类整齐摆放，类别标签应放置准确、字迹清晰。库存药品应实行色标管理。其统一标准是：待验药品库（区）、退货药品库（区）为黄色；合格药品库（区）为绿色；不合格药品库（区）为红色。

第三节　门店安全管理

一、员工内部偷盗预防

员工内部偷盗主要由收银员作弊和员工偷盗两种。

1. 收银员作弊

收银员作弊主要是指内部收银人员利用收银操作机会贪污现金。

预防收银员作弊的方式：

（1）对收银台周围（如购物袋下面、垃圾箱、抽屉下面等）要经常检查，查看有无藏匿的现金和有问题的收银小票。

（2）留意收银员经常出现的大额长短款现象，出现长短款现象应要求当事员工提供书面说明。

（3）收银员不得随意离开收银台，需离开时要通知当班负责人，收银员在非结账和查机的情况下不得打开收银机抽屉点钱。

（4）对经常出现的收银机打印故障要加以留意，防止收银员毁灭小票等证据。

（5）收银员不得携私款上机。

（6）所有商品必须如实入机，禁止任何不入机、少入机或用低价商品代替高价商品过机的行为。

（7）发现顾客所购商品价值与所付款项不符时，要礼貌的向顾客提出核查流水小票的请求，认真逐项核查。

2. 员工偷盗

员工偷盗主要是指部分素质低下的员工利用公司的信任监守自盗。

预防员工偷盗的方式：

（1）注意员工的生活作息是否正常，言行举止是否怪异。

（2）员工上下班一定要主动接受检查。

（3）员工不得在工作时间内于店内购物，非工作时间购买商品时，收银员应在不损害商品包装的情况下检查有无商品被调包或被藏匿，员工应保留电脑小票备查。

（4）大门钥匙三把，由门店店长及当班负责开关门者各持一把，备用钥匙则集中公司总部办公室。

（5）商品送货出场时要按相关单据认真核查。做好高值贵重商品的交接工作。

二、门店外盗的防范及处理

（一）门店营业员防外盗采取的措施

（1）营业员应经常走动，经常整理并检查商品的排面，避免因排面零乱让人有机可乘。

（2）为防止开架陈列的高值贵重商品被盗，营业员应将其陈列在比较容易监控到的地方，或尽量陈列空盒。对一些易盗的体积小、价值高的商品应有营业员定点定岗。

（3）卖场内装置监视系统，光线充足，货架摆放布局避免死角盲点。并在店内配备便衣防损员，流动巡视发现问题。

（4）将门店失窃案例汇报，以便加强员工认识和训练。

（5）营业员注意跟踪高值商品拿取、销售的全过程。

（二）营业员应特别留意以下几种情况的顾客

营业员应注意观察顾客的行为、神态和表情，随时留意可疑之人，如怀疑顾客有偷盗动机时，营业员可加大跟踪力度，如巡视卖场，以整理商品、上前主动询问服务方式来接近、警告、防范别有用心之人。

（1）当发现顾客不专注看商品，而是注意店内的工作人员时。

（2）要特别留意将高值商品带入僻静角落的顾客，当顾客选定高值商品后，一定要注意引导顾客到收银台付款。看到顾客将商品放入口袋，可主动上前送个购物篮，请顾客将商品放入篮内。“真对不起，我忘了帮您拿购物篮了！”

（3）对反复多次到某一货架，迅速将商品拿走的顾客，要紧跟不放，确定商品的最终去向。

（4）对要求先后拿取出多种高值商品进行对比的顾客，注意先将顾客手中的高值商品收回后才能拿取第二种高值商品给顾客，防止高值商品被调包，营业员尽量避免视线离开顾客，但顾客手中仍有商品的现象。

（5）对于在当班人员较少的时候，同时涌入多名顾客向店员咨询、但又无意购买商品的情况时要提高警惕。营业员应保证有人看场的情况下安排专人为顾客提供咨询服务，必要时可礼貌请咨询者等待。

（6）注意在店内走来走去闲逛的人员。

【实例分析】

一天，一位身着职业套装像白领阶层的顾客走进药店问：" 请问有贺普丁吗?" 并说要三盒。当营业员请顾客到收银台买单时，顾客说还想看看有没有其他需要的。然后，顾客又选购了其他的药品，再到收银台买单时，顾客看了下钱包，突然说钱不够，要去银行取钱后再回来拿药，说完就走了出去。过了一会儿，当营业员感到不对劲查看贺普丁时，发现药品已经被调包了。

（三）对偷盗者的处理方式

若在营业中发现并确认偷盗者，须在顾客离开收银台（或卖场），走出大门的一刻，由门店人员（最好有 2 名员工，男性员工 1 名，另一名应与偷盗者同性别）予以礼貌阻拦，“对不起，收银台在大门左（右）侧（手势语）!”或“真对不起，我忘了提醒您去收银台付款了!”。

对涉及金额较大，情节较严重的，应将偷盗者请至办公室内处理。要求偷盗者本人自己把商品拿出来，并写一份书面材料说明情况，收回被偷物品、金钱，进行批评教育，但注意不要对其搜身；当遇到情节严重而偷盗者态度又特别恶劣的情况时，则应移交警方处理。

三、抢劫的处理和防范

（一）处理措施

（1）在事件发生后，保持冷静，如劫匪带有武器，告诫其他员工和顾客不要反抗，尽量让匪徒感觉你正在按他的要求去做，并注意安抚好现场顾客的情绪，以避免不必要的伤害。

（2）在不影响人身安全的情况下，尽量拖延时间，减少损失，等待救援。注意记住歹徒特征及逃跑方向等其他细节，如歹徒的容貌、年龄、衣着、口音、身高等特征，歹徒离开时交通工具的车牌号码和逃跑方向等，在歹徒离开现场的第一时间内应立即拨打 110 报警。

（3）迅速向公司报告，安抚受惊的顾客。

（4）注意保护好现场，不要破坏歹徒在作案现场留下的痕迹和线索，以便公安机关进行勘察、取证。

（5）将过程写成书面报告，上交公司。

（二）预防措施

（1）保持门店玻璃的通透性，店内悬挂物注意不宜过低，以免遮挡视线，卖场注意灯光明亮，店门出口不宜太多。

（2）收银机钱箱内不要存放过多的现金，不在人多眼杂处点数营业金额，营业期间大额钞票超过公司规定的金额时须放入保险柜内保存。

（3）操作规范，门店每班营业款金额准确、按时存入指定银行。

（4）对门前停泊的未熄火的摩托车、汽车要引起关注。

（5）营业时间，大门钥匙应分开保管。

（6）若店内员工可疑并突然离店，应尽快更换门锁及钥匙。

四、火灾的预防及处理

（一）火灾的预防

（1）设立紧急出口及安全门，随时保持通畅，门店装修时，设置消防灭火装置，并定期检查。同时建立紧急联络电话以备急需之用。

（2）卖场内严禁吸烟，清理垃圾时应确定其中无火种等易燃易爆物品，照明设备不可置放于易燃物旁。

（3）门店人员在下班前应彻底检查瓦斯、总电源开关是否安全关闭，全体人员皆应知晓总电源开关、灭火器位置及使用方法。

（二）火灾发生时

（1）在不危急的情况下应组织员工尽力抢救商品并展开救火工作。立即将状况报告门店店长及总部。

（2）火灾情况危急时，应迅速拨打火警电话，详细说明起火单位的情况，若有员工或顾客在场，应疏散所有人员，尽快稳定顾客情绪，除必要的引导现场人员疏散的照明用电外，应迅速关掉火灾现场机器设备的电源，防止漏电、爆炸，以保障人身安全为第一优先。事后配合公安、消防单位调查原因及责任，并作出事件处理检讨与损失评估。

（3）在救火的同时应维持好现场秩序，抢救的金钱、财物、重要资料要派专人看管，以防趁火打劫。

（袁　玲）

第三单元　药 品 陈 列

【学习目的】

通过本章的学习，能让你了解门店药品货位的布局，掌握药品陈列的要求与技巧，为走上工作岗位打下坚实的基础。

【知识要求】

掌握药品陈列的基本原则与技巧。

熟悉药品货位布局的方式及药品陈列的要求。

了解药品货位布局的原则、药品陈列的艺术。

【能力要求】

熟练地按要求陈列药品。

学会药品陈列的技巧。

第一节　药品陈列基本知识

一、概述

药品是一种特殊商品，商品陈列是 POP 广告之一。它是以商品为主题，利用各种商品固有的形状、色彩、性能，通过艺术造型，来展示商品、突出重点、反映特色，引起顾客注意，提高顾客对商品的了解、记忆和信赖程度，从而最大限度地引起顾客的购买欲望。药品陈列也有 POP 广告共有的优点，同时又是便利顾客、保管药品的重要手段，因而是衡量服务质量高低的重要标志。药品陈列不仅是一门艺术，更是一门科学。陈列的“主角”是药品，亦即将顾客需求的药品正确无误地放在适当的门店位置。每一种药品都有其优点，陈列应设法突出其特点，大胆采用多种艺术造型、艺术方法，运用多种装饰衬托及陈列器具使陈列美观大方。药品陈列在日常的药品销售中占有极其重要的位置，做好药品陈列往往能达到事半功倍的效果。据权威部门统计，最佳的药品位置可以提高 50% 的销售额，做好药品空间管理可以提高 20% 的销售额，做好药品陈列的具体工作可以提高 30% 的销售额，价格适当可以提高 35% 的销售额，选用 POP 材料可以提高 25% 的销售额。这就提醒药店的经营者，绝不能低估药品陈列对销售的重要作用。从一定意义上可以

说，药品销售是从陈列开始的，它是实现药店销售的关键所在。

二、药品陈列管理制度

一般每个药品经营企业都会根据我国的《药品管理法》和《药品经营质量管理规范》并结合自己企业的实际制定一个关于药品陈列的管理制度，下面以某企业的药品陈列管理制度为例进行陈述。

药品陈列管理制度：

（1）为了严格处方药的监督管理，规范非处方药管理，依据《药品管理法》及《药品经营质量管理规范》等法律、法规，特制定本制度。

（2）陈列药品货柜、橱窗应保持清洁和卫生，防止人为污染药品。

（3）处方药不得开架陈列自选，非处方药可以采用开架陈列。

（4）处方药与非处方药分开，药品与非药品分开，内服药与外用药分开，性能相互影响、易串味品种分开陈列；药品按疗效和用途分类摆放，分为抗生素类、消化系统类、心脑血管类等，中药分为贵细处、中药配方处。其他商品分为医疗器械、保健品等。

（5）药品分类陈放，必须有明显的标志。

（6）药品摆放应整齐、平稳，无倒置现象，类别标签应放置准确、字迹清晰、正名正字，按规范填写，无错价现象，陈列药品的质量必须符合规定。

（7）陈列药品的质量和包装应符合规定，易串味药品应闭柜陈列，防止药品串味。

（8）拆零药品集中存放于拆零专柜，并保留原包装的标签 、说明书，实行一货一匙，防止药品污染。

（9）中药饮片装斗前应做质量复核，不得错斗、串斗、防止混药。饮片斗前应写正名正字。

三、药品陈列点、线、面

1. 陈列点

又称为陈列位，即陈列的位置。只有将药品以适当的形式（考虑数量、价格、空间、组合方式）陈列在适当的位置，才能最大限度的提高销量，提升品牌，因为现在患者购买行为随机性很大，这是药店区别于医院市场的最大特点。

有关资料表明，一般来讲，人们购买行为习惯和认知定势有以下一些特点：① 90%的人不喜欢走很多路或掉头购买所需药品；②人们不愿意到嘈杂、不干净或黑暗的地方；③人们不愿意俯身、踮脚、挺身；④人们视线喜欢平视，不喜欢仰视或俯视；⑤人们通常喜欢逛商店时左转，逆时针而行；⑥人们直行时视线喜欢倾向右面；⑦在商店、药店人们以平均速度每秒一米，人的眼睛望东西如果小于 1/3 秒是不能够留下印象的。

显然只有充分了解顾客心理，才能将适当的商品，以适当的数量与价格，在适当的时间，陈列在适当的位置上，达到增加销量，扩大知名度的目的。

（1）传统的非开架的药店较好的陈列点　对于传统的非开架药店来说，以下陈列点的陈列效果较好：①店员习惯停留的位置，在其后方的背架视线与肩膀之间的高度位置及其前方的柜台小腿以上的高度（第一层）位置为较好位置；②消费者进入药店，第一眼看到的位置，即卖场正对门口位置；③各个方向不阻挡消费者视线（主要为沿卖场顺、逆时针行走时视线）的位置；④光线充足的位置，在卖场内主要是正对卖场光源的位置；⑤同类药品的中间位置；⑥靠近柜台玻璃的药品较距玻璃较远位置的药品容易受到注意；⑦非处方药采用自选形式的，患者较易拿取的位置为优势位置；⑧著名品牌药品旁边位置；⑨消费者经常经过的交通要道。

（2）超市中较好的陈列点　对于一些新型的药品超市而言，与百货超市一样，主力产品就一定要放在最易取的位置。手最容易拿到的高度，男性为距地面0.7～1.6米，女性为0.6～1.5米。但距地面0.6～0.7米处的货物，顾客需要低头才能看到。因此，再进一步，从看到拿，最佳的位置应该是顾客的视线与肩膀之间的位置，商业上称这个位置为"黄金位置"。不过有一点需要那些身材较高的店员注意，对于药品而言，女性或老年顾客比较多，易见易取的原则位置是以他们的身高为标准的，而不要以自己为标准。

选择陈列点时，除以上位置外，还应注意的是要根据药店药品类别布局而定，另外，要保持始终有一固定位置的药品陈列，方便患者重复购买。

2. 陈列线

陈列线就是药品实物陈列和POP药盒陈列要形成一种线性关系，即有连续性，可以引导患者的购买行为。一些厂家的药盒在卖场码的很引人注目，如果正是患者关心的，会引起患者一丝注意，但转了一下，没有发现药品后，会马上取消进一步查看的念头，转去购买别的药品或者向店员咨询自己适应证药品。所以，如果条件许可的话，POP形式的药盒陈列尽量和实物药品陈列接近些，另外，配合其他POP广告、指示牌等或者导购员引导消费者。

3. 陈列面

陈列面是指面向消费者的药品的单侧外包装面，销售额可随着陈列面的增大而增加，这是个不争的事实，在诸多的调查中，有这样一个数据可以形象的显示增加陈列面可以提高药品销量，如下表：

表3－1　陈列面与药品销售量的关系

陈列面倍数	销售指标	随陈列面增加销售量增加%
1	100	+18
2	123	+23
3	140	+40
4	154	+54
5	161	+61

一般来讲，在药店中马上能吸引顾客目光的，一定是那些陈列面积大的产品，而在药店中陈列面积最大的，一定是那些知名品牌的"明星药品"。曾经有过一个统计，当一种药品的陈列面积增加3倍时，它的销售可以增加30%，而当陈列面积增加5倍时，销售额可以增加100%。

成功的陈列面都具备以下特点：①占据药店内的最吸引顾客的位置，药品包装面正面向外，确保消费者对药品商标、品牌、品名、包装留下印象；②采用堆箱形式的陈列面较稳固，因为这样陈列不易翻倒，确保安全；③大多产品集中排列；④至少三个以上陈列面，因为有一个陈列面较易被标签挡住；⑤陈列面上留有至少两个缺口，给人以此药品正在热卖中的感觉。

第二节 药品陈列

一、药品陈列的基本原则

陈列药品的目的是为了将药品在合适的位置卖出去，所以一切陈列的出发点都是为了销售药品，而绝非追求陈列本身。从这一点出发，陈列必须是在遵守我国法律与法规的基础上，最大限度地将药品展示给顾客，最终促进药品的销售。药品陈列的基本要求包括：陈列保持整齐、美观、新颖、醒目。②货架与货区做到“三洁”、“四无”、“六不见”，即：药品洁、货柜与货架洁、服务设施洁；地面无杂物、无痰迹、无瓜果皮核、无纸屑、烟蒂；架上不见使用的暖瓶、水杯、餐具、抹布、卫生用具等所有与销售无关的物品。

除此之外，药品陈列需要遵守以下原则：

1. 分区分类并结合 GSP 的陈列原则

药品陈列要求做到：药品与非药品分开陈列；处方药与 OTC 药品分开陈列，处方药不得开架自选销售；特殊管理药品，按国家有关规定存放；危险品不陈列，如必须陈列时，只能陈列代用品或空包装；拆零药品，集中存放于拆零专柜，并保留原包装标签；中药饮片，装斗前需复核，不得错斗、串斗，斗标应用正名正字（如图 3－1）。

附：药品 GSP 陈列示意图

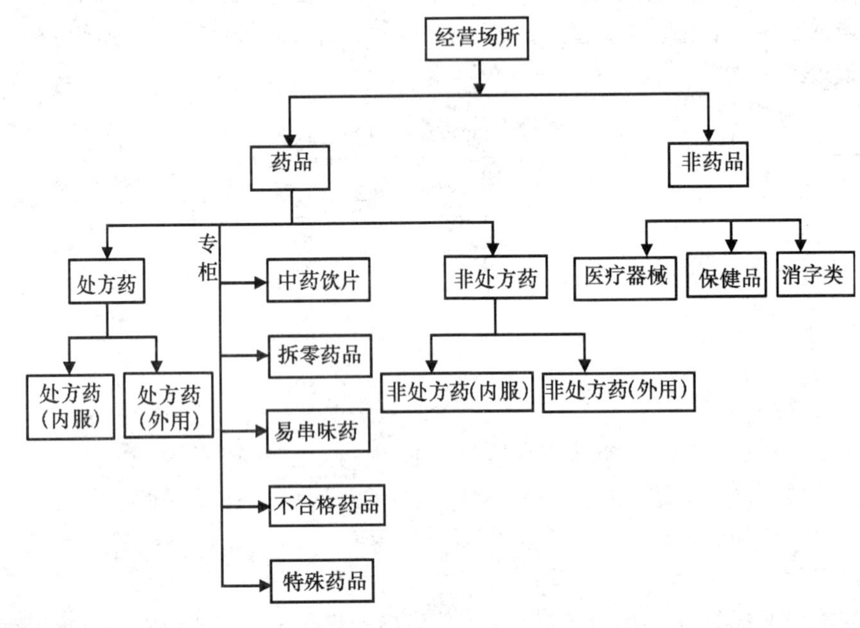

图 3－1 分区分类陈列原则

2. 易见易取原则

指商品正面面向顾客，不被其他商品挡住视线；货架最底层不易看到的商品要倾斜陈列或前进陈列；货架最上层不宜陈列得过高，或陈列太重，易碎商品；整箱商品不要上货架，中包装商品上架前必须全部打码上架，否则不能上架。对卖场主推的新品或DM上宣传的商品突出陈列，可以陈列在端架、堆头或黄金位置，容易让顾客看到商品，从而起到好的陈列效果。

3. 丰满陈列原则

满陈列就是把商品在货架上陈列得丰满些，要有量感，俗话说："货卖堆山"。据美国一项调查资料表明，满陈列的超市与做不到满陈列的超市相比较，其销售量按照不同类别的商品可提高14%～39%，平均可提高24%。满陈列可以减少卖场缺货造成的销售额下降。

4. 先产先出原则

商品都有效期和保质期，我们必须保证在有效期和保质期内提前卖完这些商品。因为顾客总是购买货架前面的商品，如果不按先产先出的原则来进行商品的补充陈列，那么陈列在后排的商品就永远卖不出去。所以每次将上架商品放在原有商品的后排或把近效期商品放在前排以便于销售。

5. 关联性原则

药品仓储式超市的陈列，尤其是自选区（OTC区和非药品区）非常强调商品之间的关联性，如感冒药区常和清热解毒消炎药相邻或止咳药相邻，皮肤科用药和皮肤科外用药相邻，妇科药品和儿科药品相邻，维生素类药和钙制剂在一起等。这样在顾客消费时产生连带性，也方便了顾客购物。

6. 同一品牌垂直陈列原则

垂直陈列与横式陈列相对而言，指将同一品牌的商品，沿上下垂直方向陈列在不同高度的货架层位上。其优点为：①人在挑选商品时视线上下移动较横向移动方便，故垂直陈列可满足顾客的方便性，又能满足商品的促销效果；②货架的不同层次对商品的销售影响很大，垂直陈列可使各商品平等享受到货架不同的层次，不至于某商品占据好的层次销量很好，而其他商品在比较差的层次销量很差。垂直陈列有两种方法：一是完全垂直陈列，对销量大，或包装大的商品从最上一层到最下一层全部垂直陈列；二是部分垂直陈列，采用主辅结合陈列原则，将四和五层或二层和三层垂直陈列。

7. 主辅结合陈列原则

药品仓储式超市商品种类很多，根据周转率和毛利率的高低可以划分为四种商品，第一种为高周转率、高毛利率的商品，这是主力商品，需要在卖场中很显眼的位置进行量感陈列；第二种是高周转率、低毛利率的商品，如感康、白加黑等；第三种是低周转率、高毛利率的商品；第四种是低周转率、低毛利率的商品，这类商品将被淘汰。主辅陈列主要是用高周转率的商品带动低周转率的商品销售，例如将感康和复方氨酚烷胺片陈列在一起，同属于感冒药，只是制造商不一样，感康品牌好，顾客购买频率高，属于高周转率商品，但由于药品零售价格竞争激烈，使这类商品毛利非常低，所以要引进一些同类商品增加卖场销售额。将同类商品与感康相邻陈列，陈列面要大于感康，使店员推销商品时有主力方向，又可以增加毛利。一些卖场的销售额很高，但毛利却很低，和商品的陈列有很大关系。

8. 季节性陈列原则

在不同的季节将应季商品（药品）陈列在醒目的位置（端架或堆头陈列），其商品陈列面、量较大，并悬挂 POP，吸引顾客，促进销售。

二、药品陈列的方法与技巧

（一）一般药品陈列方法

1. 陈列柜陈列

利用柜面和柜内陈列商品，其中柜面陈列可以放置小型陈列用具，亦可直接摆放有造型的商品，以小商品居多。陈列柜分前开、后开、前后开、敞开等款式。

2. 陈列架陈列

分为柜台式封闭销售的货架陈列和开架式敞开销售的货架陈列，有托架、柜型架、台型架、框形架、立架、挂具型等款式。

3. 陈列台陈列

分箱型台、平台阶、梯形台阶、桌形台等款式，利用台面陈列展示商品。

4. 地面陈列

将商品摆放于地面供顾客选用。一般用于医疗器械等大件笨重商品，也可将小件商品在地面堆成立体状态以吸引视线。

各种陈列用具都有标准型及异型两种。标准型制造方便，价格低廉，适用范围广，经济实用，但缺乏变化性，显得单调味乏；异型用具按具体商品的特性制成，艺术性强，与商品高度和谐统一，受顾客喜爱，但成本较高。现代化商店应根据经营的需要，采用不同的陈列用具，使商品的陈列多样化，避免呆板的平面陈列。

（二）常用的药品陈列技巧

药店掌握药品陈列的方法和技巧并能够熟练地运用，对提高药品的销售量和竞争力，利用药品陈列加强对购买者的视觉冲击力，最终实现提高整体销售量的目的都具有重要作用。药品陈列的方法和技巧有很多，但需要根据自身的实际情况，选择科学的陈列方法和技巧，以充分体现药品丰富性及其活力，吸引更多的顾客。同时，也需要在实践中不断探索新的科学的陈列方法和技巧。

1. 垂直陈列法

所谓垂直陈列，是相对于横式陈列而言的，或者说是为了避免横向陈列，它是指将同一类药品，沿上下垂直方向陈列在货架的不同高度的层位上。这种陈列遵循了顾客在选择物品时往往视线的程度上下移动比横向移动方便的规律。系列药品的垂直陈列，也叫纵向陈列，不可横向陈列，两者关系不可颠倒。实践证明，两种陈列所带来的效果确实是不一样的。纵向陈列能使系列药品体现出直线式的系列化，使顾客一目了然，可以看清楚整个系列商品，从而会起到很好的销售效果。系列药品纵向陈列会使 20% ~80% 的药品销售量提高。与此同时，垂直陈列使得同类药品平均享受到货架上各个不同的段位，不至于产生由于横向陈列而使同一种药品都处于一个段位上，因而带来药品的销售状况不是好就是差的问题。同时也不会由于同类药品的横向陈列所造成的降低其他类药品所应享受的货架段位的平均销售利益。

2. 沿墙陈列法

为给顾客以商品琳琅满目的印象，在商品陈列上非常注重对店内墙壁的利用，采取以沿墙壁面陈列商品为主的铺货模式。而通路货架则采用低于人体身高的设置，并尽量多地陈设中心岛，使顾客能够很自然地在店内环游移动。店门口多采用开放式设置，使行人从店外能够一目了然地看到店内顾客试用化妆品等选择购物的景象，营造橱窗效果，吸引过往行人的注意。

3. 中心陈列法

中心陈列法也可称为突出陈列法，就是将价格高低不同的同类药品放在一起。陈列时着重突出某一种或几种药品，其他药品则起辅助性作用。着重陈列的药品有药店的主力药品、流行性、季节性药品，反映药店经营特色的药品，名贵药品等。这些药品或者应占用较大比例的陈列空间，或者要用艺术手法着重渲染烘托气氛，抑或是陈列于比较显眼的位置上。突出陈列的另外一种形式是，将某些药品陈列在特殊的位置上，如货架侧面、收银台等。这是小药品可采用的一种形式，主要用以活跃店内陈列气氛，吸引顾客，但不可过多，以免形成障碍，影响顾客的视野和行动路线。总之，突出陈列是一种打破单调感的方法，其目的是把顾客吸引到中央陈列架的地方去，运用这种方法陈列的药品、推销的药品、廉价药品等能够引起顾客的特别注意，提高其周转率。这是因为，药品的露出度提高，增加了药品出现在顾客视野中的频率，进而突出了其廉价性、丰富感，并使药店给顾客一种十分繁忙的感觉。这种陈列方法虽然有效，但在同一药店内不能大量采用，以免形成障碍，影响顾客行动路线而造成混乱。

4. 集中陈列法

集中陈列就是按药品规格大小、价格高低、等级优劣、花色繁简、使用对象、使用价值的关联性、品牌产地等顺序进行陈列，以便于顾客选购。这种方法主要用于周转快的药品，这是在药品陈列中最常用和使用范围最广的一种方法。

使用集中陈列方法，需要注意的是：第一，规格要由大到小，价格由贱到贵，等级由低到高，花色由简到繁、由素到艳，使用对象如老人用药、儿童用药、妇科用药等。第二，要给周转快的药品安排好位置。这也是一种极其有效的促进销售额提高的手段。在药店中所谓好的陈列位置是指“上段”，也就是与顾客的视线高度相平的地方，最不利的位置是处于接近地面的地方，即下段。根据美国的一项调查资料显示，商品在陈列中的位置进行上中下三个位置的调换，商品的销售额会发生变化：从中段上升到上段，增长63%；从中段下降到下段，减少40%；从下段上升到中段，增长34%；从下段上升到上段，增长78%；从上段下降到下段，减少32%；从上段下降到中段，减少20%。

三、特殊陈列的具体形式

1. 橱窗陈列

利用药品或空包装盒，采用不同的组合排列方法展示季节性、广告支持、新药品和重点促销的药品。可利用综合式橱窗陈列（横向、纵向、单向）、系统式橱窗陈列、主题式橱窗陈列（节日陈列、事件陈列、场景陈列等）、季节性橱窗陈列等。

2. 专柜陈列

一般都是按品牌设立的，为同一厂商的不同种类药品的陈列。也有的按功能设立，就是将具有相同或相关联功能的药品陈列为同一专柜，如男性专柜、减肥专柜、糖尿病专柜等。

3. 利用柱子的主题式陈列

一般来讲，柱子太多的药店会导致陈列的不便，但如果将每根柱子作主题式陈列，不但特别而且能够营造气氛。

4. 端架陈列

端架是指双面的中央陈列架的两头。展示季节性、广告支持、特价药品、利润高的药品、新药品及重点促销的药品。端架陈列可进行单一大量的药品陈列，也可几种药品组合陈列于端架，展示的药品在货架上就有定位。

5. 分段陈列

上段属于感觉性陈列。主要用于陈列希望顾客注意的药品、一些推荐药品、有意培养的药品。黄金段是指人眼最易看到、最易拿到的位置。主要陈列具有差异化、有特色的药品或高利润的药品、自有品牌药品、独家代理或经销药品、广告药品等。中段，一般是陈列价格较便宜、利润较少、销售量稳定的药品。下段主要陈列周转率高、体积大、重的药品，也可陈列需求弹性低的药品。

6. 黄金位置陈列

主要是用于陈列重点推荐的药品，如高毛利率、需要重点培养、重点推荐的药品。对于敞开式的销售来说，中等身材的顾客主动注视和伸手可及的范围，约从地板开始 60～180 厘米，这个空间称为药品的有效陈列范围。其中最易注视的范围为 80～120 厘米，这个位置被称黄金地带。黄金线指男性 85～135 厘米、女性是 75～125 厘米；次要高度指男性 70～85 厘米或 135～145 厘米、女性为 60～75 厘米或 125～135 厘米。60 厘米以下，180 厘米以上是顾客不易注视接触的，60 厘米以下常用于陈列购买频率极低的药品或作为库存空间，180～210 厘米常作为库存空间以补充量感陈列的货源，210～260 厘米虽难以吸引近距离注视，但可吸引远距离注视，具有一定的展示诱导功能，可作为装饰陈列或广告空间。另外，为方便顾客取放药品，货架上陈列的药品与上隔板应有一定距离，通常以手能够进去拿出药品为宜，太宽了影响货架使用率，太窄了顾客难以拿取药品。

7. 量感陈列

如堆头陈列、多排面陈列、岛式陈列等。量感陈列产生“量大就是美”的视觉美感和“便宜”、“丰富”等刺激购买的冲动，它分为规则陈列和不规则陈列两种。规则陈列是将药品整整齐齐地码放成一定的立体造型，药品排列井然有序，通过表现药品的稳重气息，使顾客对药品质量放心，可扩大销售。不规则陈列是将药品随意堆放在篮子、盘子等容器里，不刻意追求陈列的秩序性，给顾客一种便宜、随和的印象，易于顾客在亲切感的鼓舞下触摸挑选药品。适合于量感陈列的药品主要有：特价药品或具有价格优势的药品、新上市的新药品、新闻媒介大量宣传的药品。对于采用量感陈列的药品，在卖场的数量不足时，可在适当位置用空的包装盒做文章，设法使陈列量显得丰富。

8. 质感陈列

质感陈列着重强调的是药品的优良品质和特色，以显示药品的高级性，适合于品牌、高档、珍贵的药品。这种陈列从量上来讲是极少的，甚至是一个品种陈列，主要通过陈列用具、光、色的结合，配合各种装饰品或背景来突出药品极富魅力的个性特色。

9. 集中焦点陈列

也就是利用照明、色彩、形状、装饰，制造顾客视线集点。顾客是药品陈列效果的最终评判者，陈列应以视线移动为中心，从各种不同的角度，设计出吸引顾客、富于魅力的陈列法则，并且将陈列的“重点面”面向顾客流量最多的通道。“重点面”可以是药品的正面，也可以是药品的侧面。确定“重点面”的因素可以来自多方面，如：以可见药品的最大形象、能显示丰富感来决定；以可见药品内部结构、能识别质地、结构来确定；以容易陈列，能简化操作、省工省时的面来决定；以顾客重视的面来决定。

10. 突出陈列

将价格高、低，不同厂家的同类药品放在一起。陈列时着重突出某一种或几种药品，别的药品起辅助性作用。着重陈列的药品有：药店的主力药品、流行性、季节性药品，反映药店经营特色的药品，名贵药品等。这些药品或者应占用较大比例的陈列空间，或者要用艺术手法着重沉浸烘托气氛抑或是陈列于比较显眼的位置上。

还有一种突出陈列，是将某些药品陈列在特殊的位置——货架侧面、收银台等，如润喉片、创可贴等。这是小药品可采用的一种形式，用以活跃店内陈列气氛，吸引顾客，但不可过多，以免形成障碍，影响顾客的视野及行动路线。

11. 悬挂陈列

无立体感的药品悬挂起来陈列，产生立体效果，增添其他特殊陈列方法所没有的变化。科学的、独具匠心的药品陈列形式，可以使药品具有生命力，具有自我推销的能力。因此，需要掌握药品各种陈列方法和技巧，开拓思路，加以灵活、综合地运用，以收到良好的效果。

四、药品陈列的注意事项

1. 正确运用平行平面

在药店的药品陈列中，都会遇到平行平面的使用问题。大多数橱窗本身的玻璃和背景就是平行的，此外，使陈列中的平面部件与玻璃平行，是为了让人们能从正面观看。与玻璃平行的陈列药品，对橱窗两侧过往的路人来说，观感都是一样的，而且都会看到同样的部分。假如橱窗正好对着一条通路，这样陈列法提供了最好的视线，从而会带来最好的促销效果。因此，虽然平行陈列的药品受到一些限制，但也有一些好处。其中需要特别注意的是一定要避免产生不良的眩光。比如，普通的橱窗的玻璃后面的天花板上常装有一排电灯，这常会在和玻璃平行的发光药品上产生眩光；要避免出现眩光，药品只能摆在一般视线的高度上，或者略低一点；如果药品摆得很低，又会影响顾客选购，所以最好把它们倾斜陈列，这样可以避免严重的眩光。

橱窗地板或低架子上陈列药品时，倾斜平面特别有用。如果把各种药品呈平行平面排列，要突出其中一、两件。让其倾斜角度不同于其余平面，主要让注意力集中在其上面。

但这种方法不能使用过度，否则许多部件各以不同的角度排列，就会造成杂乱无章的现象。除了橱窗陈列外，室内陈列也几乎全都用到平行平面。

2. 做好短期促销的特殊陈列

短期促销是指在新产品上市或节假日等时间内，药品所搞的一些产品促销活动。这种活动通常所使用的方法有：减价促销、买多赠少、半价销售、优惠销售、有奖促销等。对于短期促销应采取特殊的陈列，如用手推车、专设展台或场外货架陈列等方式，对于这种特殊陈列应该注意的是：第一，陈列要简单方便，不要过多地设置小道具，以免影响消费者的购买。第二，留有足够的陈列空间。对于短期促销一般都会吸引大量消费者前来购买，所以要留出足够的陈列空间以便顾客选购，第三，在药品陈列时就配有足够的销售人员。因为短期促销通常需要修整展柜等。

3. 制作和使用标志牌

按照 OTC 分类标识结合零售药店陈列的规则，制作准确而清晰的标志牌是药店分类管理和方便顾客的要点。在许多药店都有这种情况：甲类和乙类 OTC 标识混淆，甲类应是红色，乙类应是绿色，OTC 字样是统一的字体和规格，未按一定的字体样式比例放大制作。现实中发现，进行药品分类管理的药店，其陈列标志牌上应是“甲（乙）类 OTC 治疗病症药品”的字样，该标志牌应悬垂或固定于货架上方的醒目位置，高度视药店高度而定。如果按治疗病症来分类陈列，则应注意相邻货架治疗疾病的相关联系，如按人体顺序，应从五官、呼吸系统、心脑血管、消化系统、外用来排列，如果将口腔用药与肛肠用药紧密陈列就不太适宜。总之，具体的陈列顺序应考虑到多方面因素，包括药品分类管理制度、顾客方便度、店员熟悉度、店堂面积和店堂其他设施。

4. 药品开架销售陈列中需注意的问题

OTC 药品打破传统的柜台销售为主的陈列方式，是药品销售商品化、市场化的必经之路。改革开放以来，计划经济中的柜台式经营已逐渐被开架式、仓储式超市所替代，到第一批 OTC 药品目录公布后，开架式经营药品才崭露头角。随着药品开架销售的出现，药店的管理也要进行变革，主要包括重新制定药品超市陈列规范、重新制定店员管理制度、改进收款方式等，要求零售药店对药品实行电脑管理，将传统的手工开票、手工记账等模糊管理变成精确、及时的电脑管理，最大限度地节省人力，减少人工成本的同时提高经营和质量管理的准确度。

开架陈列药品易被窃是困扰商家的大难题，要最大限度的降低失窃率，减少损失，应注意的是：首先，超市货架布局应合理，不能有货架横竖不一，阻隔店员视线的现象；其次，合理安排店员的站位和数量，不能有过多交叉，阻碍顾客流动，更不能有陈列死角；再次，配合制定相应的补货、点货措施，如实行定量陈列、交班点货、随顾客流动跟踪服务等措施，也会减少失窃。另外，视药店财力而定，采取高科技防盗手段，如安装探头、商品防盗磁条、24 小时监控等都能将商品失窃率降到最低。

5. 灵活运用 POS 材料

POS（promotion of sales），即促销的缩写，POS 材料就是商品促销的材料，其种类一般有：海报、吊旗、挂旗、挂牌、标价签等。统计认为，通过对 POS 材料的有效管理可以提高商品销售量的 25%。POS 材料可以引起消费者的注意和兴趣，是消费者获取信息的最直接来源。而且POS材料可以提供广告信息，配合报纸、电视等媒体广告进行药品宣传，以吸引消费者的注意力。同时，POS材料的运用可以配合其他各种促销方式，如药店正在搞买一赠一或折扣让利活动，完全可以通过POS材料的陈列或发放来作宣传，以便消费者能够及时获得促销信息。销售人员除了正确使用POS材料外，还应该学会自己制作一些POS材料。当促销人员在推广介绍新产品时，就需要制作大量的POS材料，如宣传手册、宣传单等。促销人员还应针对药店的具体销售活动，自制一些POS材料，如药店在一季度开展买一赠一的促销活动，该促销产品的销售人员就要根据药店的布局情况，针对药店的特色制作POS材料以配合促销。对于促销人员而言，在制作POS材料时应需要注意以下几点：①文字简洁明了，书写醒目、突出。一般使用短语和简单字符，应在最显著的位置上突出价格，因为一般POS材料的使用都意味着降价销售和优惠，如果其他字体为黑色，价格用红色突出，如果其他字体用红色，则价格宜用黑色标明。②放置POS材料应不影响显示产品。较大的POS材料应放在客流量相对小的地方，可以配以一些流动货架帮助消费者挑选，也可以在店堂通道摆设一些堆头陈列；高档次药品POS材料的制作应有其特色，可以饰以图形并配以灯光以展示其高贵。③经常更换POS材料。随着季节的变化，要及时变换POS材料。在开展促销活动中，对于一些POS材料的使用要做到常用常新，避免一种材料多次使用，否则会影响到药店的形象，甚至是整个销售量。第四，厂家在放置POS材料前应事先得到药店的同意，以避免日后产生纠纷。

五、实训：药品陈列及POP广告牌的制作

（一）实训目的

通过实训，能根据药品陈列的原则和GSP的要求，运用各种陈列方法、技巧独立完成门店药品的陈列和理货工作，并能根据促销情景制作POP广告牌。

（二）考核标准

（1）药品陈列符合陈列原则和GSP的要求。

（2）能根据场地的实际情况运用恰当的陈列方法和技巧。

（3）药品陈列美观大方，颜色搭配合理。

（4）POP广告牌的制作精美，且符合促销情景。

（三）实训内容

1. 药品的一般分类陈列

将准备好的材料按照药品陈列的基本原则与要求分别陈列于适当的位置。同时完成理货、清洁的工作。

2. 节假日的店堂布置与陈列

以小组为单位，每个小组分别以五一劳动节、六一儿童节、国庆节、重阳节、元旦、春节等节日为背景，设计以庆祝节日为主题的药品门店陈列。

3. 促销活动期间的药品陈列

设计一款以敬老活动为主题的促销陈列。

4. POP 广告牌的制作

根据场地与促销活动主题设计广告牌。

（四）实训过程与方法

以 3 ~4 人为实训单位进行分组，并选出组长；由组长负责，按实训内容与要求共同协商，制定出陈列的方案，并制作相应的 POP 广告牌；在指定的陈列区域按设计好的方案实施陈列，布置 POP。各组相互评分。

（五）实训结果（照片）

第三节　陈列药品的标调价及补上货管理

一、药品的标价卡管理

在门店的 POP 中，有一种直接标明药品的名称、剂型、规格和价格的，我们通常把这种 POP 称为标价卡。在购买药品时，绝大多数的顾客都会留意货架上的标价卡，它有助于顾客选购药品，同时也有利于门店工作人员快速补货。

传统的标价卡，是普通名片大小的纸片，放置或粘贴在货架上，主要的作用是便于顾客识别价格，对促进产品的销售是没有太大的作用。实际上，通过改变标价卡的大小以及书写的方法和形式，可以使重点推荐的药品更为醒目，更能有效的传达商家的意图，能营造出一种更为浓厚商业气息，能有效地促进产品的销售，提高销售业绩。

二、药品的调价操作及注意事项

价格是市场的杠杆，这直接影响企业的竞争力、规模和效益。价格是市场销售中最敏感、最活跃的要素，企业要长期在市场上扩大市场占有率，就必须根据市场条件的变化来调整产品的价格，以取得最大经济利益。

调价是商品在销售的过程中，由于某些内部或外部环境因素的发生，而进行调整原销售价格的过程。

（一）原因

1. 内部原因

如企业经营方向与目标的调整；药品成本的变化；促销活动的特价；连锁企业总部价格政策的调整；商品质量有问题或快到期商品的折价销售等。

2. 外部原因

如政府物价管理部门价格调整；市场供求的变化；同类商品的供应商之间的竞争；季节性商品的价格调整；受竞争商家价格的影响以及消费者的反应等。

（二）调价操作

物价员接到政府物价管理部门或企业物价管理部门调价通知后，应立即：填《商品变价单》，确认新售价，变更账面库存金额，按新金额填营业日报表；填新标价签，变更库有商品明细账或电脑系统新售价；通知销售人员变价事项，变价凭证整理归档。

（三）调价操作注意事项

1. 调价应注意的事项

调价无论何种原因引起，一般由经营总公司采购部门负责，采购部门将调价的通知及时传达到各个分公司，再由分公司通知各销售人员执行。在执行中应注意：①在未接到正式调价通知之前，销售人员不得擅自调价；②正确预计商品的销量，协助公司做好调价的准备；③销售人员要做好商品标价的更换，在调价开始和结束时都要及时更换商品的物价标牌及贴在商品上的价格标签；④做好商品陈列位置的调整工作；⑤要随时检查商品在调价后的销售情况，注意了解消费者和竞争者的反应，协助公司做好畅销调价商品的订货工作，或是由于商品销售低于预期而造成商品过剩的具体处理工作。

2. 调价时商品标价注意事项

商品价格调高时，则要将原价格标签去掉，重新打价，以免顾客产生抗衡心理。商品价格调低时，可将新的标价打在原标价上。每一个商品上不可有不同的两个价格标签，这样会招来不必要的麻烦和争议，也往往导致收款的错误。

3. 分析顾客和竞争对手的反应

企业对产品提价或降价，都必然影响购买者、竞争者、经销商和供应商，如购买者对于价值高低不同的产品价格的反应有所不同。购买者对于那些价值高，经常购买的产品的价格变动较敏感，而对于那些价值低，不经常购买的商品，即使单位价格较高，购买者也不大注意，此外，购买者虽然关心产品价格变动，但通常更为关心的是此产品的质量、效果如何。如果各方面能够使购买者满足，就可以把这种产品的价格定的比竞争者高，取得较多的利润。

4. 注意竞争对手的调价

当竞争对手发动变价时，企业必须尽力理解对手的意图以及变价延续的可能时间。如果必须作出迅速反应，企业就应事先计划好对付竞争对手的各种可能的变价反应。

（1）维持价格　降价会使利润减少过多，如果保持价格不变，市场占有率不会下降太多，以后能恢复市场阵地，就应该维持价格。

（2）保持价格不变，同时改进产品、服务、沟通等，运用非价格手段来反攻，采用此战术比削价和低价经营等合算。

（3）降价　降价可使销售量增加，从而使成本费用下降。市场对价格很敏感，不降价就会使市场占有率下降，市场占有率下降，以后难以恢复。企业降价后，应尽力保持产品质量和服务水平，而不应降低产品质量和服务水平。

（4）提价　企业推出某些新品牌，以达到围攻竞争对手的品牌，取得利润的目的。

三、补上货管理

（一）门店补货业务流程

门店药品的来源主要通过外购或中心配送二种。采用何种进货方式，根据门店的性质决定。下面以中心配送为例，一般药品门店的补货业务流程如图 3－2 所示。

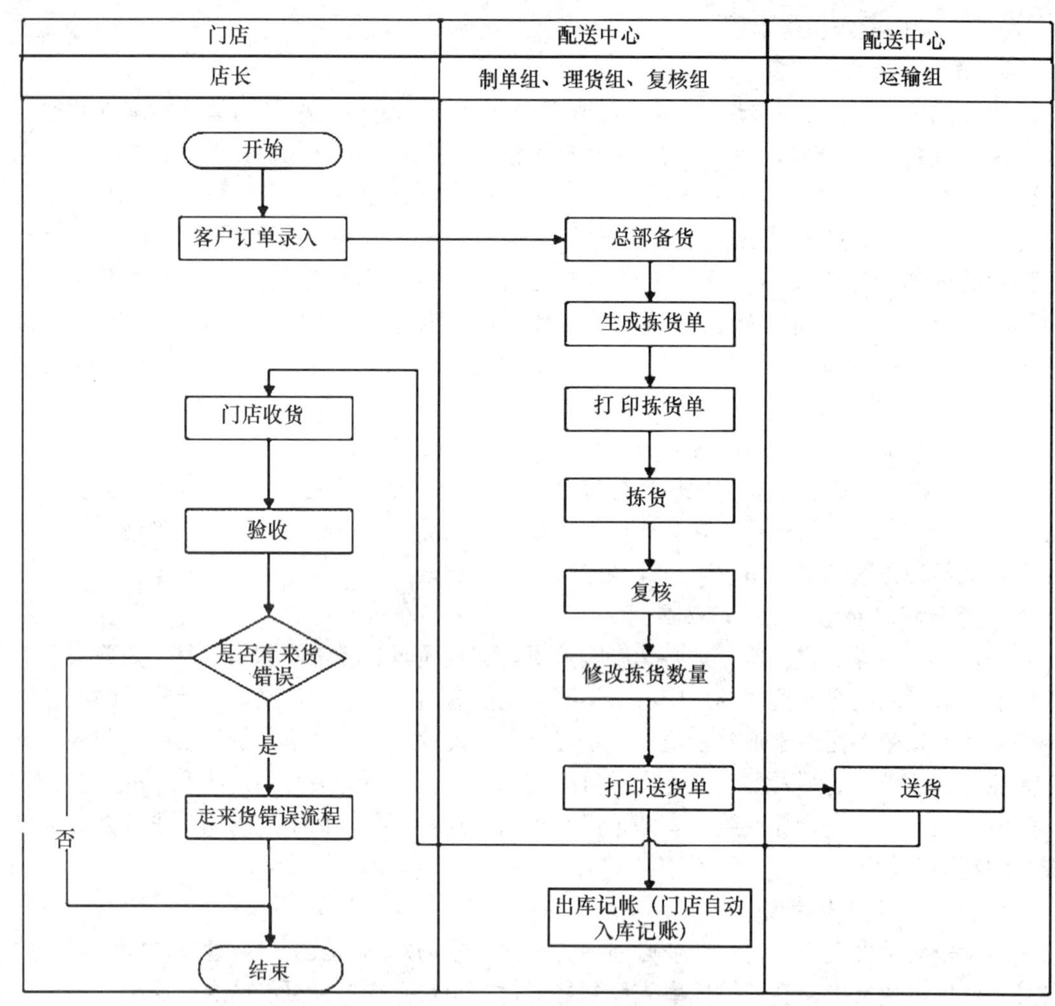

图 3－2　门店补货业务流程图

门店下补货订单，可以通过系统自动补货产生也可以通过系统手工下订单，并严格按照相关规定及时将补货订单传输至配送中心；配送中心制单员根据当日送货路线对相应门店做备货；配送中心制单员生成拣货单，打印拣货单（单联）并登记单号，理货员按单拣货；配送中心制单员根据复核人员提供的复核完毕的拣货单修改其中的差异数量；配送中心制单员出库记账；配送中心制单员完整打印门店送货单；配送中心送货，门店收货。

（二）具体操作及注意事项

1. 下单与出库

门店根据销货及库存情况，确定补货品种，填写补货单，列明补货商品的货号以及补货的要求等。

药品经营企业要制订药品出库检查与复核制度，制订科学合理的药品出库复核程序，明确相关人员的质量责任。对药品出库的原则、药品出库的质量检查与校对的内容、出库复核记录及其管理、相关人员的责任等都要明确下来。药品出库时，要着重规范以下几个方面：①药品出库应遵循“先产先出”、“近期先出”和按批号发货的原则。先产先出、近期先出以保证药品在有效期内使用；按批号发货以保证出库药品有可追踪性，便于药品的质量追踪。②药品出库时，应按发货或配送凭证对实物进行质量检查和数量、项目的核对，做到出库药品质量合格且货单相符。麻醉药品、一类精神药品、医疗用毒性药品等特殊药品出库时应双人复核。③药品批发企业在药品出库复核时，为保证能快速、准确地进行管理药品质量跟踪，必须做好药品质量跟踪记录，即出库检查与复核记录。所做记录应包括购货单位、品名、剂型、规格、批号、有效期、生产厂商、数量、销售日期、质量状况和复核人员等项目。药品零售连锁企业配送出库时，也应做好质量检查和复核。其复核记录包括药品的品名、剂型、规格、批号、有效期、生产厂商、数量、出库日期，以及药品送至门店的名称和复核人员等项目。出库检查与复核记录应保存至超过药品有效期一年，但不得少于三年。④不能出库发货的情况。如发现以下问题应停止发货或配送，并报企业质量管理部门处理。药品包装内有异常响动和液体渗漏；外包装出现破损、封口不牢、衬垫不实、封条严重损坏等现象；包装标识模糊不清或脱落；药品已超出有效期等。⑤商品出库要及时、准确，出库工作尽量要一次完成，防止差错。并且注意搬运、装卸药品时应轻拿轻放。

2. 验收与入库

药品入库验收是药品进入经营环节的第一道程序。验收的目的是要保证入库药品数量准确，质量完好，防止不合格的药品和不符合包装规定要求的药品入库。

药品验收由验收员根据原始凭证、发货票、入库通知单等所列各项要求进行检查，然后按规定进行抽样、化验，最后填写验收记录，验收人员按所验收的药品项目做好详细记录，并签字保存备查。

验收时所遵循的抽样原则：按批号从原包装中抽取样品，样品应具有代表性和均匀性。一般情况下，抽取的数量，每批在50件以下（含50件）抽取2件；50件以上每增加50件多抽1件，不足50件以50件计。在每件中从上、中、下不同部位抽三个以上包装进行检查，如外观有异常现象需复验时，应加倍抽样复查。

药品验收的内容：数量点收、包装检查、标签和说明书的检查、注册商标检查、批准文号的检查、生产批号的检查、药品质量保证期限的检查、药品出厂检验报告或产品合格证的检查、药品外观性状的检查、药品内在质量的检查。

药品零售连锁门店在接收企业配送中心药品配送时，可简化验收程序，但验收人员应按送货凭证对照实物，进行品名、规格、批号、生产厂商、生产日期、数量、产地、有效期的核对；外观性状是否符合规定；包装和标签是否完整，是否符合国家的规定，并在凭证上签字。送货凭证应按零售企业购进记录的要求保存。发现有包装破损或外观质量问题等不符合国家规定的，门店有权拒收，及时退回配送中心并向总部质量管理机构报告，填写《质量验收不合格药品登记表》并退货。药品验收应做好记录。验收记录记载供货单位、数量、到货日期、品名、剂型、规格、批准文号、批号、生产厂商、有效期、质量状况、验收结论和验收人员等项内容。

贵重的中药材或中药饮片应由双人同时检查逐一验收，贵重中药材、饮片还应逐一核查数量。

中药材、饮片应检查包装，并检查质量合格的标志。中药材包装上要有品名、产地、供货单位；中药饮片应标明品名、产地、生产企业、生产日期和批号；实施批准文号管理的中药材、饮片应标明批准文号。还应注意检查是否有发霉、虫蛀等其他不符合质量标准的情况。

进口药品，其包装的标签应以中文注明药品的名称、主要成分以及注册证号，并有中文说明书。

验收合格的药品，由验收人员按送货凭证所列品名、规格、数量进行核对，清点后交营业员打价、上架等作业。

3. 理货与上架

（1）药品的理货　理货是按照"从左到右，从上到下"的顺序，按"端架→堆头→货架"的先后顺序将货品进行整理并摆放于合适的位置。理货时应做到：①须检查商品包装（尤其是复合包装）、条形码是否完好、缺条形码则迅速补贴，破包装要及时修复；②做到非销售单位、非销售包装的商品不得零星停留在销售区域；③必须将不同货号的货物分开，并与其价格标签的位置一一对应；④理货最好在每日销售高峰期之前和之后进行；⑤理货商品的先后次序一般是促销商品→主力商品→易混乱商品→一般商品。

理货后要求达到以下要求：①商品的价格标签正确、干净；②商品陈列的位置符合门店陈列图的要求；③商品陈列整齐；④商品陈列符合"先进先出"的原则；⑤商品的标签、包装、保质日期经检查合格；⑥商品的零星散货已经回正确的位置；⑦商品的缺货标签正确放置；⑧商品的破损包装被修复；⑨商品陈列符合安全原则。

（2）药品的上架　上架操作是指将检查过的商品补充到陈列药品的货架上的操作。上架操作应做到：①力争做到当日来货当日上架：②上架时注意保护商品和设备安全，禁止踩或坐在商品和设备上，注意安全取、放、递商品，切不可从货架上往下扔货，如商品和设备因人为原因损坏由该责任人按实际金额赔偿；③每一个商品有其固定的陈列位置，上架时商品须按指定地点摆放，不能随意调整排面，如须调整，须请示部门领导同意后方可进行；④上架期间各部门人员须服从领导的统一安排，部门之间须互相配合、协商，严禁发生争执和吵闹现象；⑤上架期间任何商品不得私自使用或带走，一经发现将严肃处理甚至开除；⑥上架时不得串岗、离岗、聊天、嬉笑、打闹，不得在卖场内吸烟、乱丢垃圾、随地吐痰、应做到认真完成工作，遇事多协商，多请示；⑦上完架的纸箱应拆开叠放整齐后放于指定地点，严禁随意乱丢乱放，严禁扔纸箱时夹带商品流通出卖场，一经发现，将追究该责任人的责任；⑧对补货产生的垃圾进行处理，做好商品、货架、通道的清洁工作，保持补货区域的卫生，检查通道有无遗漏的商品、卡板、垃圾、价格标签等；⑨注意标价签的配置到位，注意商品及货架卫生，多检查，及时发现并解决问题。

四、实训：办理备货

（一）实训目的

学习药品备货的业务流程与方法

（二）考核标准

掌握验收的基本方法，能对进店药品进行验收。对验收合格的药品能快速进行整理，

并按要求正确上架

（三）实训内容

（1）根据盘存结果填写补货单。

（2）按 GSP 的要求及企业相关规定办理入库与出库。

（3）根据理货的基本要求将办理好入库手续的货品上架。

（四）实训过程与方法

模拟补货现场入库、验收、理货上架各环节，由教师准备补货需用到的相应单据、文字资料等及各品种规格的药品；学生扮演各环节的营业员进行补货、验收入库与理货、上架清理补货现场等操作。正确填写操作结果。

（五）工作记录

实训操作结果见表 3－2。

表 3－2　商品补货单

要货日期：　　**到货日期：**　　**收货门店：**　　**本单编号：**

商品编码	商品品名	规格	批号	厂家	单位	单价	数量	金额	备注
合计									

制表：　　**审核：**　　**经办：**

第四节　陈列药品的盘点

一、盘点的含义与目的

商品盘点是定期或不定期地对店内的商品进行全部或部分的清点，以确实掌握该期间内的实际损耗，它是考核商品定额执行情况的重要依据。商品盘点是经营活动中一项重要的工作环节。

门店在营运过程中会存在各种损耗，有的损耗是可见和可控制的。但有的损耗是难以统计和计算的，如偷盗、账面错误等。因此需要通过定期或不定期的盘点来得知门店的盈亏状况。

盘点可以达到如下目的：①确认店面商品在一定经营时间内的损益状况，以便真实地把握经营绩效，并尽早采取防漏措施；②掌握与控制库存。了解门店的存货水平，积压、短缺商品的状况、商品的效期情况及商品的周转状况；③了解库存药品质量；④根据盘点情况，加强管理，得知损耗较大的营运部门、商品大组以及个别单品，以便在下一个营运年度加强管理，控制损耗；对商品结构进行适当调整，防微杜渐，同时遏制不轨行为。⑤了解目前商品的存放位置，环境整理并清除死角。

二、盘点的原则

企业的盘点制度一般都由连锁企业总部统一制定，包括盘点原则、盘点方法的确定等方面。

一般来说商品盘点应遵循以下原则：①真实：要求盘点所有点数、资料必须是真实的，不允许弄虚作假，掩盖漏洞和失误。②准确：盘点的过程要求是准确无误，无论是资料的输入、陈列的核查、盘点的点数，都必须准确。③完整：盘点过程的流程，包括区域的规划、盘点的原始资料、盘点点数等，都必须完整，不要遗漏区域、遗漏商品。④清楚：盘点过程属于流水作业，不同的人员负责不同的工作，所以所有资料必须清楚，人员的书写必须清楚，货物的整理必须清楚，才能使盘点顺利进行。⑤团队精神：盘点是全店人员都参加的营运过程。为减少停业的损失，加快盘点的时间，门店必须有良好的配合协调意识，以大局为重，使整个盘点按计划进行。

三、常用的盘点方法

盘点按盘物或盘账来分，可以分为实物盘点和账面盘点；按盘点区域区分，可以分为全面盘点和区域盘点；按盘点时间段来分，又可分为营业中盘点、营业前（后）盘点、停业盘点；按盘点周期来分，可分为定期盘点和不定期盘点；盘点也可以采用自动方式盘点。盘点方法列表如下：

表 3－3　常用盘点方法列表

名 称	定义	使用范围及时间间隔
实物盘点	实际清点存货数量的方法	门店实物盘点
账面盘点	以书面记录或电脑记录进出账的流动状况而得到期末存货余额或估算成本	由电脑部或财会部进行
全面盘点	特定时间，将店内所有存货区域进行盘点	一般一年两三次
区域盘点	对店内不同区域进行盘点，一般以类分区	部分区域盘点、抽盘
营业中盘点	盘点时门店仍然对外营业	库存区盘点、单品盘点
营业（前）后盘点	门店在关门前（后）盘点	销售区域盘点
停业盘点	正常的营业时间内停业一段时间来盘点	全面盘点、区域盘点
定期盘点	每次盘点间隔一致（如：年、季、月、交接班）的盘点	全面盘点、区域盘点
不定期盘点	盘点间隔期不一致的盘点	调整价格、经营异常、人事变动、突发事件、重点商品、清理残货等
自动盘点	利用现代化技术手段来辅助盘点作业，如利用掌上型终端机可一次完成订货与盘点作业，也可利用收银机和扫描器来完成盘点作业，以提高盘点速度及精确性	门店商品盘点

四、盘点操作

（一）操作流程（图3-3）

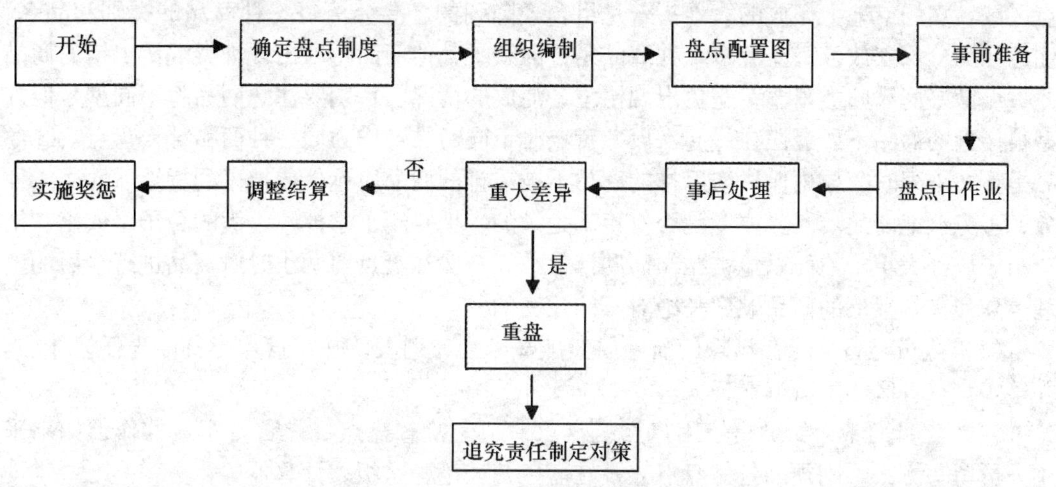

图3-3 盘点操作流程

盘点制度的确定包括确定盘点方法、盘点周期、账务处理、重大盘点差异处理及盘损奖罚处理。

为做好盘点工作，可成立任务组，针对盘点所涵盖区域制作完整盘点配置图，明确任务责任区域，由指定任务组成员具体执行盘点作业。实施盘点前还应做好环境准备、工具准备、顾客告知、供应商告知、人员培训、单据整理等工作。

盘点中作业包括初点作业、复点作业、抽点作业。

事后处理包括资料整理、计算、盘盈（损）调整，重大差异处理及奖罚实施等。

（二）操作方法

1. 盘点前的准备

盘点前门店要告知供应商，以免供应商在盘点时送货，造成不便。如果是停业盘点，门店还必须提前2~3天贴出安民告示告知顾客，以免顾客在盘点时前来购物而徒劳往返。在盘点当天或前一天，要求店面不收货、不退货，并清理好所有单据交到店长处，以保证盘点所有数据的准确性。并根据本店药品存货位置及商品陈列位置编制盘点配置图；对每一个区位进行编号；将编号做成贴纸，粘贴于陈列架的右上角。陈列架用字母表示，排数用阿拉伯数字表示。如：第一个陈列架第一排标上A-1，第二排标上A-2，编排顺序应是从上到下，从左到右，依次编排。根据盘点配置图，由店长具体调配人员。划分人员盘点位置、抽盘、复盘人员名单，合理安排输单人员，安排班次及盘点人员，人员确定后，再填入配置图，并张贴出来，让各位参加盘点的员工明确自己的盘点责任区。

（1）环境整理　环境整理工作一般应在盘点前一日做好，包括：检查商场各个区位的商品陈列及仓库存货的位置和编号是否与盘点配置图一致；清除卖场及作业场死角；将各项设备、工具存放整齐。

（2）药品整理　药品的整理是预防盘点差错的一项重要措施。药品整理后，各区域的货品划分明确，可防止漏点或重点。操作过程应注意以下工作要求：①堆头是指没有放置在货架上，单独存放的货品垛，是盘点工作容易忽略、遗忘或混淆的货品。盘点时应将堆头就近并入每个盘点区域之内。货架旁边的堆头应紧挨货架摆放，以免被混淆到其他盘点区域。卖场空地上摆放的大堆头若是组合式陈列的，要分清每一种商品的类别和品名，注意分类分垛摆放。②注意每一种商品是否混杂了其他商品。易出现种类混淆出错的商品要重点做好商品归类工作，避免出现错位，混放的情况。特别要注意同品牌不同型号但外型很接近的商品不要混摆在一起，以免盘点时不同商品被作为同一种商品计入盘点。③商品是整齐陈列时，要确保货架后排的商品不被前排的商品所遮挡或掉落到货架后面而未计数，避免遗漏商品。④要注意是否每箱都是满的，把空箱子拿掉，不满的箱子里放满；把小箱子放到大箱子前面以免被挡住而漏计数。⑤一般在盘点前两小时对商品进行最后的整理，陈列在货架上的商品顺序是绝对不能改变的。

（3）人员准备　应在盘点的前一周安排好出勤计划表，并在盘点当日停止任何休假。并落实盘点各区相关盘点责任人。

（4）工具准备　如果是使用盘点机盘点，须先检查盘点机是否可正常操作；如果采用人员填写方式，则须准备好盘点表及红蓝色圆珠笔、垫板、计算器等。

（5）单据整理　为了尽快获得盘点结果（盘亏或盘盈），盘点前应将进货单据、门店商品互调单、净销货收入汇总（分免税和含税两种）、变价单据、销货单据、退货单、报废品单据、赠品单据、移库商品单据及前期盘点单据等整理好。总之，盘点前要做到“三清两符”，即票证数清、现金点清、往来手续结清、会计记账柜组账相符，账簿与有关单据相符。

2. 商品盘点操作

在盘点正式开始前由店长简要说明盘点工作的重要性、盘点的要求、盘点中常犯的错误及异常情况的处理。

盘点作业可分为三种，初点作业、复点作业及抽点作业。盘点操作最好是两人一组，一人点，一人写，由初点人和复点人配合完成。在实施盘点时，应按照负责的区位，按商品货架顺序，逐架逐排依序由上至下，由左至右，由前至后进行盘点。

（1）初点作业　先由初点人对货架商品展开盘点，初点人按盘点表顺序先读货架编号、然后读货号、品名、规格、单位、数量、零售价等依次进行，而复点人此时作为填表者，如实根据初点人的读数进行记录或核对。初点作业须用蓝色圆珠笔来记录，并由初点人在初点处签名，以示负责。盘存者在盘点中，咬字要清楚，音量适中，以让填表者听清楚为原则。盘点时应顺便检查药品的有效期。

（2）复点作业　由复点人对货架商品展开盘点，初点人手持初点的盘点表，先读货架编号、然后读货号、品名、规格、单位、数量、零售价等依次进行，复点人依序检查并回答，而初点人此时作为填表者，应如实根据复点人的读数进行记录或核对。复点作业须用红色圆珠笔来记录，把差异填入差异栏；并由复点人在复点处签名，以示负责；复点时应再次核对盘点配置图是否与现场实际情况一致。

（3）抽点作业　在初点和复点结束后，由门店店长对盘点结果进行抽查。抽点时应重点抽查：①盘点表的书写是否符合规定（如有无商品未盘出数量金额、未有签名、不正确的涂改方式或一些从字面上看即能明显看出的差错等等)；②抽点易漏盘商品。可选择卖场内死角，或不易清点的商品。③抽点如果盘错将会对门店影响较大的商品。如单价高、金额大的商品。④抽盘有异议的商品。对初点与复点差异较大的商品要加以实地确认。⑤复查劣质商品和破损商品的处理情况。

（三）注意事项

（1）对已完成货架编号定位的药品不可再随便移动。

（2）落实责任区域的盘点人时，最好用互盘的办法，如A柜组的作业人员盘点B柜组的商品，B柜组的作业人员盘点A柜组的商品，依此互换，以确保盘点的准确性，防止“自盘自”可能造成的不实情况。

（3）在盘点商品时，要求盘点人员在心理上应同处理现金般谨慎行事。

（4）盘点时应顺便检查商品的有效期，过期商品应随即取下，并作记录。盘点后应将盘点中发现的劣质品或破损药品、滞销品、近效期药品整理出来，汇总起来，与正常的商品分开，汇集到统一的地点，以做处理。对已过期失效的药品应按药品的报损处理方法处理。

（5）盘点不同特性的商品时，应注意计量单位的不同。

（6）每一货架盘点后在合计与单位的空白栏间，从右上至左下划斜线，并在抽点栏签名，以发挥确实核对的作用。

（7）盘点单上的数据应填写清楚，以免混淆，注意数字的填写工整，如“7”与“2”，“6”与“8”区别等。

（8）如果写错数字，只能在原有的基础上进行增减，不能涂改；不能用涂改液或圈涂法，必须将原来的数据划掉，重新书写，并由修改人在修改处签名确认。

（9）对大件商品、堆头盘点时要注意安全，防止商品掉落造成伤害。

（10）若在营业中盘点，应注意不可高声谈论，或阻碍顾客通行；店长要掌握盘点进度。盘点人员在盘点中遇到突发情况时不能擅作主张，应及时向店长汇报。

五、盘后工作

（一）整理盘点资料

1. 盘点负责人负责盘点表的回收工作

盘点结束后，盘点人员将手中的盘点表按盘点区域交回给盘点负责人。盘点负责人应认真检查盘点表张数是否正确无误，是否都有签名或其他遗漏，并加以汇总。

2. 计算盘点结果

将盘点单的原价和数量相乘，合计出商品的盘点金额。

3. 根据盘点结果实施奖惩措施

商品盘点的结果一般都是盘损，即实际值小于账面值，但只要盘损在合理范围内应视为正常。商品盘损的多寡，可表现出店内从业人员的管理水平及责任感，所以有必要对表现优异者予以奖励，对表现较差者予以处罚。一般的做法是事先确定一个盘损率（如：盘损率=盘损金额÷盘点周期内销售金额×1000‰），当实际盘损率超过标准盘损时，门店相关责任人员都要负责赔偿；反之，则予以奖励。

根据盘点结果找出问题点，并提出改善对策。做好盘点的财务会计账务处理工作。

（二）效期药品及滞销药品处理

1. 效期药品的管理

【知识链接】

药品的有效期

药品的有效期，是指药品在一定的贮存条件下，能够保持质量的期限。药品由于各自理化性质的不同，具有不同的稳定性。通过一段时间，药品渐渐地失去了效力。一些性质不稳定的药品，如抗生素、生物制剂、脏器制剂等，因其自身性质不稳定和不可避免的外界自然因素（光线、湿度、温度等）的影响，即使在规定的贮存条件下保存，其质量仍会随着时间的延长而逐渐变化。根据法律规定，药品必须在到期之前使用。

企业对药品效期应实行全过程的有效控制和管理，即在购进、储存、养护、销售及售后服务中，都应体现对效期的管理要求。购进时应遵循择优购进的原则，防止购进效期结构不合理、不能在预期的合理期限内全部销售和使用完毕的药品；储存时应按照药品的批号及效期合理储存，根据效期进行出入库管理；应加强对效期较短及近效期药品的养护，并定期催销，防止造成药品过期失效；销售时，既要遵循依法销售的原则，又要遵循合理销售的商业规则，合理预期其所销售的药品，药师及门店工作人员必须始终对到期或快到期的药品保持警惕！当验收货物时，核对调拨单，检查快到期的药品；上货、理货和盘点时，有必要再一次核查药品的有效期（失效期），保证在该药品的法定效期内合理使用完毕。

（1）药品效期的标示与识别　根据法规对药品有效期标识的有关规定，国产药品的效期标识方法有二种：一是直接标明有效期为某年某月或某日，如有效期至2003年6月12日，表示该药品可用到2003年6月12日，6月13日就不可以用了；二是直接标明失效期为某年某月。失效期为2003年6月12日，则表示该药只能用到2003年6月11日，6月12日起就不能再继续使用。

进口药品效期的标示有各自不同的表示方法：欧洲国家按日－月－年顺序排列，美国是按月－日－年排列，日本产品按年－月－日排列。

进口药品表示效期的单词及其缩写有：

expiry date（Exp. Date）、expiration 或 expiring 表示失效期；use before 或 use by 意为在＊＊＊以前使用；validity、duration 表示有效期；stability 表示稳定；storage life 表示贮存期限。

（2）效期药品的预警　为防止药品积压导致超过效期而报废，企业通常制定效期药品预警制度，对近效期药品进行重点核查，并及时销售。具体要求有：①检查和记录，效期在6个月以内的近效期药品，各店每月填报效期预警表。驻店药师（店经理、医师）指导员工，根据商品分区管理，检查效期药品。检查、记录重点药品名、编码、批号、效期、数量、进销退存变化。每月盘点时对该表内容进行核对。该表每季度更新一次。②效期药品的销售和处理，效期在1～6个月商品称为近效期商品，销售人员应对该类商品需予以特别关注，积极销售。对近效期商品进行有效的陈列，如使用特殊的色标标识等在标价签上作出员工周知的特别标记。销售人员应熟练掌握有关商品知识，在驻店药师（店经理、医师）的指导下及时进行广告宣传以促进销售。与此同时，也可以对积极争取采购部和供应商的支持，争取退货或更换陈旧的商品包装。③预防措施，为了减少店面近效期商品的损失，需进行店面之间的调拨，如商品过期，不计入调入店面的损失，损失由调出店面承担。各门店的销售实行先产先出、近期先出的原则，即先销售老批号商品，后销售新批号商品。④准过效期商品的处理，效期在1个月以内的商品为准过效期商品，准过效期商品门店一律下架。按企业有关制度进行处理。⑤对已过期失效的药品除应按药品的报损处理方法处理外，还应该注意将废品敲碎深埋，不可随便抛弃，防止混用或引起人畜接触过敏事故的发生。

2. 滞销药品的处理

在零售店的经营过程中，滞销商品的存在是不可避免的问题。如果对滞销商品置之不理，那么将大大影响卖场的经营效率，同时也会使卖场失去原有的魅力。而且，滞销商品积压在仓库中或者摆放在货架上，资金难以周转，无法采购新商品，最终可能使卖场出现混乱。因此将滞销商品进行早期处理也是卖场的一个重要职责。通过对滞销商品的早期处理，换回现金可以采购畅销商品摆上货架，能促进卖场商品的良性循环，是提高销售额的一个重要措施。

【知识链接】

药品滞销的原因

药品滞销的原因一般有以下三个方面：一是药品一次采购数量过多，但销售速度相对过慢；二是药品自身原因，如品质不好、包装问题、价格过高等；三是药品陈列不当，如药品摆放位置不醒目，或与某些同类药品陈列在一起不能突出主题等。

处理滞销药品，通常采用如下方式：①经常检查，发现滞销及时处理；②发现滞销首先采取更换展示位置，把滞销产品摆放到门店的黄金位置，或POP加大宣传力度，以期提高商品销量。实践证明，采用此方法一般可以处理1/3的滞销商品；③若是代销商品，在结账前如发现滞销，应快速退货。所以门店与采购应及时做好沟通，特别是在引进新品时必须随时注意销售状况；④如已经付款而仍产生滞销，可采取以下方式处理：一是想办法退给供应商；二是与供应商交涉，换其他新产品；三是要求供应商降价出清（补价差）；四是要求供应商提供赠品出清；五是门店自行降价出清；六是门店做一个专题性的促销，争取出清。

六、减少陈列阶段药品损失的方法

药品在陈列中有时会发生一些意想不到的情况，会给门店带来一定的损失，有时还可能会影响门店形象和员工的情绪。所以，怎样减少门店药品在陈列阶段的损失，是每个门店员工必须要思考的一个问题。下面介绍几种常用的方法。

（1）易碎药品陈列在安全的地方。

（2）禁止宠物进入店内。

（3）对吃着零食（如巧克力、冰淇淋等）进店的顾客，应特别留意。

（4）为了防止欺诈、盗窃等行为的发生，必要时可设置防盗报警系统、闭路电视或在药品上做内部记号等。易被盗药品陈列在视线易及看到可控位置。

（5）加强对门店温度、湿度的测量与控制。

（6）相互有影响的药品不能一起陈列。

（7）对计量器具设立管理台账，做到账物相符。计量器具应按检定周期组织送检，保存好相关单据。

（8）定期盘点、经常检查陈列架上的药品。

（9）避免日光直射或雨水溅淋药品。

七、实训：药品盘点

（一）实训目的

学习药品盘点的方法、步骤和内容。

（二）考核标准

能在规定时间内正确完成盘点任务，盘点过程规范。

（三）实训内容

1. 店内盘存

对门店内药品进行盘点，并进行简单的数据统计及分析。

2. 库内盘存

对库存药品进行盘点，并进行简单的数据统计及分析。

（四）实训过程与方法

模拟盘点现场，由三人一组。分别扮演初点、复点及抽点的角色。由教师准备好盘点用具及一定数量的需盘点的药品。

（1）首先确定此次盘点所用的方式方法。

（2）做好盘点前的准备工作，如整理药品、检查盘点工具等。

（3）两人一组严格按照盘点配置图的要求，按盘点操作规范进行初点和复点。

（4）由该组中剩下的另一名学生负责抽点。

（5）教师检查学生的盘点结果，同时观察并及时纠正学生整个的盘点过程中不符合规范的步骤及操作。

（6）各组根据盘点结果，对门店目前的库存结构、商品质量等基本情况进行简单的分析。

（五）工作记录

盘点工作记录于商品盘点表（表3－4）。

表3－4　商品盘点表

部门：　　　　　年　　月　　日　　　　货架编号：　　　　　　盘点单号：

货号	品名	规格	单位	数量	零售价	金额	复点	抽点	差异
小计									

抽 点：　　　　　　　　　　复 点：　　　　　　　　　　初点：

（梁春贤）

第四单元 药品销售

【学习目的】

通过本章的学习，能让你了解药品销售的基本步骤，掌握销售药品的方法与促进销售的技巧，学会正确处理顾客的异议，为将来进入门店工作做好能力上的准备。

【知识要求】

掌握药品销售的方法和促进药品销售的技巧。

熟悉接近顾客的时机和处理顾客异议的方法。

了解门店员工应具备的基本素质、药品销售的基本步骤。

【能力要求】

熟练运用技巧促进药品的销售。

学会正确处理销售过程中的异议。

第一节 接待顾客

一、门店员工的服务原则

1. 热情的原则

服务态度是构成药房服务的最重要、最基本的内容，它直接影响着药房产品的销售的信誉。如果店员在为顾客提供服务时，不是满腔热情而是横眉冷对，会给顾客造成不良印象，甚至会使顾客产生对药房提供的产品的抵触情绪。同时，赶走一个不满意的顾客，很可能会带走一群潜在的顾客。反之，如果营业人员自始至终以热情的态度为顾客服务，真心诚意为顾客解决问题，就能使顾客心情舒畅，同时他们也会向亲朋好友、熟人、同事称赞药房所提供的优良服务，为药店进行宣传，这无形之中又促进了药品的销售。

2. 符合顾客愿望的原则

药房向顾客提供销售服务，必须与顾客的实际需要相一致，只有使用顾客希望的方法，顾客需要的帮助，这种销售服务才能得到顾客的认可和满意。因此，药店必须从顾客的愿望出发，密切结合顾客的实际，研究制定为顾客提供销售服务的具体项目、内容和方法，以确保销售服务的有效性和针对性。

3. 一视同仁的原则

药房在开展销售服务中，对所有顾客无论老顾客还是新顾客，无论大买主还是小买主，无论地位高者还是地位低者，都应一视同仁，平等相待，热情服务。不能对顾客冷淡和歧视，因为药店有义务为所有的产品购买者提供销售服务，而所有购买者也都有权利得到销售服务。如果药房销售服务不能做到一视同仁，怠慢了某一个顾客，所得到的回报不仅仅是失去一个顾客，可能是一批顾客。所以药店服务必须做到一视同仁，平等待人。

4. 讲求服务质量的原则

销售服务质量高低，与产品的竞争能力大小和吸引顾客作用大小密切相关。在同类产品的市场销售过程中，药房的产品如果与竞争对手的产品在质量、价格、性能上处于并驾齐驱的状态；如果你的药店为顾客提供的销售服务内容上不如竞争对手好，在服务方法上不如竞争对手先进，在服务内容上不如竞争对手丰富，在服务范围上不如竞争对手大，那么你的顾客随时都有可能被竞争对手吸引过去，使你在市场竞争中陷入被淘汰的境地。因此药房必须高度重视销售服务质量，不断改进服务态度和服务方式，扩展服务内容和服务范围，努力为顾客提供高质量的服务，以最大限度地争取顾客，使之在市场竞争中占据优势地位。

二、门店员工的服务内容

1. 售前准备工作

上岗人员准时到岗，穿好工作服，佩带服务牌。做好营业准备工作，如检查价格、添足商品、校正衡器、备足零钱、搞好卫生、准时开门等。

2. 售中接待要求

(1) 掌握与顾客打招呼的时机　当顾客长时间注视某种商品时；当顾客用手指向或触摸商品时；当顾客停步观看某种商品时；当顾客像是在寻找商品时；当顾客目光与店员相对时，店员应主动、热情地向顾客打招呼。

(2) 正确展示商品　要展示商品的特点，让商品自身说话，生动、活泼、具体而形象地显示商品优点、美感，激发顾客的兴趣。商品要轻拿轻放，动作不要太快，也不要太慢。

(3) 正确介绍商品　以掌握商品知识和观察顾客心理为基础，向顾客推荐商品。使顾客了解商品，便于选择。介绍商品要实事求是、耐心细致、态度诚恳。做到百拿不厌、百问不烦。

(4) 包扎商品　包扎要结实、美观、大方。使用印有店址和经营范围的包装纸或塑料袋，起到形象宣传的作用。

(5) 收款开票　要做到唱收唱付，银货两讫，交代清楚。开具发票应写明品名、规格、数量，逐步实施批号跟踪。

(6) 送别顾客　顾客离柜时，应致谢道别。如说“谢谢！”、“请慢走！”等。使顾客高兴而来，满意而归。

3. 售后服务

药品销售之后的服务应包括疗效评定、药物不良反应监测、病人健康档案建立与评价、服药期间的问题解答等。这些是使顾客购买药品能充分发挥效果而向顾客提供的无条件服务。主要是在药品售出后，定期或不定期地向顾客进行访问，并详细记录。认真处理需要退换的商品，药品原则上除质量问题外，不予退换。应先搞清楚原因，实事求是地负责解决，既要符合规定，又要使顾客满意。店堂内设顾客意见簿和公布监督电话，对顾客反映的药品质量问题及服务抱怨，认真对待，详细记录，及时处理。做到件件有接待，桩桩有答复。

三、门店员工的服务礼仪

礼仪是在人际交往中约定俗成的行为规范与准则，是礼貌、礼节、仪表、仪式等具体形式的统称。服务礼仪是指服务者在进行服务工作的过程中，形成的被大家公认的和自觉遵守的行为规范和准则。

1. 仪容仪表

主要指店员的容貌、服饰着装、姿势和举止风度。店员的仪表决定了给顾客的第一印象。一个店员美观的容貌，新颖大方的着装，稳重高雅的言谈举止，既表现了个人良好的精神风貌，也代表了整个药房的精神风貌，直接影响着顾客的购买情绪。

店员的仪容仪表要求为：①精神饱满，精力充足，保持充足睡眠，调整自己的情绪，体现文明礼貌的职业形象；②着装规范，尽可能统一服装，并保持服装的干净、整洁；③统一佩带工号牌，便于顾客识别和监督；④保持个人清洁卫生，面容干净。男员工不留长发、每天刮胡子修脸、不染有色发型。女员工化淡妆、不染有色发型、长发束起盘在发网内、不留长指甲、不涂有色指甲油，避免头发蓬乱、有头皮、头油过多，有口臭或体臭，不掩口打喷嚏、打哈欠等不雅姿态。

2. 行为举止

主要指店员接待顾客的站立、行走、言谈表情、举止等方面的。店员的言谈清晰文雅，举止落落大方，态度热情持重，动作干净利落，会给顾客以亲切、愉快、轻松、舒适的感觉。相反举止轻浮，言谈粗俗，或动作拖拉，漫不经心，会使顾客产生厌烦心理。

门店工作人员在工作中要做到：①固守规定岗位，以正确的姿势站立；②面向顾客，面带微笑、端庄大方、举止稳重；③不背对顾客、不背靠货架、不坐在商品上，不把靠在柜台上；④商品轻拿轻放，顾客正在看货时，切勿从中穿过。

3. 服务纪律

①不迟到、不早退，不擅自离开工作岗位，有事应事先请假；②不在工作时间聚众聊天，嬉笑打闹，阅读报刊和因私事会客长谈；③礼貌用语，不说服务忌语，不与顾客顶嘴吵架；④不在工作时间干私活，吃零售，在柜台服务时严禁吸烟；⑤不以结账、点货、制表等内部工作为由怠慢顾客；⑥不动用和侵占顾客遗留物品；⑦不私自动用商品和挪用货款；⑧不玩忽职守、假公济私和泄漏有关企业经济秘密。

4. 语言要求

接待语言要文明礼貌，要说“您好”、“请”、“谢谢”等敬语。不能说“不知道”、

“不清楚”、“自己看”等服务忌语，并要注意表达方法：①讲求顺序和逻辑性，清晰、准确地表达意思；②突出重点和要点，以引起顾客的兴趣和注意；③不讲多余的话，店员的语言必须服从顾客的购买行动；④不夸大其词，诚恳客观地介绍推荐；⑤因人而言，根据接待对象不同，选择不同的表达方式和技巧；⑥讲普通话，不能对顾客讲方言土语；⑦避免使用命令式，多用请示式。

四、接待服务标准话术

1. 当顾客进店时

应面带笑容，点头示意，主动打招呼。

标准用语：“先生，您好！”，“小姐，早上好（中午好，下午好，晚上好）！”，“小姐，新年快乐！”，“王阿姨，您今天气色真好！”。

服务要领：积极主动地打招呼，微笑及目光与顾客接触，亲切开朗的语气，态度诚恳。

2. 顾客不需要协助时

标准用语：“小姐，请随便看看（请慢慢看），需要时请随时叫我。”

服务要领：友善的目光与笑容。避免因顾客不需要协助而感到失望不悦，避免语气敷衍或机械化。

3. 主动向有需要的顾客提供协助

标准用语：“小姐，请问有什么可以帮到您？”。

服务要领：立即放下工作，主动走近顾客，礼貌询问。避免怕麻烦的态度，只说“等一会”，还在继续手头的工作。

4. 顾客指明需要某种商品时

标准用语：“小姐，您需要×××N盒是吗？好的，请稍等！我这就拿给您。每天服用N次，每次服用Y粒，另外还要注意……”。

服务要领：立即放下手头上的工作，主动替顾客拿取商品，不能只说：“在那边！”

5. 顾客所需商品缺货

应主动介绍其他同类产品，禁止硬性将商品推荐给顾客。

标准用语：“小姐，很抱歉，您需要的×××商品现有2瓶，如果可以的话，您先买2瓶，其他3瓶将在周三到货（如果顾客急需，我立即帮您组织调货，大约需要××时间，请您稍等）。”或者“小姐，很抱歉，您需要的×××暂时没有，不过，这里有跟它同样功效的另一种产品×××，我给您介绍一下，好吗？”。

服务要领：态度诚恳，如果顾客坚持购买他指定的商品，应该告诉顾客何时有货或记下顾客的电话号码和需要的商品。严禁说“没有货了”、“卖完了”、“没有这种货”、“不知道”。

6. 主动帮助手持大量物品的顾客

标准用语：小姐，我帮你拿个购物篮装上。

服务要领：主动递上购物篮，有可能的话，帮助顾客将货物拿到收银台。

7. 顾客咨询专业问题，没有把握回答

标准用语：“这个问题，请我们的药师/医生给你解答好吗？小姐，请您到这边来。这位是我们的王药师。王药师，刘小姐胃痛，请您帮助一下。”

服务要领：引领顾客到药师咨询处。介绍药师给顾客，简要向药师介绍顾客情况。避免直接说“我不懂”或向顾客乱解释。

五、接待顾客的技巧

药店营业员的工作，是直接同顾客打交道。因此，要满足顾客需要，完成销售任务，必须熟练掌握接待技巧，正确自如地接待每一位顾客，以热情的态度和巧妙的语言艺术引导顾客，成功达成交易。

1. 研究心理，区别接待

营业员要善于体察不同顾客的购买心理，适时地有针对性地采取恰当的方法进行接待。

（1）接待理智型顾客　这类顾客进店后对所要购买的药品的名称、剂型、规格、产地等都有一个比较全面的了解，在购买前从价格、质量、包装等方面往往已反复进行了比较，挑选仔细。要求营业员接待服务要耐心，做到问不烦，拿不厌。

（2）接待习惯型顾客　这类顾客进店后一般会直奔向所要购买的药品的柜台，并能讲出其名称、产地、规格和特点，不买别的替代品。要求营业员要在“记”字上下功夫。尊重顾客的习惯，千方百计地满足他们的要求。

（3）接待经济型顾客　这类顾客因经济条件的限制或性格特点的影响，一般是以价格作为选购药品的前提条件，喜欢买便宜货，熟悉商品情况，进店后精挑细选。对这类顾客，要在“拣”字上下功夫，让他们挑到满意的商品。

（4）接待冲动型顾客　这类顾客一般较为年轻，社会阅历浅。一听到药店有新的保健品或保健器械，便赶到药店，不太在意商品的价格，到店就买。对这类顾客，要在“快”字上下功夫，同时还要细心介绍该医药商品性能、特点和作用，同时提醒顾客注意考虑和比较。

（5）接待活泼型顾客　这类顾客一般性情较为开朗，活泼好动，选购随和，接待比较容易。要求营业员要多做介绍，耐心宣传解释，当好参谋，在“讲”字上下功夫，指导消费。

（6）接待不定型（犹豫型）顾客　这类顾客进店后面对商品拿不定主意，挑了很久还下不了购买的决心。要求接待要在“帮”字上下功夫，耐心介绍商品，当好顾客参谋，帮助他们选购商品。一般这类顾客还是比较看重营业员的意见的。

2. 营业繁忙，有序接待

在顾客多、营业繁忙的情况下，营业员要保持头脑清醒，沉着冷静，精神饱满，忙而不乱的做好接待工作。

（1）按先后次序，依次接待　营业员接待时要精力充沛，思想集中，看清顾客先后次序和动态，按先后次序依次接待。

（2）灵活运用“四先四后”的原则　营业中在坚持依次接待顾客时，要注意灵活运用“四先四后”的原则，使繁忙的交易做到井井有条。“四先四后”的原则是：先易后难，先简后繁，先急后缓，先特殊后一般。

（3）“接一顾二招呼三”和交叉售货穿插进行　营业员要运用好“接一顾二招呼三”的接待方法，在接待第一位顾客时，抽出空隙询问第二位顾客，并顺便向第三位顾客点头示意。也可视情形采用交叉售货，将商品拿递给第一位顾客，让其慢慢挑选，腾出时间去接待购买商品挑选性不强的顾客，力争快速接待，快速成交。

（4）眼观六路，耳听八方　营业员在同时接待多位顾客时，尽管人多手杂，有的问，有的挑，有的取货，有的需开票等，但营业员必须保持清醒的头脑，既要准确快速的接待顾客，又要避免出现差错（包括照顾商品安全、不错拿、不错取等）。要求做到眼快（看清顾客先后次序和动态）、耳快（倾听顾客意见、谈论）、脑快（反应灵敏，判断准确）、嘴快（招呼适时，答问迅速，结算报账快）、手快（动作敏捷，干净利索，取货、换货、展示、包扎、找零迅速）、脚快（依据售货操作的需要，及时移动）。这眼、耳、脑、嘴、手、脚六者，协调配合。

3. 特殊情况，特殊接待

营业员每天要接待各种各样的顾客，而且每一个顾客的心理特点各异，情况不一，要做到不同情况下，使每个顾客都满意，这就要求营业员不仅要有较高的思想觉悟、政策水平和比较熟练的售货操作技术，而且还要有一套特殊接待的方法和技巧。

（1）接待代人购买药品的顾客　营业员一般可采取一问（问使用人的病情）、二推荐（根据代买人的口述情况推荐适用药品）、三介绍（介绍推荐药品的疗效与功能，以及用法和用量、禁忌等）、四帮助（帮助顾客仔细挑选药品）的方法接待。

（2）接待老、幼、病、残、孕顾客　这类顾客在生理上和心理上有特殊情况，因此在购买药品时，更需要营业员的帮助、关心与照顾，在顾客多的情况下，营业员应主动和其他顾客商量，让他们先买先走。同时，还要根据不同情况，妥善接待。如老年顾客，一般记性较差，听力不好，营业员应耐心地仔细询问，一字一句地慢慢的对药品进行介绍。对病残顾客，尤其是聋、哑、盲人和手脚伤残的顾客，更要关怀备至。接待盲人，要仔细询问病情，认真负责地帮助他们挑选好药品，钱货应逐件放在他们手中，并一一交代清楚。接待聋哑人，要多出示药品让他们挑选，并要学会一些哑语，以便弄清意思，满足需要，必要时可用书写的方法进行交流。儿童来买药品，往往是急来、急买、急走，不挑选，不看找零，拿了就走，因而容易出差错。接待时营业员要特别关照，让他们先买，买好后还要关照他们把购买的药品拿好，把找回的钱票收好，防止丢失。遇到儿童持大面额钱票买货，要查明情况。对怀孕的女顾客，要优先接待，注意关照。

（3）接待结伴而来意见又不一致的顾客　营业员应掌握顾客心理，判明谁是买主，然后根据主要服务对象，当好参谋，要以满足购买者本人或当权者的要求为原则来调和矛盾，尽快成交，引导购买。

六、门店优质服务

1. 接待顾客的“六个一服务工程”

一身标准工服——员工形象是公司品牌的宣传和展示，是良好门店风貌的象征。

一个灿烂微笑——顾客进店，以标准站姿服务，眼光对视，笑脸相迎。

一句亲切问候——主动热情地迎接顾客，服务用语贯穿于整个销售过程。

一口专业术语——对门店布局、商品配置及药品功效能脱口而出，为顾客提供专业、快速的帮助。

一声电话回访——针对商圈老顾客，通过电话回访给予关心，维系客情关系，争取留住老顾客。

一本健康档案——建立顾客资料，了解顾客，掌握顾客的消费习惯，提供个性化的服务。

2. 让顾客满意的“5S”原则

速度（speed）：物理上的速度。

微笑（smile）：健康、体贴、心灵上的宽容。

诚意（sincerity）：人与人之间不可缺的润滑剂。

机敏（smart）：敏捷、漂亮的接待方式、要有充分的准备及认识。

研究（study）：研究顾客心理、接待技巧、研究商品知识。

3. 接待顾客的“五声”

①顾客进店有招呼声；②挑选商品有介绍声；③提出问题有解答声；④收款找零有交代声；⑤顾客离开有道别声。

4. 接待顾客的语言“三要素”

注意语言艺术；掌握语言准确规范；语气柔和、语音大小适中。

5. 接待顾客的“三不计较”

顾客语言轻重不计较；顾客多挑多选不计较；顾客态度好坏不计较。

6. 接待顾客的“四先四后”

先易后难；先简后繁；先急后缓；先特殊后一般。

7. 接待顾客技巧

招待新顾客，注意礼貌。

招待老顾客，注重热情。

招待急顾客，注意迅速。

招待精顾客，注重耐心。

8. 接待老、弱、病、残、孕顾客的原则

应主动、热情、优先接待，绝不允许有丝毫的怠慢与歧视。

第二节 推介药品

一、店员必备的知识与技能

门店营业员这所以被冠以“健康顾问”的桂冠，是因为顾客期望通过营业员获得更多的健康知识，包括日常保健、疾病治疗、用药指导等。从业务内容与特点分析，营业员主要根据患者主诉症状了解患者病情后，通过推介适用的非处方药以促进顾客购买而完成其岗位职责的。因此疾病及治疗的基本常识、药品性能及适用范围、药品的使用方法及注意事项等，显然是药店营业员必需掌握的基本知识，也是药店营业员与其他门店营业员的重要区别点。

与其他商品的销售一样，如果营业员能了解顾客心理，准确地识别顾客的需求而适时地采用恰当的技巧实施推介，能有效地促进销售成交。因此顾客心理的识别与销售技术的应用也是药品营业员应该掌握的工作技能。

（一）对待问询顾客（病人）的谈话技巧

“望、闻、问、切”是中医的诊病依据，在药店的销售中，营业员的望与问也会对顾客的购药意向产生较大的影响。顾客一进门店，可以“望”出的疾病有发热、头痛、咳嗽、腹痛、感冒及浅表挫伤这些疾病等。其余的就要通过“问”和看处方判断出顾客需要。有的顾客看上去很迟疑的样子，就要抓紧在他视觉停留的空当问他的需求；有的顾客很焦急，就要在他脚步停留的时候及时询问；有的顾客漫不经心，就要细心观察他的言行，在他欲言又止的空当及时走上前询问。问病时不应太直接地切入药品的正题，应该在他关心的区域内做一个大概的推广介绍，不指定某一个药品，从季节的用药需求、顾客的性别、年龄用药需求谈起，再观察他可以接受的价格范围，才给他一个合理的建议。

（二）各类人群的用药指引

1. 女性顾客的购药指引

讲究接待方法是药店营业员向顾客提供优质服务的前提。女性占据“半边天”，营业员如果能接待好女性顾客，则能把销售范围扩大到“半边天”之外，因为她们不仅为自己购药，还经常要为孩子买药。因此对女性顾客的接待工作至关重要。营业员接待女性顾客，说话要体现个性化，也就是要看女性的年龄、职业及表情。对不同年龄、不同要求的女性顾客要运用不同的接待方法，说话要有分寸，要把进店的每一位顾客都视为自己的亲朋好友，那样会极自然地主动、热情、文明、周到地为她们服务。

一般来讲，女性顾客购买较多的是妇科用药和儿科用药。对不同年龄段的女性要针对本人实际情况采取不同的接待方法才行，特别是对年龄较轻、购药时表情犹豫不决或难以启齿的顾客，要采用低声询问、个别服务的方法。对文化素质较高者，可备好详尽的药品说明书，让其自己看，此时是“无声胜有声”，但需对药品不良反应、注意事项适时地提示或忠告。对文化程度较低者要主动、热情、文明、周到地介绍药品功效、使用方法、不良反应、注意事项等。一些女青年对青春初潮、痛经感到惊慌失措，既不好意思请医生检查，又不好与家人述说，或因有其他隐情，靠道听途说、从书本上得到的一知半解的知识来药店购药，此时她们既无目标又难以启齿。对这类女性，营业员要以亲切、自然的语调低声询问，一是对症推荐药品，二是建议去医院详细检查。营业员说话要注意分寸，使顾客有信任感，切不可语多唐突或粗心大意，那样会引起顾客的不快或反感。

接待前来买药的妊娠女性或哺乳期妇女更应慎重，因多数药物对胎儿或乳儿有不良后果，营业员不应轻易推荐药品，而应劝其看医生后再用药。孕妇妊娠期间，由于生理上的因素使药动学发生改变，因而影响药物疗效。同时，由于用药，孕妇的生理功能受到干扰而间接损害胎儿，或药物透过胎盘直接影响胎儿。因此，当观察到顾客为孕妇时，就应主动地推荐一些较安全的品种，并告知对方孕妇的用药禁忌。如果孕妇在怀孕头三个月，选用的药品就更应小心，甚至是主张她不要选用任何药品。

对中老年女性购妇科药者，应视其经济情况，帮助其选用对症的药品。

2. 男性顾客的购药指引

男性顾客一般为对症购药的理性人群。他们买药的特点是快、准，不问价格。但如果碰到了准父亲型的男性顾客，在他购药的时候，我们仍然要给予适当的指点。

一是不要介绍的药。这些药能干扰精子的形成。如常见的一些免疫调节剂，像环磷酰胺、氮芥、长春新碱、顺铂等药物，其毒性作用强，可直接扰乱精子 DNA 的合成，包括使遗传物质成分改变、染色体异常和精子畸形。还有吗啡、氯丙嗪、红霉素、利福平、解热止痛药、环丙沙星（人工抗生素）、酮康唑（抗霉菌药）等。这些药物，通过干扰雄激素的合成而影响精子受精能力，像男性不孕症、妇女习惯性流产（早期胚胎丢失），其中部分原因就是男性精子受损的结果。

第二种方式是尽量不推荐的药。这些药物通过血睾屏障进入睾丸，它们可随睾丸产生的精液通过性生活排入阴道，经阴道黏膜吸收后进入血液循环，使低体重儿和畸形胎的发生率增高，而且也会增加孕产期胎儿的死亡率。

另外，还有一些药物也能进入精液，如灭滴灵、氨苄青霉素、苯丙胺、二苯基海因等，但现在的研究还不十分清楚它们对精子、受精卵以及胎儿有何影响。

3. 老年人的用药指引及注意事项

推荐老年人用药也是需要慎重。药物的不良反应会随着年龄的增长而增加，41～50 岁者不良反应率为 11.8%，80 岁以上者增至 25%。原因是，老年人用药品种多，据调查，75 岁以上的病人每日用药 3～4 种者占 34%；药动学特点随年龄而改变，血药浓度增高；体内稳态机制的调节变差；对某些药物作用的敏感性增强，免疫机制降低，导致过敏反应的增加。为用药的安全、有效、减少不良反应，老年人的用药必须充分考虑这些特点。因此，推荐老年人用药，除了是医生处方指定的品种和保健品以外，一般的药品要考虑老年人的药物肝肾积蓄，推荐应谨慎。老年人年龄逐渐变大，体内也逐渐发生变化。血液循环系统功能下降，肝脏代谢功能减弱，肾功能减弱，排泄功能下降导致抵抗力下降，疾病增多，体循环阻力增加，药物在体内停留时间延长，血液中药物浓度的不正常升高易导致不良反应，血浆电解质易发生紊乱而对药物耐受性低。

（1）老年人用药注意事项　从整体出发，慎重考虑，避免不必要的用药发病后要到医院确诊，防止滥用药物与长程用药，用药剂量应在成人剂量的基础上适当减少。多种慢性疾病综合治疗时，用药品种宜简单，一般不超过 5 种。对有效剂量与中毒剂量很接近的药物，如氨茶碱、地高辛等，最好进行血液浓度监测，根据测定参数调整给药方案服用，对肝、肾功能有影响的药物，应注意病情变化，及时检查肝、肾功能。

（2）老年人用药注意点　① 用毒性低的杀菌剂，青霉素类、头孢菌素类等；② 剂量宜低，按肾功能减退程度调整一般为成人量的 2/3～3/4，③ 忌滥用解热镇痛药：老年人因骨关节的退行性病变，易患腰腿痛、背痛、关节痛、长期服用解热镇痛药去痛片、消炎痛等已成习惯。实际上，长期服用该类药物，弊多利少，不宜提倡。如老年人使用解热镇痛药用量大或用药时间间隔过短。病人可因大量出汗而引起虚脱。去痛片则可引起粒细胞减少、肾损害、血红蛋白变性和严重过敏反应。消炎痛有时可引起胃肠出血及锥体外系病变等毒副反应，必须引起注意。

（3）老年人服药有三忌　① 忌大量服泻药：老年人因食物过于精细、较少粗纤维，进食进水减少，生理上肠蠕动缓慢、直肠肌肉萎缩、张力减退，或因精神紧张、疾病等因素致使粪便在肠道内产生硬结、停留时间较长，从而较易发生便秘。老年人长期服用泻药，如液体石蜡等，可引起脂溶性维生素（A、D、E、K）的缺乏，影响钙磷的吸收，造成相关维生素缺乏症。为此，老年人便秘，不宜长期服用泻药，宜调整膳食，加强锻炼，养成定时排便习惯，必要时可应用开塞露等药物治疗，以减轻病人痛苦。② 忌随便服用安眠药：老年人因入睡时间延长，熟睡时间缩短，极易早醒。这是老年人正常生理现象，不必焦虑。但因各种原因，如精神紧张、气候变化、疾病因素等影响睡眠时，则可服用安眠药进行必要的治疗。老年人因对安眠药的分解排泄变慢，长期应用可形成依赖性，所以不可滥用，只可偶尔短期应用，且宜减少用量，必须长期应用，宜不断更换用药品种，以减少形成药物依赖性。③ 忌滥用抗生素：抗生素一般只对细菌性感染有效。个别抗生素对立克次体，衣原体、支原体、螺旋体及真菌有效。抗生素一般对病毒感染无效。即使是细菌性感染，也不是所有抗生素均对之有效，故不可滥用。加之老年人身体各系统功能都有不同程度的减退，即使是常用抗生素，如用药不当，亦可造成不良反应。如青霉素类药物，常用者有青霉素 G 钠盐及青霉素 G 钾盐两种。老年人大量应用青霉素 G 钠盐，会因肾功能减退，而加重心脏负担，促进或加重心力衰竭。对肾功能不全病人大量应用青霉素 G 钾盐，则会引起高血钾症，严重时可致心脏骤停。氨基糖苷类抗生素，如链霉素、庆大霉素、卡那霉素等，老年人应用容易发生蓄积中毒，产生肾毒性及耳毒性损害。老年人常用红霉素容易出现肝脏损害。氯霉素所致再生障碍性贫血，随年龄增长而发病率明显增高。

4. 儿童用药指引

小儿肝肾功能尚不成熟，肝脏解毒功能弱，肾脏的排毒功能也差，在药物使用上，小婴儿不同于年长儿，儿童更不同于成年人。大多数的成人用药，都不能用于小儿，有的家长认为小儿就是比成人的体重小，成人吃的药只要减量就行了，这是不对的。

小儿并不是成人的缩影。小儿在对药物的反应、代谢、药物作用的靶器官、不良反应、对药物的耐受性等方面都有其特点，在成人身上的轻微不良反应在小儿身上可能就是毒性反应，如抗生素中的氨基糖苷类、喹诺酮类、磺胺类、氯霉素等对小儿都有不同的危害。

（1）氨基糖苷类可引起小儿耳聋，肾脏功能损伤。

（2）喹诺酮类可引起小儿软骨发育障碍。

（3）磺胺类可引起小婴儿黄疸，肾脏功能损害。

（4）氯霉素可引起灰婴综合征，粒细胞减少症。

（5）一些感冒药小儿也不能随便服用，如银翘片、感康、康必得、速效感冒胶囊等成人感冒药。

（6）还有镇静助眠药、解热镇痛药（扑热息痛可以）、抑酸剂、泻药、氯霉素滴眼液不宜长期使用。

（7）风油精虽然没有什么严重的不良反应，但小儿很容易把其弄到眼睛或口中。

（8）头孢类也会引起昏迷的不良反应。

小儿有其特殊的一面，不是成人的缩影，不要给孩子服用成年人用药，给孩子使用的药物最好请教医务人员，即使是曾经用过的药，这次有与上次相同的症状，服用时也要小心。

二、顾客的类型与识别

（一）根据消费者进店的意图来分

根据消费者进店的意图一般可分为四类：一是有明确购买目标的全确定型顾客。这类顾客进店迅速，进店后一般目光集中，脚步轻快，迅速靠近货架或商品柜台，向营业员开门见山地索取货样，急切地询问商品价格，如果满意，会毫不迟疑地提出购买要求。二是有一定购买目标的半确定型顾客。这类顾客有购买某种药品的目标，但具体选购什么类型，以及对药品的功效不是很清楚。进店后一般认真巡视，主动向店员询问各种药品的功效及用途。三是难为情者，这类顾客通常有着某种特殊购买目的，但对应该买什么药品却没有主意，又羞于启齿询问。这类顾客通常四周巡视，在店内滞留良久而又不提出任何购买要求或进行咨询。四是以闲逛为目的的随意型消费者。这类顾客进店没有固定目标，甚至原先就没有购买商品的打算，进店主要是参观、浏览，以闲逛为主。

（二）根据消费者的行为类型来分

按消费者的购买行为类型不同，消费者可分为五大类：习惯型、理智型、经济型、想像型和不定型。

1. 习惯型

（1）特点　顾客对某一特定商品比较熟悉；顾客根据自己过去的使用习惯而购买商品；顾客购买时比较迅速、果断。

（2）技巧　营销者抓住机遇，在顾客购买熟悉商品前进行拦截；营销者鼓励顾客尝试新产品；营销者向顾客详细介绍产品。

2. 理智型

（1）特点　顾客在购买时慎重考虑和比较商品；顾客不轻易受流行的影响，一般广告宣传难以煽动他们；顾客购买商品时反复对比；理智型顾客中老年人居多。

（2）技巧　营销者对产品优势进行大力宣传。

3. 冲动型

（1）特点　顾客以商品直观感觉为主；顾客易受商品外观因素等的影响；顾客注重品牌，易受广告影响；顾客购买商品行动迅速；冲动型顾客年轻人居多。

（2）技巧　营销者应对顾客迅速拦截，不可迟疑。

4. 经济型

（1）特点　顾客十分注重价格，根据价格高低判断质量优劣。这种类型的顾客可分为两种表现形式：一是追求廉价商品的顾客；二是专爱选购高档商品的顾客。

（2）技巧　营销者通过观察探求出顾客真正的需求，判断顾客属哪种类型。

5. 想像型

（1）特点　顾客易受情感因素影响；顾客富于想像和联想；顾客易受环境气氛影响。

（2）技巧 营销者应对顾客进行情感诱导，创造良好的营销环境以吸引顾客。

（三）不同年龄顾客的购买心理特点

不同年龄顾客由于各种因素的综合作用，使其具有各自不同的典型特征，应引起营业员的重视。①少年儿童的购买心理特点：购买目标明确，购买迅速；更容易参照群体的影响；选购商品具有较强的好奇心，以直观、具体的形象思维为主，对商品的注意和兴趣一般是由商品的外观刺激引起的，容易诱导，而对别人的推荐较少异议；购买商品具有依赖性。②青年的购买心理特点：追求时尚和个性化，注重感情和直觉，冲动性购买较多。③中年的购买心理特点：购买行为比较理智，冲动性小而计划性强，重视商品的实用性。④老年的购买心理特点：习惯性购买心理强，消费理性强，要求服务周到方便。

由于心理的区别，使不同年龄的顾客群的消费行为也有较大的区别。如老年顾客因行为不方便，推介时如果能从售后服务的途径解除顾客的担忧，则可有效地促进购买。

三、门店销售的基本步骤、方法与技巧

（一）等待

即是指等待消费者进店的时间段。在这段时间里，为了让消费者在最初的观察中得出一个满意的印象，店员必须遵循以下几个原则：①店员应站在规定的位置上。每个店员都有一个或数个属于自己看管的柜台，店员在药店所站立的位置是以能够照顾到自己负责柜台最为适宜，而且最好站在容易与顾客初步接触的位置上。驻店药师的位置应该是无论顾客多么拥挤也能看到整个药店的情况以及药品的陈列情况，同时要在显眼易被顾客发现的地方，以便随时准备向顾客提供帮助。②要以良好的态度迎接顾客。在没有顾客的时候，店员也应保持良好站立姿势和饱满的精神状态，最好站在离柜台10厘米远的地方，双手在身前轻握，或轻放在柜台上，双目注视大门方向时刻准备迎接顾客；严禁看报、聊天、吃零食，或无精打采低头沉思等给顾客带来不愉快感觉的行为。③在天气不好或其他原因引致顾客稀少的时候，不应因无所事事而影响情绪，而应安排其他工作，例如：检查商品、整理与补充货架或清洁货架及柜台，一方面可以保持店员工作情绪，另一方面借以吸引顾客的注意。④店员应该时时把顾客放在第一位。无论正在做什么，只要顾客一进门，就应放下手头的工作，注意顾客的一举一动，随时为顾客提供服务。

（二）观察与接近

1. 观察

即是判断顾客所属类型，以采取相应的接待方法。对于全确定型顾客，营业员应业务熟练，熟知同类药品的价格及摆放位置，对于顾客提出的购买要求，可以迅速而准确地进行取货、报价、包装、收银等操作。对于主动开口询问的半确定型顾客应熟悉各种药品的功效、适用人群及价格，热情介绍、对答如流，必要时转给驻店药师进行处理。对于难为情的顾客，应细心观察顾客主要留意哪一方面的药品，不怕尴尬，大方主动地进行询问及推介，应注意控制音量，以免引起顾客尴尬。对于随意浏览的顾客，应顺其自然，不主动向顾客询问或推介，应让顾客自然、舒适地在店内浏览，一旦顾客发现兴趣商品，有所示意，则应立即上前服务。

2. 相机接近

即是指选择适当的时机、阶段去接近顾客：①当顾客的视线与店员相遇时，要主动点头微笑，或说“早上好”、“您好”等问候语；②当顾客花较长的时间去观察特定的商品时，就是对此商品产生兴趣的证明，可能很快将心理过程转移到联想过程，此时是招呼顾客的好时机；③当顾客用手去触摸商品时，说明顾客对此商品有兴趣，但并不确定，此时不能贸然上去询问，以免吓走顾客；④当顾客观察商品一段时间后抬起头来，有两种可能，一是寻找店员进行询问，此时店员应把握住这个机会进行初步的接触；二是顾客决定不买了，想要离去，此时如果店员接近顾客，还是有挽回顾客的机会；⑤当顾客表现出寻找商品的状态时，店员应该快步走向顾客，进行接触，最好是问：“您需要什么?”、“请问有什么可以帮到您的?”；⑥当顾客顺路经过，看到货架、柜台或橱窗里的商品停下来时，是接近顾客的第四个机会。这时一定是某种商品吸引了顾客，如没有人招呼，顾客极可能继续往前走去，因此店员千万别放弃这个接近顾客的机会，应毫不犹豫地招呼顾客，但此时必须注意到顾客观察的商品，以便作出相应的介绍。

3. 与顾客保持适当的距离

太远会使顾客容易产生逃离的想法，而太近容易产生威胁感，也会使顾客不安。一般来讲，保持两人双手平举的距离是初次接触最安全和最易令人接受的距离。

（三）推介、展示和说明

1. 推介药品的基本原则

柜台药品销售基本原则就是营业员在柜台药品销售过程中应当遵循的、贯彻始终的行为准则和指导思想。营业员唯有切实遵循柜台药品销售的基本原则，才能卓有成效地销售药品，创造出理想的销售业绩。

（1）对症售药原则　即营业员针对顾客的病症准确地将药品售给顾客。这一原则不仅是药店经营宗旨的具体体现，而且是对药品营业员职业道德的基本要求。它要求营业员不能为售药而售药，而应当是急顾客之所急、想顾客之所想，根据顾客的病症售药，使顾客用药少、康复快。同时，对症售药原则与药店的利润原则也是统一的。营业员坚持对症售药原则能使顾客极大的减少购药风险，增加满意度，从而能吸引更多顾客来选购药品。这无疑能扩大药品的销售额，增加利润总额。

（2）销售药品效用原则　药品效用是指药品满足顾客消症除病的能力。它取决于药品所治病症在保健中的地位和药品的疗效；药品的效用与顾客愿意给付的价格水平成正比。营业员从形式上看是销售药品，其实是销售药品效用。因为绝大部分顾客选购药品时，并不过多关心药品的包装、形态、产地等次要因素，最关心的是药品效用，对药品价格的关心也在药品效用之下。顾客对药品的疑虑大多集中在药品效用上。为此营业员要极力促使顾客消除疑虑、确信所购药品的效用。这与病人到医院看病不同。医生说，这药品有用，病人不会怀疑。顾客购药时，面对的是营业员而不是医生，并且营业员不能完全代替顾客完成购药选择。这就决定了营业员应当把药品效用放在首位，并贯彻在整个药品销售全过程中。同时要坚持职业道德，决不销售假冒伪劣或过期失效的药品，对人民健康高度负责。

（3）勇于承担责任原则　药品顾客与一般商品顾客相比，对药品营业员依赖性强、

自主性差。在营业员选购药品时，往往需要营业员帮助完成药品选购行为。在帮助顾客选购药品过程中，自然会产生一种担心：卖错药品、疗效不佳，由谁承担责任？营业员若不愿意承担责任，就会拒绝帮助顾客选购药品，而完全由顾客自主选择。然而大多数顾客是没有能力自主完成选购的。在此情况下，顾客只能放弃购药，弃店而去。因此，为了做好每笔生意，营业员要有勇于承担责任的精神，以自己娴熟的业务能力，帮助顾客选购。但须注意下列事项：①不能完全代替顾客作出判断；②不得随意销售无法定医生处方的药品（指依法需凭医生处方才可购买的处方药品）；③不得销售违禁药品；④特别注意药品使用限制。

（4）诚信为本的原则　诚信的基本含义为诚实，不疑不欺，在人际交往中言而有信，言行一致，表里如一，在推介过程中不提供假劣药品，不传播虚假信息任意夸大药品的疗效。著名企业家包玉刚从小就受到“做人诚实可靠，做事规规矩矩”的训诫，并受益终生，成就辉煌业绩。他把讲信用看作企业经营的根本。他说，纸上的合同可以销毁，但签订在心上的合同是撕不毁的，人与人之间的友谊应建立在互相信任上。

（5）尊重客户的原则　是指在药品推销的过程中，推销人员应坚持以客户为中心来开展各项工作。尊重客户，最重要的是尊重客户的人格。药品推销人员首先应该明确自己的工作目标是推销药品，而不是评价客户的人品、地位等。由于每个人的家庭影响、生活环境、受教育水平等多种因素的影响，人格表现也各种各样，作为药品推销人员应淡化顾客的职业、地位、肤色，只要是推销对象，都应当视作“上帝”。尊重客户还要关心客户关心的内容。不然，客户就会认为推销人员与自己没有共同的语言，不尊重他们的感情，缺乏基本的同情心，自然，拒绝推销也就在情理之中了。

如何尊重客户，方式、方法因人而异。美国管理学家玛丽·凯曾说：“赞美是一种有效而不可思议的力量”。现实中，许多客户从内心深处渴望赞美，药品推销人员不妨利用各种方式、各类话题称赞自己的顾客，这样可能会收到很好的效果。

另外，为了适应顾客自尊心的要求，应对同类药品从低价至高价进行推介，同时应该熟悉各种药品的功效及适用人群，以便向顾客进行介绍。在介绍商品时，还必须注意说话的语调和口气，应态度诚挚，介绍恰如其分、简明扼要、速度平稳，语气应坚定、不容置疑，以坚定顾客的信心。应注意的是对于药品的功效应实事求是，绝对不能信口开河，夸大其词，以免破坏药店信誉及失去顾客信任。

2. 药品介绍过程

药品推介工作是营业员向顾客展示产品价值的有效途径。当顾客了解了产品的质量特性及其价值特征后，对增强其购买欲望，提高顾客满意度有极其重要的影响。

药品推介的主要内容可概括为：“FAB”即特征（feature）、优点（advantage）、利益（benefit）。

（1）将产品特征详细地介绍给顾客　要以准确的语言向顾客介绍产品的特征。介绍的内容应当包括：药品的疗效、包装、工艺、使用的方便性及经济性、外观优点及价格等，如果是新产品则应更详细地介绍。如果产品在用料和加工工艺方面有所改进的话，也应介绍清楚。

（2）充分分析产品的优点　对不同类型、不同剂型、不同品牌的药品寻找出其特殊的作用，或者是某项特征在该产品中扮演的特殊角色、具有的特殊功能等。

（3）尽数产品给顾客带来的利益　推销人员应在了解顾客需求的基础上，把产品能给顾客带来的利益，尽量多地列举给顾客。不仅要讲产品外表的、实质上的利益，更要讲产品给顾客带来的内在的、附加的利益。从经济利益、社会利益到工作利益以至社交利益，都应一一列举出来。在对顾客需求了解不多的情况下，应边讲解边观察顾客的专注程度和表情变化，在顾客表现出关注的主要需求方面要特别注意多讲解多举例。

另外，门店员工还应以“证据”说服顾客。应用真实的数据、案例、实物等证据解决顾客的各种疑虑，促使顾客购买。

3. 药品介绍的方法

介绍药品，就是营业员直接向顾客推荐药品，向顾客介绍药品知识，或对顾客所提出的有关药品的性能、特点、使用、保管等方面问题的咨询。这是营业员促进销售、指导消费的一种手段。营业员要做到“一懂”、“四会”、“八知道”，即懂得药品流转各个环节的业务工作；对所经营的药品会分类、会使用、会配伍、会推荐；知道药品的产地、价格、质量、性能、特点、用途、用法和保管方法。药品营业员只有十分熟悉自己所经营的药品的情况，才能得心应手地做好药品介绍工作，引起顾客的兴趣并使其购买。

介绍药品要注意严格遵守医药职业道德规范，维护消费者利益，实事求是地介绍药品，不夸大药品的优点，也不隐瞒药品的缺点；不以次充好，不将积压滞销药品说成是紧俏药品；尊重顾客的习惯、兴趣、爱好，有针对性地介绍药品，不盲目介绍或过分纠缠，给人以强买强卖的感觉；语言要简明扼要，语调语气要体现出热情、诚恳和礼貌。

营业员要掌握得当的介绍技巧和方法，可以边介绍、边展示，让顾客充分了解药品特点，促使顾客下决心购买。

（1）一般药品的介绍　① 侧重介绍药品的成分、性能，对有特殊效能的药品的介绍，应从其成分、结构讲起，再转到其效能。例如，对儿童补钙制剂的介绍，应先从其成分介绍开始，它是由优质碳酸钙和维生素 AD 组成，因而其特点是容易吸收，具有有效帮助儿童牙齿和骨骼生长的作用。② 侧重介绍药品的质量特点，顾客对药品的质量往往都有很高的期望，营业员要特别抓住构成药品质量的主要因素、药品质量的标准等，给予积极的介绍，让顾客更好的做出选购决定。③ 侧重介绍名牌产品的特点，享有盛誉的名牌产品，要侧重介绍它的产地和信誉。营业员应主要介绍这些药品的产地、历史、质量工艺、信誉等，从而吸引顾客慕名购买。④ 侧重介绍药品的作用特点，顾客购买药品的目的就是为了防病治病、康复保健，因此，药品营业员应抓住药品的作用特点，特别是顾客感兴趣的特点，向顾客进行介绍，有的放矢地诱导顾客。

（2）新上市药品的介绍　新上市的药品，顾客对其不了解，需营业员积极向顾客推荐介绍。新药，宜着重介绍该药物类别、优点、药理特性、用途及使用方法；改进药品，或者仿制药品，宜着重介绍改进所在、价格优势等，同原来药品比较有哪些进步，突出其优点。

（3）进口药品的介绍　进口药品应有中文说明，营业员介绍药品时应实事求是，着重介绍其商标品牌、作用特点、质量信誉、使用方法；应把不良反应、使用注意事项方面的情况讲清楚，切忌盲目夸赞，言过其实。

(4) 代用药品的介绍　顾客需要某一药品而本店暂时没货时，营业员要从顾客的实际出发，主动、热情地向顾客介绍可代用的药品。但是，在介绍代用药品时，要注意与原定药品在规格、用途以及价格等方面相接近，如某产地的药品缺货时，介绍另一产地的同类同质药品，或介绍用途相同的另一种同类药品。

(5) 滞销商品的介绍　商品的滞销，一般是因顾客需要的变化、消费水平的改变、季节的变化、地域性消费习惯的差异等原因造成的，滞销商品不等于失去了使用价值，同时，由于顾客的消费水平不一，爱好各异，总有需要它的顾客。因此，营业员要注意分析顾客的心理活动，有针对性地做好宣传介绍，并主动帮助挑选，就有可能变滞销为适销。在介绍滞销商品时，一定要实事求是，既要介绍其长处，又要指出其短处。

4. 药品推介中常用的技巧

(1) 激将法　激将法是常运用的一种方法，是指适时地利用激励话语，促使准顾客下决心购买。使用本方法时应注意所引用的故事或推销用语是否足以促使顾客下决心购买。

(2) 行动法　行动法是指马上行动，让犹豫不决的顾客下决心。“兵贵神速，一刻千金。”顾客需要保障。如果问顾客想不想要时，人人都会说“想”；而问顾客肯不肯花钱买时，谁都很难痛快地答复。在销售过程中，准顾客不会使用“我想买”、“我愿意买”等直接表达自己的购买欲望。因此，只要确认已到了促成的时候，就可以借助一些动作来协助促成。如开票或包扎药品等。

(3) 机会不再法　机会不再法可以演绎为语言：“这一次优惠的机会很难得哦！下一次就没有了，再考虑一下吧！”对于犹豫不决，三心二意的顾客，这种方式相当有效。一定要想清楚在最后关键时刻可采用强势行销的方式来达到目的。可以让顾客感受到营业员劝诫自己不要浪费的苦心，同时提醒自己将这笔钱放在更有益的用途上。这种促销语言对于顾客虽然早已习惯了，可是奇怪的是即使重复再说一遍还是会产生一定的效果。因为这番说辞，可以让顾客有做决定的契机。要注意的是，对时机尚未成熟的顾客绝对不可以使用此法。

(4) 以退为进法　犹豫不决或对营业员强烈不信任的顾客，纵使不断加以诱导，也很难得到顾客做出购买决定，但顾客对药品又确实很动心，此时最好还是以退为进，即“买卖不成，仁义在”的劝导。

(5)“恐吓”法　“症状是主要危险疾病的体现，耽误一天，危险一天”、“血脂高了引起心脑血管病”、“肝炎不及时治疗可诱发肝癌”、“风湿不迅速采取行动就会有残疾的危险”等诉求，在医学上有据可查，而且对那些医学常识少、对疾病重视度不高的顾客或他们的家属，都会取得很好的刺激作用。

(6) 深度促销法　先销售某一药品，再渗透其他药品。一些顾客在购买了自己指定要购买的药品之后，最后却又买走了更多的药品。要抓住每一个顾客，仅仅销售其指定的药品是不够的，一定要深入了解顾客，增加购买机会。一般方法是在讲解药品知识时，注意与顾客进行交流，发现顾客健康方面的其他问题，借此发现新的购买动机并形成再次购买是完全可能的，因此，当拉近了与顾客的距离时，就会发现更多的商机；当发现顾客新的需求时，再推销药品时就容易多了，因为已经得到顾客充分的信任了。

(7) 免费试用　让顾客有即时的体验免费试用策略多集中于见效较快的药品，比如清嗓药品。在顾客仍然犹豫不决时，让其免费试用一下药品，可能会很快得到顾客的认可，从而迅速达成交易。

（8）强化大周期概念，促成更大交货量的交易　这一策略对显效较慢的药品来说尤为重要。通过长期服用不仅可增强效果，同时加强了口碑宣传。

（三）诱导劝说

所谓诱导是指营业员针对顾客购买主导动机指向，运用各种方法和手段，向顾客提供商品信息资料，对商品进行说明，使顾客购买动机得到强化，对该商品产生喜欢倾向，进而采取购买行为的过程。

顾客购买动机的可诱导性为商业企业扩大商品销售提供了可能，营业员的诱导，可促使顾客的心理倾向购买方向，有利于帮助实现销售。但必须遵守顾客至上、遵守职业道德、积极善诱、灵活多样的原则，并采取科学的诱导方式，强化顾客购买动机。主要的诱导方式有以下几种：

（1）证明性诱导　包括实证诱导、证据诱导和论证诱导。实证诱导就是在购物现场向顾客提供实物证明的方法，如电视机当场放给顾客观看，厨具当场作操作示范等。证据诱导就是向顾客提供间接使用效用证据的方法，如向顾客提供已使用过该商品的顾客的资料，作为诱导顾客产生购买动机的证据。论证诱导就是以口语化的理论说明取得顾客信任的方法，如介绍商品的成分、生产工艺、性能、使用方法等。

（2）转化性诱导　在买卖交往中，有可能出现针锋相对的局面，使买卖陷入僵局，这时就需要通过转化诱导，缓解矛盾，缓和气氛，重新引起顾客的兴趣，使无望购买行为转变为现实购买行为。常用的转化性诱导方法：一是先肯定再陈述，如先肯定顾客言之有理，使顾客从心理上得到满足，然后再婉言陈述自己的意见，这样做能起到好的诱导效果；二是询问法，如对顾客提出的问题，利用反问的方式，提出询问的问题，请顾客再做考虑，启发顾客的购买动机；三是转移法，如面对顾客提出的一些难以回答的问题，可采取转换话题，分散顾客注意的方法，间接地诱导顾客的购买动机；四是拖延法，如遇到对顾客提出的问题无法回答得准确、圆满时，先让顾客看商品说明书，以拖延时间给顾客充分、自由地考虑，以便产生诱导效果。

（3）建议性诱导　指在证明性诱导或转化性诱导成功后，不失时机地向顾客提出购买建议，抓住时机推介代用性或连带性商品，以达到扩大销售的目的。对顾客进行建议性诱导的关键是抓住提供建议的时机并提供与顾客需要一致的建议内容，提示购买的方便性与必要性，使其产生周到之感，满足顾客求方便、求实惠的心理。

（五）成交

1. 成交信号的识别

在与顾客接触的过程当中，要密切注意掌握最佳成交时机。所谓最佳成交时机，就是指顾客购买欲望最强、最渴望占有商品的时机，也就是各方面条件都成熟的时候。当这个时机来临的时候，顾客的言行表情会发出相应的信号：①顾客不再提问，进行思考时。顾客从一开始起就不断地问各种问题，过了一段时间后突然不再发问，此时，表明顾客正在考虑购买，如果这个时候，店员从旁劝说，则将促使其购买，此为第一个信号；②话题集中在某个产品上时。顾客想买某一类药品，店员会拿出好几种作为比较，当顾客渐渐地放弃了其他几种，专注于某一种商品发问时，说明顾客已开始确立了对此商品的信心，此时如果店员稍微劝说，则可能成交，此为第二个成交时机；③顾客征求同伴意见时。在店员作完介绍后，如果顾客征求同伴意见，则表明顾客基本上已有购买的意愿，这是第三个成交时机；④顾客不断点头对促销员的话表示同意时。当顾客一边看商品，一边点头时，就表示他对商品很满意，因此这为成交的第四个机会；⑤顾客关心药品售后服务问题时。如当顾客提出“这种药真能祛除黄褐斑吗？无效可否退款？”一类的话时，便是成交的第五个机会来临。

2. 促进购买的方法

当店员找出有成交的机会，而顾客又犹豫不决时，店员一定要坚守立场，努力说服顾客。促使其尽快下定决心。以下是几种促使顾客购买的常用办法：①将介绍的药品逐渐集中在两、三个品种上，而把其他的都收回去，这样不但可以防止顾客犹豫不决，而且可掌握顾客的偏好；②使用二选一法。应当问顾客“你需要这件或是那件?”。而不应该问“你要这件吗?”；③要注意观察，确定顾客所喜欢的品种，假如店员能推荐顾客所喜欢的品种给顾客，则不仅可以加速成交，还会使顾客对你产生好感；④使用动作述法。如拿起发票准备填写，或拿塑料袋准备包装；⑤使用感情述法。为促使顾客下定决心，以真诚、恳切的态度与顾客对话，从而打动顾客的心，让顾客觉得你确实是在为他着想而下定购买决心。如“这产品真的不错，你可买支小装的试用一下?”之类的话；⑥强调机会不多法。如：“这几天是优惠期，不买的话，几天后就涨价了”、“这种产品很好销，今天不买，就要等下一批进货了”等。⑦顾客对于喜欢的品种常有如下的几种动作：视线焦点会集中在所喜欢的商品上，而对其他品种一带而过；触摸次数最多；通常摆放在手边的位置，以便随时触摸或者作为与其他品种进行比较的中心。

3. 成交注意事项

在药品销售过程中，坚定顾客的购买决心，促进药品的销售，是每一个药品销售人员的职责所在。但同时也应注意以下几点：①切忌强迫顾客购买；②切忌表示不耐烦：“你到底买不买?”③必须大胆提出成交要求；④注意成交信号，切勿错过；⑤进行交易，干脆快捷，切勿拖延。

（六）附加推销

不放弃任何一个销售的机会，这是每一个优秀的销售人员必须具备的素质。附加推销是提升销售人员业绩的一条有效的途径。它有两层含义：一是当顾客不一定立即购买某种药品时，可尝试推荐其他相关产品，令顾客感兴趣并留下良好的专业服务印象；二是当顾客完成购物后，尝试推荐与之相关的产品，引导顾客消费。常用的语言技巧有：“我们还有多种……产品，让我给你介绍吧!”、“我们其他产品也有很多人在用，相信肯定有适合你用的，试一试这一种吧，我给你示范一次好吗?”、“没关系，将来有需要再来选购，你也可以介绍你的朋友来看看”、“ 再看看其他产品，是否还有适合你用的?”、“你再买一盒这种……配合你买的 ……，效果会更好。”、“你是否还需要一台（盒）……?”、“你已经有了……型号，要是再加上……会更好的” 等。

（七）安排付款

顾客决定购买后，希望付款过程简单快捷，银码无误，服务专业，货物包装完好美观。这个时刻，销售员必须表现出专业服务水平，让顾客有良好的印象。在这一环节中，销售人员必须做到以下几点：①告诉顾客药品的价格和购物的总值；②给顾客开具销售小票；③向顾客指示收款台的位置，指引顾客到付款柜台付款，并交代付款后再回来取药品。

（八）结束送客

顾客付完款后，销售人员应该展示产品给顾客核对，并逐一交代用法、用量及注意事项。认真包装清点药品，将药品双手递交给顾客，或帮助放在顾客的袋包里。

最后，应当双目注视着顾客，有礼貌地向顾客道别，应微微点头，说："您的东西请拿好，请慢走"，或"谢谢您，请走好"等，这样才能使顾客在整个购买过程中始终处于心情愉快的气氛里。

第三节　处理异议

在对顾客的服务过程中，常常会遇到顾客因商品或服务提出异议。妥善处理顾客异议，热情诚恳地答复顾客的查询，正确科学地为顾客提供知识性服务，是提高门店自身服务水准、提升医药经营企业品牌形象的重要环节。

一、概述

1. 含义

顾客异议又称为推销障碍，是指推销过程中顾客的异议与看法对推销工作产生的各种阻力和障碍。

2. 分类

（1）需求异议　指顾客对销售的产品无需求。这在对某一产品进行促销时经常出现。

（2）价格异议　指顾客对产品的价格不认同，是最常见的顾客异议。大多数顾客在购买商品时都可能会抱怨价格太高而提出降价要求，这就是典型的价格异议。

（3）信誉异议　指顾客表现对产品性能不信任。如怀疑药品的功效，对使用某种产品所能达到的效果不能确定等。

（4）服务异议　指顾客对工作人员的态度、行为、语言等不满意而产生抱怨，甚至投诉。这种问题常常与工作人员的工作方式有关。有时因为对推销人员的工作不满意而发展为对其所代表的企业不信任。

（5）竞争异议　指顾客对某一品牌（产品）的偏好而导致对另一品牌（产品）的不接受而提出的异议。如顾客一贯使用某个品牌的产品，从而对销售人员推荐的另一品牌产品表示怀疑和否定。

3. 成因分析

（1）原有信息的影响　在与销售人员沟通之前，顾客可能通过其他途径了解到一些商品信息，这些信息可能是正确的，也可能是不正确的，但这些信息必然给顾客的心理造成一定的影响，思维定势导致顾客难以接受销售人员的介绍而对产品异议。

（2）对销售人员不信任　购买者通常会认为销售人员一贯地"王婆卖瓜，自卖自夸”，而且夸大其词，因而对销售人员的介绍本能地不予接受。有些推销人员一味地只顾宣传，不考虑顾客的心理感受，更容易导致消费者对销售人员的反感和不信任感，从而导致异议的产生。

（3）自己缺乏自信　有些消费者可能了解的信息不全或本身信心不足，在购买商品时表现出犹豫不决，即使销售人员对产品的特点已进行介绍，仍不能完全消除疑虑而产生异议。

（4）期望得不到满足　顾客的购买动机是多种多样的，大多数情况下顾客购买商品的同时，还有享受拥有商品时的愉悦与快乐的要求，更有获得尊重，被别人认同的心理需要，因此如果销售人员在提供商品的过程中，只重视顾客获得商品的需求，而不考虑顾客的其他心理需要，则顾客很容易对销售人员的工作过程产生异议。工作人员与顾客发生争执，往往是因为顾客感觉没有得到应有的尊重或重视而发生的。

（5）提供的信息量不足　由于工作人员的专业素质差，能力水平低，不能完全解答顾客提出的问题，也不能提供恰当的途径与方法帮助顾客解决问题，就极易产生异议。特别是接待病患者时，工作人员如果解答顾客的问题缺乏专业性，很容易导致顾客对销售人员的不信任。

（6）顾客没有诚意购买　由于顾客没有购买需求，刺激状态下仍不能产生购买动机，故对销售人员提供的任何信息都没有兴趣，也不会去认真思考而产生异议。

二、处理异议的基本原则

（一）心态调整

由于顾客异议可能影响销售人员的工作业绩，因而对销售人员造成较大的心理压力，有些销售人员甚至感到恐惧。而这种心态容易导致工作策略上的偏差，使销售人员与顾客的分歧进一步加大，最后可能发展到顾客投诉或抱怨。因此，处理顾客异议首先应从调整心态开始。

1. 顾客异议是正常现象

药品推销过程中，顾客对推销人员，对推销的商品以及对推销服务等提出不满，是经常出现的事情，也是一种正常的反映。从利益角度看，推销人员与顾客永远是矛盾的两个方面，他们各自以自己的利益选择标准去衡量对方的利益趋向，异议的产生当在情理之中。

2. 顾客有提出异议的权利

影响顾客购买行为的因素很多，在各种因素作用下，顾客对销售的商品或服务提出不同的意见既是情理之中，也是顾客应有的权利。即使由于客户的经历不同、观念不同而对推销人员、推销的商品形成偏见或成见，从而导致顾客带有较强的感情色彩，毫无理智地提出反对意见也是顾客的自由。销售人员可以引导顾客接受自己的意见和建议，但不可能强求任何顾客完全认同自己的看法。

3. 有异议的顾客往往是潜在的顾客

人们只有对与已无关的事物才会漠不关心，没有任何意见和看法。实践表明：提出疑问和异议的人往往是有购买倾向的人。有经验的销售人员通常能从顾客提出的异议中了解到顾客的真实需求，从而采取恰当的策略满足顾客需求，促进成交。

（二）处理原则

一个推销员，应该能够妥善处理各种顾客异议，一旦出现异议，应首先从自身多找原因，并坚持以下原则：

1. 事前准备

顾客异议常有一定的表现形式与发生规律，事前对顾客的各种反应进行预测和分析，将顾客可能提出的各种拒绝列举出来，就能做到对顾客异议心里有数，避免准备不足而导致惊慌失措，失去机会。

2. 选择恰当时机

处理顾客异议的恰当时机需要根据实际情况进行把握，一般情况下，销售人员在与顾客沟通的过程中，通过观察和琢磨顾客表情、动作及谈话的用词、声调，从而觉察顾客异议主动进行解释是最好的办法。

绝大多数异议需要立即回答，如交货时间、地点、付款方式等。这既是对顾客的尊重，营造讨论问题、解决问题的氛围，还有利于中断顾客其他的异议，促进顾客购买。也有一些异议是不需要回答的。如无法回答的奇谈怪论，容易引起争端的话题，但异议显得模棱两可、含糊其辞和令人费解，或异议具有不可辩驳的正确性时，销售人员应保持沉默，不予回答，或装作没有听见，按自己的思路说下去。如果异议不是三言两语能够解释清楚，或者异议超过了销售人员的理论和能力水平，以及异议涉及较深的专业知识，不易为顾客所理解时，销售人员的仓促答复反而不利于异议的消除，这时销售人员可暂时保持沉默，等待合适的时机再进行处理。

3. 正视顾客异议

在一般情况下，顾客在异议未消除之前是不会做出购买决定的。因此，销售人员对顾客的异议应予以足够的重视，尽早让顾客把异议表达清楚，并予以圆满解决。回避顾客异议不能解决问题。

4. 不与顾客争辩

与顾客保持融洽的关系是推销成功的关键。销售人员应时刻提醒自己：争论的结果只能是感情和自尊的伤害。与顾客争辩，失败的永远是销售人员。因此，争辩是销售的第一大忌。

然而，不与顾客争辩并不意味着一味地顺从顾客或不敢否定顾客的异议。有时，正面表述与客户不同的意见也会收到不错的效果，关键是要正确把握表述的方式、语气、语调等技巧的应用，尽量把销售人员自己的意见说得委婉、亲切，避免使对方难堪。

（三）基本策略

1. 倾听

倾听顾客的异议是解决顾客异议的前提。以恰当的语言和体态表达销售人员对顾客意见的认真对待和重视程度，是这一策略的核心和关键。因此当顾客表达异议时，销售人员应目光平视对方，聚精会神地听，并适当地重复顾客所提出的反对意见，表示自己对顾客的意见已经了解，必要时可询问顾客重复的意见是否正确或选择反对意见中的若干部分予以诚恳地赞同等等，以向顾客传递出“尊重和重视对方意见，正想办法解决对方问题”的信息，从而创设出解决异议的良好氛围。

2. 放松情绪，真诚沟通

在正确认识顾客异议的成因及其价值的基础上，放松情绪，保持冷静，以灵活多变的方式提出问题与对方交流，是了解顾客真实需求、解决异议、促进成交的重要途径与方法。

3. 审慎回答，保持友善

商品销售，特别是药品销售工作涉及许多专业性问题，也可能涉及竞争对手的许多问题。顾客由于动机不同，可能以不同的方式提出异议。工作中不乏出言不逊，故意刁难的例子。销售人员必需谨慎地解答顾客的问题，坚持多赢的原则：既要认识到促进交易是销售人员的天职，又要认识到即使交易不成，与顾客交个朋友交流一下信息和感受，也不失为一个好结局；既要突出自己的优势，又要与竞争对手保持友善关系，避免在顾客面前攻击对手。

三、处理异议常用的方法和技巧

处理顾客异议的技巧很多，需要在工作实践中认真体会和灵活运用。在此仅介绍几种最常用的方法与技巧。

1.“是”、“但是”法

大多数顾客在提出不同看法时，都是从自己的主观感受出发的，往往带有某种偏见，采用“是，但是”法，一方面对顾客的意见表示赞同，另一方面又可以在不和顾客发生争执的情况下，委婉地指出顾客产生意见的原因及其看法的片面性。例如：顾客对销售人员说“我一直想买一盒复合维生素给小孩吃，但又听同事说她给孩子吃过，没有什么效果”。销售人员和颜悦色地解释说：“是的，您说得对，有部分顾客给孩子服用复合维生素后，效果不太明显。但是如果您按营养专家的要求去做，肯定是有效果的，我们这里准备了一份维生素使用问答，它将告诉您怎样判断孩子是否缺乏维生素和如何正确使用维生素的问题”。显然销售人员用“是”对顾客的话表示赞同，再用一个“但是”解释了效果不佳的原因。这种方法能让顾客心情愉快地纠正自己的误解。

2.“高视角，全方位法”

当顾客提出商品的缺点确有事实依据时，销售人员不宜反驳顾客的看法，可以强调商品的优点以弱化其缺点，必要时可借助专家的意见向顾客解释。例如：顾客欲购买某种降压药，但仍有顾虑。销售人员解释“这种药是一种复方制剂，降压效果很快。”但顾客仍提出疑问：“是很快，但降压是否平稳呢?”销售人员不慌不忙、信心十足地解释：“我知道您为什么会这么想。您放心，我们咨询过这方面的专家，经过大量临床证明，它的降压效果还是比较平稳的。”销售人员从容不迫的表述专家的意见，显然增强了顾客的购买信心，从而促进成交。

3. 问题引导法

提问是一种非常重要而有效的技巧。关键是提出的问题既有针对性又有引导性。通过销售人员有意识地引导性提问，使顾客在不知不觉中自己得出正确的答案，异议也就自然而然地解决了。例如：

顾客：我想买一盒吃了不犯困的感冒药。

销售员：用白加黑吧。日片无瞌睡配方，夜片让你安心休息。

顾客：我想吃起来是不是有点麻烦?

销售员：这样总比你一天到晚昏昏沉沉好吧?

顾客：哦……

显然销售人员提出的问题引导顾客自己得出了答案，所以也就同意了销售员的建议。

4. 示范法

就是通过操作产品的表演以消除顾客疑虑或证明顾客的看法不正确。这种方法是销售医疗器械时最常用的方法。示范操作比单纯的语言说服更能让顾客信服。

5. 介绍他人体会法

这种方法的要点在于用顾客的体会来消解顾客的异议。

由于销售人员的立场与购买者的立场不同，其利益观点有本质的差异，因此顾客对销售人员的意见有本能的排斥与戒备心理。但如果销售人员陈述的是其他顾客的意见，则基于同样的立场，顾客易于接受。其他顾客的表扬信、感谢信及顾客使用某产品后的体会等，常常是顾客乐于听取的。但必须注意这种体会必须以事实为依据。

6. 展示流行法

这种方法通过提示当今的流行趋势，劝说顾客改变自己的观点，从而接受销售人员的推荐。如顾客挑选咳嗽药很久仍犹豫不决，销售人员建议“这种薄荷味的咳嗽药，效果不错，口感也好，您不妨试试?”显然“薄荷口味”的流行对这位顾客确定购买起了关键性的作用。

7. 直接否定法

当顾客异议源于不真实的信息或误解时，可以采用直接否定法。如顾客自己看说明书，怀疑右美沙芬是国家规定在感冒药中不能使用的PPA，因而不敢购买该感冒药。销售人员只要解释PPA是苯丙醇胺而不是右美沙芬即可解除顾客异议。

四、常见错误行为

1. 争辩

当销售人员认为顾客的观点不对时，本能地想通过争辩来使顾客改变自己的观点。这种做法适得其反。一则争辩不可能改变顾客的观点，正如一位优秀的推销员所说“你不可能通过争辩而令顾客喜欢啤酒”。二则争辩会增强顾客的抵触情绪，使其对销售人员失去信任而失去进一步沟通的机会。

2. 表示不屑

由于顾客的观点不对或态度不好，销售人员表现出一种不屑与其计较的态度，如不认真听取顾客的陈述，斜视对方或以其他体态语言表示顾客的意见不值得听取等。这种态度极易激怒顾客，使顾客感到自尊心受到伤害，从而产生对销售员乃至整个公司的不满，严重的会造成冲突，发展为争吵。

3. 不置可否

当顾客犹豫不决时，需要销售人员的意见以增强信心，如果销售人员对顾客的这种心理不置可否，或者无动于衷，则会导致顾客产生失望的情绪。

4. 显示悲观或哀求

对顾客提出的难以解答的疑问和异议，销售人员不是正面积极地应对，而是纠缠、乞求客户购买。这对销售人员及其所代表的产品、企业形象是有害的。销售人员的基本素质之一是能够充分地挖掘自己销售的产品所具有的优点。在心理上要对自己代理的产品有信心。如果销售人员对自己销售的产品都没有信心而显示出悲观的情绪，又怎能使顾客对产品有信心而决定购买呢？

5. 讲竞争对手坏话

背后议论别人的缺点与不足是一种不道德的行为。因此顾客用竞争对手的情况提出异议时，如果讲竞争对手的坏话，容易使顾客对销售人员的道德品质产生怀疑，从而对其销售的产品失去信任。

6. 答案不统一

同一家店里不同的销售人员对同一问题的回答结果不统一，会使顾客无法判断答案的正确性而产生不信任感。

五、典型异议处理

（一）价格异议的处理

价格异议是指销售过程中商品的销售价格与顾客所估计的价格有较大出入而提出的异议。

1. 价格异议的成因

价格异议的成因主要有以下几个方面：①顾客将产品与其他同类产品的价格进行对比而得出该产品价格过高的结论；②顾客的消费水平与产品价格相差较大，顾客难以接受；③顾客根据心理定势，认为无论什么产品的价格，都要“砍”一下成交才不吃亏；④对推销的产品总体评价不满意，不便说出它的不好，便以价格为借口推诿；⑤顾客（中间商）想以更低的价格战胜竞争对手，或者为追求利润而不愿经营低价产品；⑥顾客把销售人员的让步看作是自己谈判水平的象征，以此来显示自己的身份和能力。

对价格异议成因的客观把握，有助于销售人员正确地选择处理的方法。

2. 处理方法

（1）强化价值观念，弱化价格意识　顾客购买商品时往往考虑的是能够尽量少付钱。这是消费者正常购买心理的具体体现。而销售工作策略就是通过销售人员的介绍使顾客充分认识商品的价值，以激发顾客的购买欲望。以此来分散对价格的注意力。销售人员在工作中要注意掌握“不问价不报价，问价才报价”的策略，同时注意不要围绕价格问题同顾客讨论。即使报价也不必征询顾客的意见和看法，更不应对价格妄加评论。

（2）强调自身优势　顾客在购买或订货时，往往在价格上与其他同类产品做过对比而提出异议。对此销售人员可以从正面引导顾客正确看待价格差异，强调自己推销的产品所具有的优势所在，如品牌效应、顾客口碑、交货及时、售后服务灵活等。通过对产品各方面的综合分析，使顾客感觉到成交是理智的、正确的选择。

（3）解释相对价格　价格的“便宜”与“昂贵”是带有深厚主观色彩的心理感觉。所以销售人员除了要善于挖掘自身产品的优势外，还可以应用拆分的办法转移视线，说服购买。如顾客抱怨某药价格太贵，销售人员可以解释为“60 元一瓶的价格是贵了些，不过一瓶可以用 2 个月，每天才花 5 角钱，不过是一根冰棍的价格”。或者“这种药与 × × 药相比，每瓶贵 1.5 倍，可这种药的服用时间比 × × 药长 2 倍啊!”

（4）延缓价格的讨论，适当隔离　顾客对价格的主观印象常常会相互感染，因此顾客提出价格异议时，应暂且放慢价格的讨论，可以说“价格一定会令您满意，我们先看看喜不喜欢再说……”。同时尽快将提出异议的顾客带离现场以免影响其他顾客。

（5）适当让步　交易过程中，双方在价格上保持一定的弹性，各自作出让步，这是解决顾客价格异议的方法之一。因此销售人员对价格让步要有心理上的准备，报价时可以比实际定价稍高，留下一定的回旋余地。既保证了企业获得正常的利润，也满足了顾客的心理需求，但如果双方意见差异过大，销售人员需严格把握职责权限，应按程序向有关部门或领导请示汇报，这样既可向顾客表示销售人员的诚意与重视，也显示销售人员较高的修养素质。

（二）质量异议的处理

质量异议是指顾客对药品的质量方面提出的异议或怀疑，是一种更深层次的推销障碍，需予以足够的重视，认真解释并将情况归纳分析，上报企业，以便及时处理。

1. 质量异议的成因分析

质量异议的原因主要有以下几个方面：①商品本身确实存在（或曾经出现过）问题，如药品出现过过敏反应或热原反应等；②因为是新产品或新药，顾客因缺乏了解而对其质量提出怀疑；③药品的不良反应较大，顾客难以接受；④因心理定势，认为低价药品质量上难以保证。

2. 质量异议的处理

（1）推销员要深爱自己的产品，充分挖掘产品的优势　这是优秀的推销员冲破质量障碍的有力武器。推销员如果自己对推销的产品没有感情，在推销过程中缺乏自信心，顾客难免产生“连他自己都不喜欢”的疑虑，使顾客把所有的注意力集中在商品本身存在的瑕疵上，最终影响销售。

事实上，人们对商品存在的瑕疵问题有一定的理解力，对药品存在不良反应，只要耐心解释，一般情况也都能理解和接受。药品的使用，就是有效性与安全性方面利益权衡的结果。因此，处理顾客质量异议的关键在于销售员要充分挖掘药品的优点：一方面可以多了解药品生产技术资料，如原材料、生产工艺、设备、质检等方面的信息，这样不仅可以增强与推销药品的感情，还有助于应对顾客提出的各种质量异议；另一方面应加强专业基础知识的学习和培训，对药品剂型特点、价格、用途、不良反应、贮存、保管等药品信息多一些了解和掌握，就能对顾客提出的质量异议进行正确的解释。

（2）肯定顾客的异议　当顾客对自己推销的产品提出异议时，即使是道听途说的误解，销售人员也要予以充分肯定，决不可断然否定或急躁地予以反驳和辩论，应采用各种方法，让顾客消除异议。① 因药品价格过低而怀疑药品质量：销售人员可以通过展示有关资料来回答顾客的疑问，尤其是该药品的临床试验、专家意见、企业的生产许可证及质量检验报告等。这些资料由于具有权威性而易于说服顾客。② 因药品曾发生的质量问题提出疑问：销售人员应当首先肯定确有此事，然后再将企业对此所采取的纠正与预防措施逐一向顾客解释，必要时配合其他顾客对该产品的意见，则可消除异议。此时应注意的是绝不能断然否定顾客提出的曾经发生的事情，这样做的效果会适得其反。越是否定此事，顾客会越相信确有此事。③ 因心理定势提出的质量异议：当顾客因心理定势而对药品的质量提出异议时，推销人员可以适度地予以否定，如可以说“许多顾客也有这种观点，但实际上并不是这样的……”。先肯定，后否定的交流技巧，既能保住顾客的面子，又让其体面地下了台阶。

（3）巧用道具　药品本身、说明书，介绍该药品的杂志、报纸、宣传册、顾客的留言、用户意见等相关资料都是极好的道具，销售人员的职责就是让顾客充分认识推销商品的价值。因此，灵活、巧妙地运用这些道具，能使顾客对产品的认识更全面、更深刻。

（三）服务异议的处理

【知识拓展】

何谓产品？

产品通常是指具有某种使用价值的物质形体。但整体的产品要领还包括产品的实质、产品的形式和产品的延伸三个层次。

（1）产品的实质是指产品能为消费者提供某种效用和利益，从而使消费者的需求得到一定的满足。产品质量是消费者需求的基本内容，是产品的基本要素，也称为产品的核心。如消费者购买药品不是为了获得某种化学成分，而是为了防病、治病。

（2）产品的形式是指向市场提供的实体与劳务的外观形态，通常以品质、形态、商标、包装、装潢表现出来。如某些消费者购买保健品，不仅要求有保健作用，有时还期望产品的包装美观，且对产品的规格、剂型也有不同要求等。

（3）产品的延伸已经不是商品实体本身，实际上是商品交换过程中，消费者由购买产品而得到的其他利益的总和。如质量保证、送货上门、售后服务、客户咨询等。这些附加利益也是影响消费者购买的重要因素。产品由核心产品、形式产品和附加产品三部分组成。

1. 服务异议的成因分析

服务异议就是客户对药品附加值提出的异议，是顾客在服务态度、服务质量、服务内容等方面提出的不满。其成因主要有几个方面：

（1）宣传力度不够　销售人员对自己所代表的企业宣传力度不够，顾客不清楚可以享受到哪些服务，不知道附加利益有多大。

（2）因噎废食　指在以前的交易过程中，客户没有享受到应该享受的利益而对企业不满。

（3）无中生有　顾客因道听途说，因误解而产生疑问。

（4）推销人员所代表的企业在服务方面确实存在问题。

2. 服务异议的处理

（1）真诚道歉　当发现顾客确实没有享受到应该有的服务时，销售人员应真诚地向顾客道歉。如果是因为误解而产生的异议，也应先为宣传解释工作不够到位而向顾客道歉，以创设良好的沟通氛围，为进行进一步的解释创造条件。

（2）积极纠正和有效预防　道歉和解释如果没有积极地纠正服务方面的不足，不能有效地预防服务异议的再次发生，易使顾客怀疑道歉的诚意而使异议进一步恶化，甚至产生投诉。因此，一旦发生服务方面的异议，除必须先道歉和解释外，更重要的是对顾客的意见进行统计与分析，积极地寻找解决问题的途径与办法。对已经发生的服务质量问题，应立即纠正，同时做好记录，并制定有效措施防止同类事件再次发生。

（3）加大宣传力度　服务的竞争是现代市场竞争的焦点之一。一般来说，顾客自身很难地意识到药品推销的附加利益。因此加大推销服务内容的宣传力度，强化顾客的体验与感受，能有效地减少或消除服务异议。应该强调的是宣传的内容应实事求是，任何夸大的宣传，甚至为拉拢生意而为顾客许下不能履行的诺言，则必然导致服务异议而最终影响企业的形象及市场竞争力。

六、实训：处理顾客异议

（一）实训目的

通过实训，学习处理顾客异议的方法与技巧，锻炼心理承受力，强化心理耐挫力。

（二）考核标准

处理顾客异议的方法灵活、多样，与顾客交流的仪态符合礼仪规范的要求。

（三）实训内容（情景模拟）

分别模拟顾客和门店营业员，呈现不同类型的顾客异议并进行处理。要求做到每个“顾客”能准确呈现三种类型异议的特征，每个“营业员”用三种以上方法和技巧处理一类顾客异议。在处理过程中“营业员”应保持耐心、微笑。

（四）实训过程与方法

（一）实训前准备

以某一类药品（如抗感冒药、抗胃溃疡药或抗贫血药等）确定工作范围，熟悉工作范围内各种药品的品牌、价格、性能。自备药品说明书及其他宣传资料，自行设计首推药品的促销政策。

2. 综合训练

学生分为 A、B 两组，分别扮演顾客和营业员，在工作范围内模拟训练顾客异议的处理技巧。要求“顾客”能够正确把握异议的特征，将三种以上异议呈现出来；“营业员”根据“顾客”的表现通过与其沟通，了解其真实意图，并运用恰当的方法处理。

3. 注意事项

（1）倾听　注意体态语言的运用：①与顾客保持恰当的距离；②目光平视对方，面部表情放松，面带微笑；③点头回应，并适时回答“好的”、“是”、“是的”、“嗯”、

“噢”等；④适时道歉。

（2）提问　提问尽量运用开放式提问，以便了解顾客的真实意图，避免提问答案只有“是”或“不是”的问题，如提问“您用这个药有问题吗?”不如提“您用了这个药以后效果怎样?”在处理顾客异议的过程中注意运用标准用语。不得使用禁用语。

（3）承诺　按事前设计的促销政策应答顾客异议。

（梁春贤）

第五单元 收银作业与财务单据管理

【学习目的】

本单元是以收银岗位为基础，适度地整合了一些与之相关的内容。包括人民币与信用卡的相关知识、收银工作规程及财务单据的管理等。旨在让你能正确执行收银操作。

【知识要求】

掌握收银操作及发票的填写。

熟悉收款机的使用及财务单据的管理。

了解人民币及信用卡的基本知识。

【能力要求】

熟练收银操作。

学会发票的填写及人民币的识别。

第一节 收银作业

一、收银员必备的知识与技能

（一）人民币及其防伪知识

《中国人民银行法》规定：“中华人民共和国的法定货币是人民币”。

1948 年 12 月 1 日，我国开始发行第一套人民币，至今我国已发行了五套人民币。目前市场上流通的人民币以第四套和第五套为主，还有一少部分第三套人民币。

人民币的单位为元（圆）（人民币，简写“RMB”，以“￥”为货币符号）。人民币辅币单位为角、分。人民币没有规定法定含金量，它执行价值尺度、流通手段、支付手段等职能。

人民币作为我国的法定货币，代表着国家的财富，是国家主权的象征。人民币从设计、制作到发行，过程相当复杂，为此国家投入了相当大的人力、物力、财力，其制作成本、流通费用都是较高的。我们每个公民都有爱护、保护人民币的义务，如果不爱护甚至损坏人民币，是对国家资源的浪费，同时也有损国家尊严。不要在人民币上乱写、乱画，不得故意损坏人民币。对破损、残缺的人民币，应及时到银行去兑换。收银员由于工作的关系，每天与大量的现钞接触，因而在爱护人民币、正确使用人民币方面，应该起到模范作用。

识别人民币纸币真伪，通常采用“一看、二摸、三听、四测”的方法，以第五套（1999 版）为例：

1. 看

（1）看水印　第五套人民币各券别纸币的固定水印位于各券别纸币票面正面左侧的空白处，迎光透视，可以看到立体感很强的水印（图 5－1）。100 元、50 元纸币的固定水印为毛泽东头像图案。20 元、10 元、5 元纸币的固定水印为花卉图案。

第五套人民币100元和50元人像水印

第五套人民币20元花卉水印

第五套人民币10元花卉水印

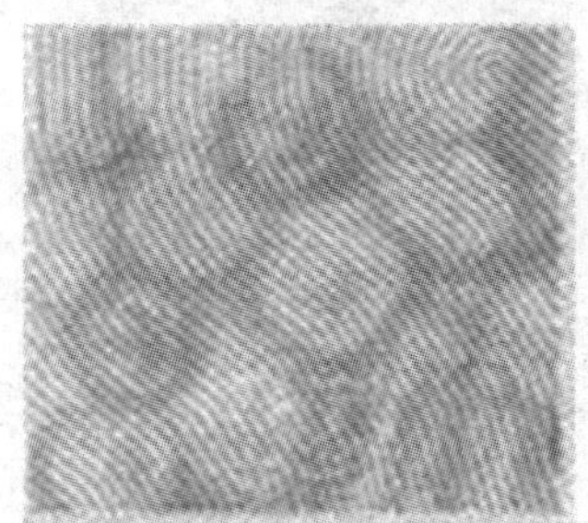

第五套人民币5元花卉水印

图 5－1　第五套人民币水印

（2）看安全线　第五套人民币纸币在各券别票面正面中间偏左，均有一条安全线（图 5－2）。100 元、50 元纸币的安全线，迎光透视，分别可以看到缩微文字“RMB 100”、“RMB 50”的微小文字，仪器检测均有磁性；20 元纸币，迎光透视，是一条明暗相间的安全线，10 元、5 元纸币安全线为全息磁性开窗式安全线，即安全线局部埋入纸张中，局部裸露在纸面上，开窗部分分别可以看到由微缩字符“￥10”、“￥5”组成的全息图案，仪器检测有磁性。

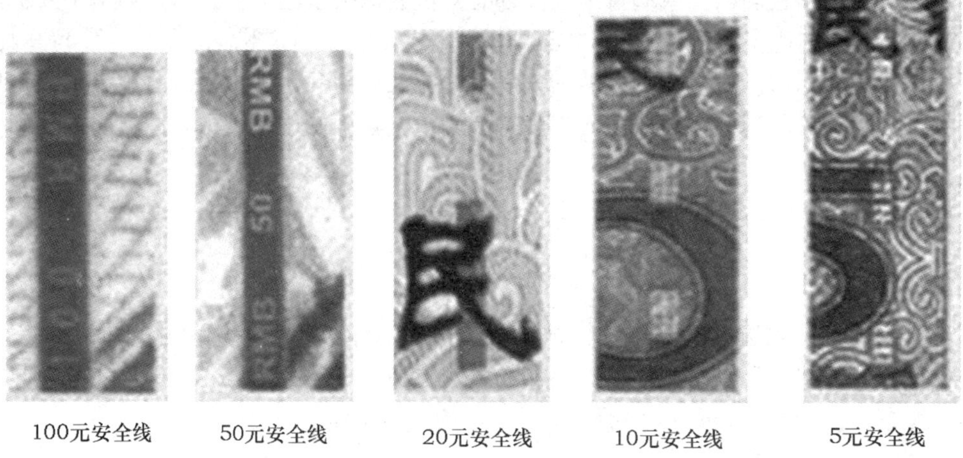

100元安全线　50元安全线　20元安全线　10元安全线　5元安全线

图 5－2　第五套人民币安全线

（3）看光变油墨　第五套人民币 100 元券和 50 元券正面左下方的面额数字采用光变墨印刷（图 5－3）。将垂直观察的票面倾斜到一定角度时，100 元券的面额数字会由绿变为蓝色；50 元券的面额数字则会由金色变为绿色。

100元 光变油墨印刷

50元 光变油墨印刷

图 5－3　第五套人民币油墨

（4）看票面图案是否清晰，色彩是否鲜艳，对接图案（图 5－4）是否可以对接上。

图 5－4　第五套人民币对接图案

第五套人民币纸币的阴阳互补对印图案应用于 100 元、50 元和 10 元券中。这三种券别的正面左下方和背面右下方都印有一个圆形局部图案。迎光透视，两幅图案准确对接，组合成一个完整的古钱币图案。

（5）用5倍以上放大镜观察票面，看图案线条、缩微文字是否清晰干净。

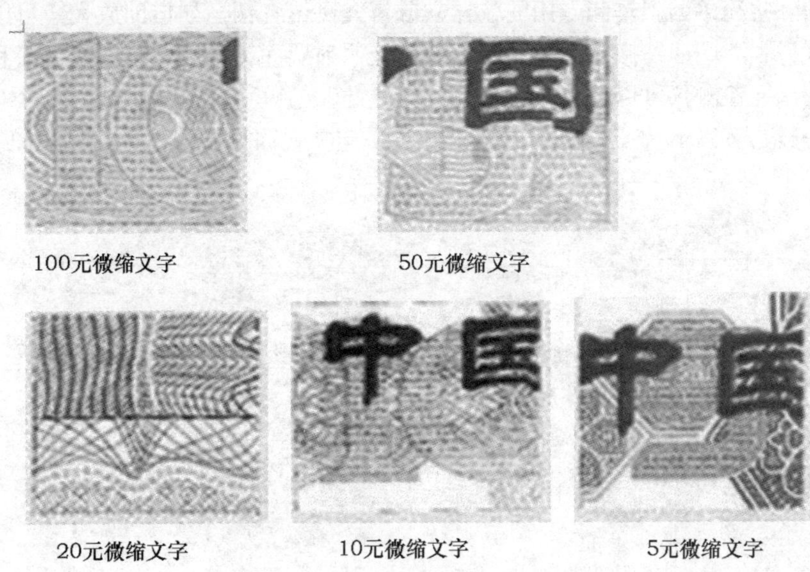

图5－5　第五套人民币微缩文字

第五套人民币纸币各券别正面胶印图案中，多处均印有微缩文字（图5－5），20元纸币背面也有该防伪措施。100元微缩文字为“RMB”和“RMB 100”；50元为“50”和“RMB 50”；20元为“RMB 20”；10元为“RMB 10”5元为“RMB 5”和“5”字样。

2. 摸

（1）摸人像、盲文点、中国人民银行行名等处是否有凹凸感。

图5－6　第五套人民币行名与手工雕刻头像

第五套人民币纸币各券别正面主景均为毛泽东头像，采用手工雕刻凹版印刷工艺，形象逼真、传神，凹凸感强，易于识别（图5－6）。

（2）摸纸币是否薄厚适中，挺括度好。

3. 听

即通过抖动钞票使其发出声响，根据声音来分辨人民币真伪。人民币的纸张，具有挺括、耐折、不易撕裂的特点。手持钞票用力抖动、手指轻弹或两手一张一弛轻轻对称拉动，能听到清脆响亮的声音。

4. 测

即借助一些简单的工具和专用的仪器来分辨人民币真伪。如借助放大镜可以观察票面线条清晰度、胶、凹印缩微文字等；用紫外灯光照射票面，可以观察钞票纸张和油墨的荧光反应；用磁性检测仪可以检测黑色横号码的磁性。

假币一般具有以下特征［以第五套（99 版）100 元面额假人民币为例，图 5－7］：

图 5－7　第五套人民币假币特征

（1）纸张　采用普通书写纸，在紫外灯光照射下，票面呈蓝白色荧光反应。

（2）水印　用淡黄色油墨印在票面正、背面水印位置的表面，垂直观察，在票面的正背两面均可看到一个淡黄色毛泽东人头像印刷图案；迎光透视，固定人像水印轮廓模糊，没有浮雕立体效果。

（3）印刷　票面颜色较浅；采用胶版印刷，表面平滑，票面主要图案无凹版印刷效果，墨色平滑不厚实；票面主景线条粗糙，立体感差；票面线条均由网点组成，呈点状结构；无红、蓝彩色纤维。

（4）安全线　用无色油墨印在票面正面纸的表面，迎光透视，模糊不清；缩微文字模糊不清；无磁性。

（5）阴阳互补对印图案　古钱币阴阳互补对印图案错位、重叠。

（6）胶印缩微文字、凹印缩微文字模糊不清。

（7）无隐形面额数字，光变油墨面额数字不变色。

（8）无色荧光油墨印刷图案　在紫外灯光照射下，无色荧光油墨“100”较暗淡，颜色浓度及荧光强度较差，有色荧光油墨印刷图案色彩单一、较暗淡，颜色浓度及荧光强度较差。

（9）无无色荧光纤维，横竖双号码中的黑色部分无磁性。

【课堂互动】

每人各自准备一张2005年版与1999年版的100元人民币或50元人民币，仔细观察、对比，并总结两者的防伪特征有何不同？在日常生活中如何快速识别？

（二）信用卡知识

1. 信用卡的产生与发展

信用卡是银行或其他财务机构签发给那些资信状况良好人士的一种特制卡片，是一种特殊的信用凭证。持卡人可凭卡在发卡机构指定的商户购物和消费，也可在指定的银行机构存取现金。信用卡是当今发展最快的一项金融业务之一，它是一种可在一定范围内替代传统现金流通的电子货币，收银员应该对信用卡有一定的了解。

信用卡同时具有支付和信贷两种功能。持卡人可用其购买商品或享受服务，还可通过使用信用卡从发卡机构获得一定的贷款。信用卡是集金融业务与电脑技术于一体的高科技产物，它具有减少现金货币的使用，方便购物消费，简化收款手续，以及促进商品销售，刺激社会需求等作用。

信用卡于1915年起源于美国。最早发行信用卡的机构并不是银行，而是一些百货商店、娱乐公司和汽油公司等。1952年，美国加利福尼亚州的富兰克林国民银行作为金融机构首先进入发行信用卡的领域，由此揭开了银行发行信用卡的序幕。1959年，美国美洲银行在加利福尼亚州发行了美洲银行卡。此后，许多银行加入了发卡银行的行列。到了20世纪60年代，信用卡很快受到社会各界的普遍欢迎，并得到迅速发展，不仅在美国，而且在英国、日本、加拿大以及欧洲各国也盛行起来。从20世纪70年代开始，中国香港、中国台湾、新加坡、马来西亚等发展中国家和地区，也开始发行信用卡。

2. 信用卡的分类

随着信用卡业务的发展，信用卡的种类不断增多，概括起来，一般有广义信用卡和狭义信用卡之分。从广义上说，凡是能够为持卡人提供信用证明、持卡人可凭卡购物、消费或享受特定服务的特制卡片均可称为信用卡。广义上的信用卡包括贷记卡、准贷记卡、借记卡、储蓄卡、提款卡（ATM 卡）、支票卡及赊账卡等。从狭义上说，国外的信用卡主要是指由银行或其他财务机构发行的贷记卡，即无需预先存款就可贷款消费的信用卡，是先消费后还款的信用卡；国内的信用卡主要是指贷记卡即准贷记卡（先存款后消费，允许小额、善意透支的信用卡）。

在外形上，信用卡大小如同身份证，一般用特殊的塑料制成，正面印有特别设计的图案、发卡机构的名称及标识，并有用凸字或平面方式印制的卡号、持有者的姓名、有效期限等信息；卡片背面则有用于记录有关信息的磁条、供持卡人签字的签名条及发卡机构的说明等。

信用卡按不同的分类方式可分为以下种类：①按账户及资金性质，可分为无透支（贷款）功能的借记卡、有小额透支功能的准贷记卡及具有贷款功能，可“先消费、后还款”的贷记卡。其中贷记卡又可分为具有循环信贷功能的循环信贷贷记卡及无循环信贷功能的签账卡。②按发卡对象的不同，可分为个人卡、公司卡（含单位卡、商务卡、采购卡）。③按持卡人信用等级的不同，可分为普通卡、金卡、白金卡，甚至出现了最高信用等级的黑卡。④按信用卡使用范围可分为地区卡及国际卡。⑤按发卡机构的性质可分为由银行（含邮政金融机构）发行的银行卡及其他财务机构发行的非银行卡（如美国运通卡等）。⑥按发卡机构与联合发卡的合作伙伴性质的不同，可分为与非盈利机构合作发行的认同卡及与盈利性机构合作发行的联名卡。⑦按同一账户中持卡人主次分类，按同一账户中持卡人的主次不同，可分为主卡和附卡。

3. 信用卡的使用方法

目前，我国大多数收银员所接触的银行卡有两类，一类是大众化的常用的借记卡，比如说用来取工资、缴费的牡丹灵通卡、招商一卡通、银联卡、桂花卡等，这类卡不能在银行透支，还必须凭密码在 ATM 和 POS 机上取款或消费；另一类是少数顾客所持有的真正的信用卡，它可以透支，可以在 ATM 上取款和在 POS 机上消费。以下分别介绍两类信用卡的使用方法。

第一类：借记卡的使用流程为：①持卡人将借记卡和购物小票交给收银员；②收银员根据顾客购物金额在 POS 机上压卡；③提醒顾客输入借记卡的密码；④密码正确，请顾客在签购单上签名，密码连续三次输入不正确，请顾客另选结算方式进行结算；⑤把签购单回单、借记卡以及购物小票退还持卡人。

以上流程可用图 5－8 表示。

第二类：信用卡的使用流程：①持卡人将本人身份证、信用卡和购物小票同时交给收银员，彩照卡不用提供身份证；②收银员一定要检查该信用卡是否已经挂失，如果已经挂失，立即停止用信用卡结算，请顾客另选结算方式；③收银员根据顾客购物金额在 POS 机上压卡；④收银员将签购单交给持卡人签字，并仔细核对签购单签名字体是否与信用卡背面预留签名相符；⑤把签购单回单、信用卡、身份证和购物小票退还持卡人（图 5－9）。

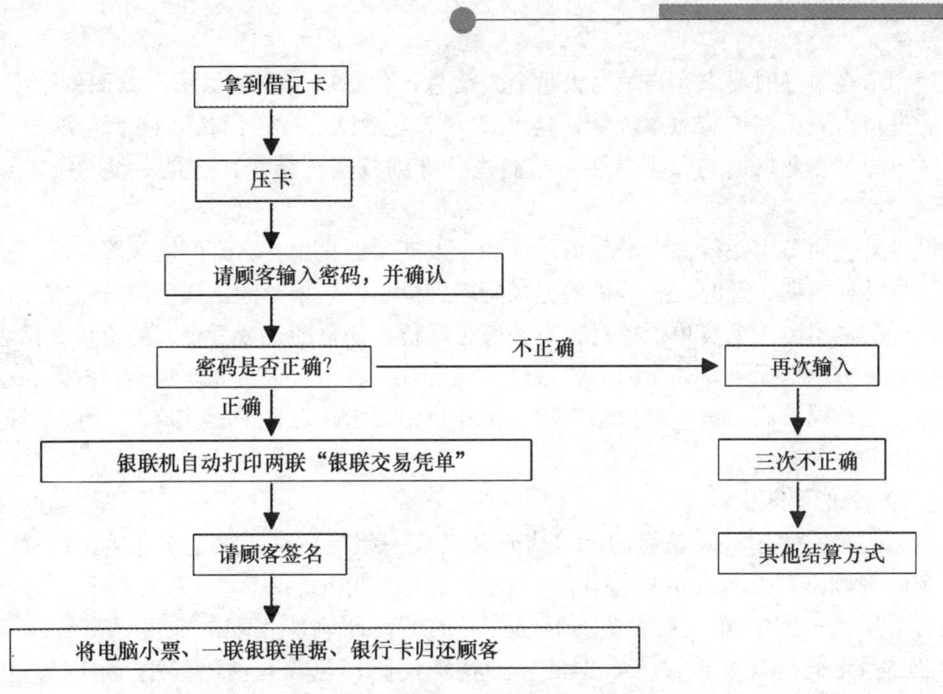

图 5－8　借记卡使用流程

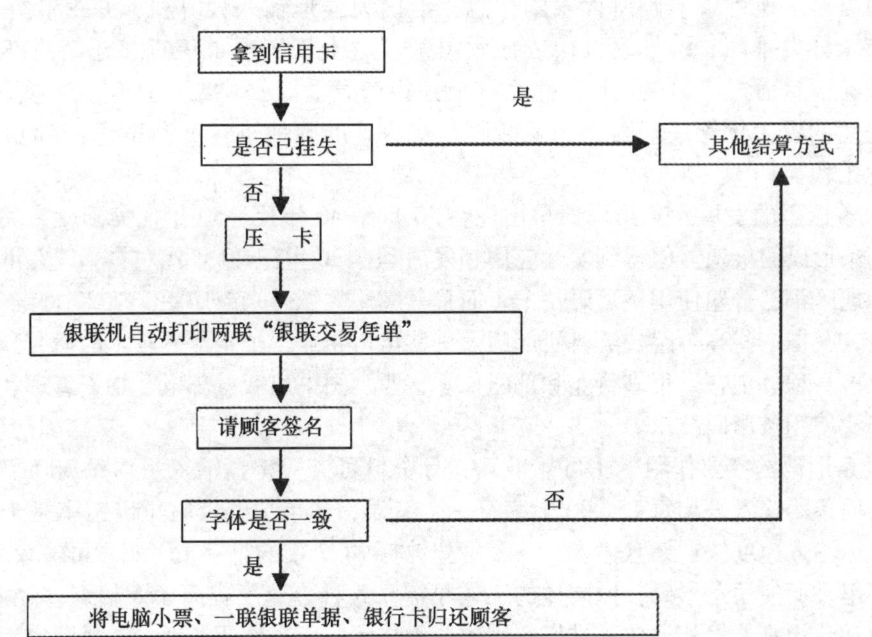

图 5－9　信用卡使用流程

从这两类银行卡的使用流程来看，其最大的区别在于信用卡不需要顾客输入密码，而只需要签名和提供身份证件。这是信用卡的重要特点，是与国际接轨的做法。

但值得收银员注意的是不管是哪种卡，在收银结束后，收银员都必须保留另一联“银联交易凭单”，并按公司财务要求整理，于月末随《门店零售月报表》交财务部门。

信用卡在申办时要求客户填写大量个人信息，包括申请表和信用卡背面的个人签名，并且经过持卡人所在单位盖章确认，这已经为安全性设了一道门槛。持卡人在 POS 机上消费时，经过专业培训的收银员要对签名进行仔细核实再结账，这是专设的第二道防范门槛。

世界上任何一家银行都考虑到信用卡和个人支票上只用签名有一定风险，只不过通过对收银员严格培训、及时挂失等措施把风险减到最小。如果真的出现客户资金被盗用的情况，银行会调出当天消费单据核对，看到底是银行，还是商户或者个人的责任，然后由出现问题的一方承担损失。如果因为收银员疏忽所致，将由收银员完全赔偿。据悉，已挂失的银行卡若在同一商户被连续冒用三次，该商户则要上银联的“黑名单”，且有可能会被银行撤掉 POS 机。

（三）条形码知识

条形码是将表示一定信息的字符代码转换成一组黑白（或彩色）相间的平行线条，按一定的规则排列组合而成的特殊图形符号（英文叫 bar code）。为了便于人们识别条形码符号所代表的字符，通常在条形码符号的下部印刷所代表的数字、字母或专用符号。商品条形码是计算机输入数据的一种特殊代码，包含有商品的生产国别、制造厂商、产地、名称、价格、数量、生产日期等一系列商品停息。只要借助光电扫描阅读设备，即可迅速地将条形码所代表的信息，准确无误地输入计算机，并由计算机自动进行存储、分类排序、统计、打印或显示出来。这不仅实现了售货、仓储、订货的自动化管理，而且通过产、供、销信息系统把销售信息及时提供给生产厂家，实现了产、供、销之间的现代化管理。因此，条形码是快速、准确地进行商品信息流和物流控制的现代化手段。

（1）条形码的发展　条形码最早出现在 20 世纪 40 年代，50 年代美国就有关于铁路车辆采用条形码的报道。但得到实际应用和发展是在 20 世纪 70 年代左右。现在世界上各个国家和地区都已普遍使用条形码技术，而且其应用领域越来越广泛。从 20 世纪 80 年代中期开始，我国一些高等院校、科研部门及一些出口企业，把条形码技术的研究和推广应用提到议事日程。现在，很多行业和部门如零售业、图书出版、邮电、物资管理和外贸部门等已广泛使用条形码技术。

（2）条形码的主要作用　①可靠准确：有资料可查，键盘输入平均每 300 个字符一个错误；而条码输入平均每 15 000 个字符一个错误，如果加上校验位出错率是千万分之一；②数据输入速度快：键盘输入，一个每分钟打 90 个字的打字员 1.6 秒可输入 12 个字符或字符串，而使用条形码，做同样的工作只需 0.3 秒，速度提高了 5 倍；③经济便宜：与其他自动化识别技术相比较，推广应用条形码技术，所需费用较低；④灵活实用：条形码符号作为一种识别手段可以单独使用，也可以和有关设备组成识别系统实现自动化识别，还可与其他控制设备联系起来实现整个系统的自动化管理，同时，在没有自动识别设备时，也可实现手工键盘输入；⑤自由度大：识别装置与条形码标签相对位置的自由度要比 OCR 大得多。条形码通常只在一维方向上表达信息，而同一条形码上所表示的信息完全相同并且连续，这样即使是标签有部分缺欠，仍可以从正常部分输入正确的信息；⑥设备简单：条形码符号识别设备的结构简单，操作容易，无需专门训练；⑦易于制作：可印刷，称作为“可印刷的计算机语言”。条形码标签易于制作，对印刷技术设备和材料无特殊要求。

(3) 条形码的种类　目前，常用的条形码有：通用产品条形码（universal product code）简称 UPC 条形码；国际物品条形码（european article numbering association，EAN International）简称 EAN 条形码；二五条形码（code 25）；三九条形码（code 39）等。这几种条形码各有特点，分别在不同的领域使用。商品流通领域用于商品标志的条形码主要是 EAN 条形码和 UPC 条形码。

我国使用 EAN 系统。EAN 条码是国际物品编码协会（EAN）推出的一种国际通用的商品条形码，主要用于超市或一些自动销售系统的单件商品。EAN 码有两种版本——标准版和缩短版。标准版表示 13 位数字，又称为 EAN－13 码（见图 5－10），缩短版表示 8 位数字，又称 EAN－8（见图 5－11）。两种条码的最后一位为校验位，由前面的 12 位或 7 位数字计算得出。两种版本的编码方式可参考国标 GB－12094－1998。

图 5－10　EAN－13 条码结构

图 5－11　EAN－8 条码的结构

左侧空白区用于提示阅读器准备对条形码进行扫描，起始符用以标识条形码信息的开始，左侧数据符用以表示信息的一组条码字符，表示前缀码（不包括前置码）和厂商代码共6位数字，中间分隔符用以平分条形码符号，右侧数据符表示5位商品代码，校验符表示1个校验字符，终止符用以标识信息的结束，右侧空白区用以提示阅读器结束对条形码的扫描。

EAN码由前缀码、厂商识别码、商品项目代码和校验码组成（如图5－12）。前缀码是国际EAN组织标识各会员组织的代码，我国为690、691和692；厂商代码是EAN编码组织在EAN分配的前缀码的基础上分配给厂商的代码；商品项目代码由厂商自行编码；校验码为了校验代码的正确性。在编制商品项目代码时，厂商必须遵守商品编码的基本原则：对同一商品项目的商品必须编制相同的商品项目代码；对不同的商品项目必须编制不同的商品项目代码。保证商品项目与其标识代码一一对应，即一个商品项目只有一个代码，一个代码只标识一个商品项目。

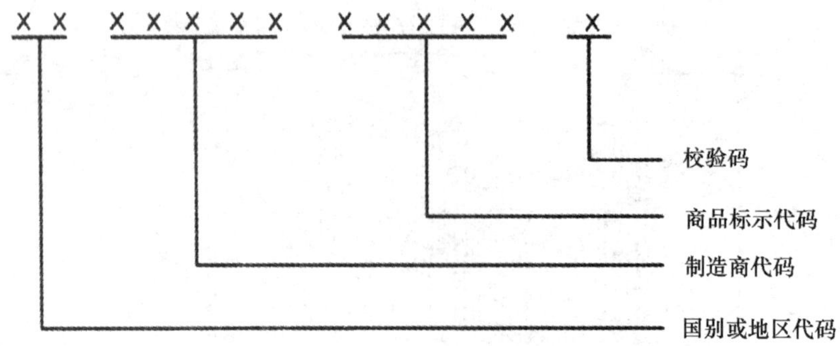

图5－12　EAN－13条码的结构

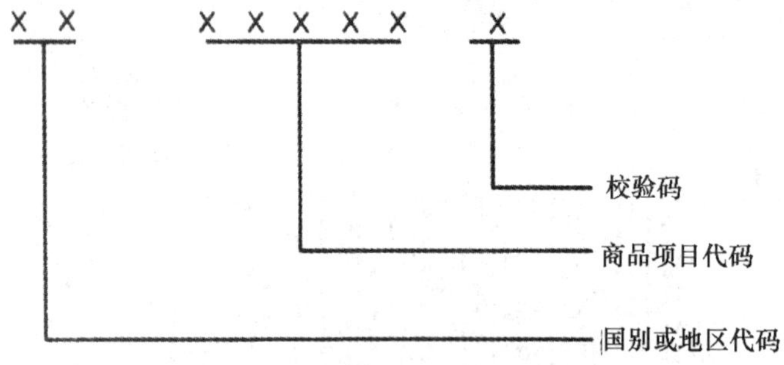

图5－13　EAN－8条码的结构

EAN－13条码的前2位或前3位数字为国别代码（也称作前缀码），用于标识商品的来源或地区，由国际物品编码协会分配管理，各成员国（或地区）获得的国别代码如表5－1所示。

表 5-1　各成员国（或地区）获得的国家代码

国别（或地区）代码	成员国（地区）	国别（或地区）代码	成员国（地区）
00~09	美国、加拿大等北美国家	759	委内瑞拉
20~29	北美地区内部备用码	76	瑞士
30~37	法国	770	哥伦比亚
471	中国台湾	773	乌拉圭
489	中国香港	775	秘鲁
49	日本	779	阿根廷
50	英国、爱尔兰	780	智利
520	希腊	789	巴西
529	塞浦路斯	80~83	意大利
54	比利时，卢森堡	84	西班牙
560	葡萄牙	869	土耳其
569	冰岛	87	荷兰
57	丹麦	880	韩国
599	匈牙利	885	泰国
600~602	南非	888	新加坡
64	芬兰	90~91	奥地利
690~692	中国	93	澳大利亚
70	挪威	94	新西兰
729	以色列	955	马来西亚
73	瑞典	959	巴布亚新几内亚
750	墨西哥		

国别码后面的 5 位或 4 位数字为厂商识别码，用于标识生产企业或批发公司，由国际物品编码协会在各国（或地区）的分支机构分配管理；厂商识别码后面的 5 位数字为商品项目代码，用于标识商品的特征和属性，由制造厂商根据 EAN 的规则自行编制；最后一位数字为校验码，用于校验代码输入的正确性，根据一定的运算规则由以上三部分数字计算得出。

EAN-8 条码（图 5-13）的国别代码与 EAN-13 条码相同。商品项目代码由 4 位或 5 位数字构成，是按照一定规则由 EAN-13 条码的厂商代码和商品标识代码（10 位或 9

位数字）经过删除“0”得出，统一由EAN在各国（或地区）的分支机构分配，校验码的计算方法同于EAN－13条码，但需在代码前加5个“0”。

根据国际物品编码协会的规定，只有当EAN－13条码所占的面积超过总印刷面积25%时，使用EAN－8条码才是合理的。缩短码不能直接表示生产厂家，所以商品条码系统成员只有在不得已时才能使用缩短码，其有一些具体的规定。

（四）收款机的使用及常见故障处理

1. POS收银机操作程序

（1）开机　打开收银机的电源开关，等待机器的启动，直到出现“员工登录”窗口。

（2）登录　在“员工登录”窗口，先输入正确的员工号，按下［回车］，如果有此员工即可输入口令，输入口令后按下［回车］，如果口令正确即可进入系统。

（3）退出　在“销售”窗口中，按下［更换收款员］或［重新登录］（或［F1］）查看键盘定义，即退回到“员工登录”窗口，等待下一个员工登录。

（4）关机　如当前在“销售”窗口中，则先按（3）所述退出。如在“员工登录”窗口中，按下［退出］，屏幕上会出现两个询问窗口，按下［回车］（或［1］）后表示“确认”，等待片刻，直到出现“现在您可以安全地关闭计算机了”字样即可关闭电源。

（5）输入交易明细　在“销售”窗口中，在明细“货号”栏输入商品代码（可以采用条码扫描、键盘输入代码和商品编码三种方法）。如果没有此商品，则会在输入栏边上出现显示，且光标停留在“输入”栏中；如存在此商品信息，则会有一个商品信息栏出现。将显示出该商品的名称、单价等信息。系统默认的数量为“1”，如需更改数量，按下［数量］键，这时光标会默认的停留在当前交易的商品信息上，确认要改变数量的商品正确（回车）后，在“数量”栏中输入销售数量，确认回车。如已输入过多个商品需要修改，则可以使用箭头键，将光标移动到需要修改的明细上，直接进行修改。如要删某个商品，按下［取消单个商品］键即进行取消。

（6）交易开票　按照（5）所述，结束了所有的商品录入后，屏幕右下角金额栏显示当前交易的商品金额，也就是“应收”金额，按下［小计］键会出现一个付款提示，系统在“应收”栏中默认显示说是“应收”金额，如果顾客支付的金额需要找零则输入顾客所付的金额数，［回车］后显示出“应找”金额，（这个提示会一直保留在显示器上，以便查询。当重新进行交易时，会自动消失）当前交易即完成。

（7）退货　在前台人员权限中设定允许自由退货。在“销售”窗口中，录入需要退货的商品，按［数量］键，可以选择负数量销售。

（8）整单退货（冲账）　就是对已经做过的交易产生一笔新的交易使之相互冲抵。按［退货］键即进入“退货”窗口（前台人员权限中被授予此权限）。屏幕中间出现“输入流水号或发票号窗口”，输入号码确定，就会显示出单据的详细信息，确定却完成退货操作，需要说明的是这样退货是把原单据的整笔销售进行了退货，也就是说“红冲”了退货整笔的交易。

（9）商品优惠（折扣、折让）　优惠分为两种：单笔优惠和整笔优惠。单笔优惠是指对某一个商品进行优惠，当录入到需要优惠的商品时，按下“单笔优惠”键，确定需要优惠的商品，输入优惠率或优惠后的单品金额，回车确定即可。注意，这里的优惠后金额是指实际成交金额，而非优惠金额。整单优惠必须是在按下“小计”键后，按下“整笔优惠”键，操作方法如前。

(10) 单笔取消销售　单笔录入错误可在取消某个正在录入的商品时，按下“单笔取消”键，选取取消的商品，确定即可。

(11) 整笔取消销售　当完成了小计后，顾客取消了所有选购商品。按下“整笔取消”键，按提示操作即可。

(12) 收款员暂时走开　因为一些原因需要走开，但不希望别人操作这台机器，可以按下“锁定机器”，这时前台系统只有输入当前收款员的登录密码确定才能重新进行销售。

(13) 修改口令　在“员工登录”窗口中，按下［更改口号］，出现修改口令框：先输入旧的口令，如果正确就可以输入新的口令；输入新的口令：将新的口令再输一遍，前后口令必须一致。

2. POS 收银机的维护和保养

虽然不同的 POS 收银机的操作规程有所差异，但其在维护和保养方面的要求则是基本一致的。一般必须做到这样的几个方面：①应保持机器外表的整洁，不允许在机器上摆放物品，做到防水、防尘、防油。②动作要轻，特别是在开启、关闭银箱时要防止震动。③电源线的连接应安全和固定，不能随意搬动机器和拆装内部器件。④断电关机后，至少在一分钟后开机，不能频繁开、关机，并经常检查打印色带和打印纸，及时更换色带和打印纸，保持打印机内部的清洁。⑤定期清洁机器，除尘、除渍。⑥应指定专人负责日常的维护工作，做到能熟练排除一般故障，及时更换色带，保持机器的正常运转。

3. 操作注意事项

收款机是机电一体的设备，在安装放置机器的时候，不要将机器放在高温、潮湿、酸性气体、高振动等不良环境中。使用中应严格遵守操作规程，注意设备的保养和日常维护：①不要将金属物品或水杯等放在机器上，一旦是金属物品或液体进入机器，会引起短路而损坏机器；②机器工作时不要打开机壳或其他盖板，以免造成不必要的伤害；③不要阻塞机器的通风口，否则会使机器内部过热而烧毁机器；④移动机器时，首先要拔掉电源线，否则会损害电源线而造成短路或断路；⑤不要使用与机器规定不符的电压，否则会损坏机器；⑥在更换打印纸时，要注意不要让头发或其他杂物卷进打印机的齿轮中，这样容易造成伤害事故；⑦不要依靠在打开的钱箱上，否则容易导致机器摔落而损坏机器。

4. 常见故障及处理

(1) 收款机没有任何显示　使用收款机时突然出现没有任何显示，应首先检查电源插头是否被碰掉，如果电源接通完好，则有可能是主机板有故障。如由于瞬间过大电流造成主机板保险管烧断，有时由于异物调入收款机内，也将很容易造成收款机损坏。

(2) 收款机显示混乱　收款机显示混乱一般是收款机由于意外造成内部程序混乱，需要由指定维护人员进行相应处理。

(3) 收款机的打印机不打印　打印机不打印一般是由于打印机某部分被卡住，另外也可能是收款机由于异常而造成死机状态，需要依照其他现象判断并处理。有的类型收款机在打印机盖下装有压感开关，所以当打印机不打印时应首先检查机盖是否关好，再进行相应处理。

(4) 收款机报警 收款机报警常见的故障有两个。一个是由于打印机内尘土、纸屑过多，挡住传感器，造成报警。这时应打开打印机盖，用吸尘器或吹风机清理打印机内部。另一个常见原因是由物品压在收款机键盘上，造成持续报警。

(5) 收款箱卡住 收款员一般在每次交易后，将货币放在收款箱内，但如果放置过多，超出收款箱的容纳量，有可能造成卡住。尽管有时放置过多货币没有卡住，也容易造成货币落入箱中抽屉后面。所以当货币量较多时，应取出一部分另外存放。

(6) 条码扫描器故障 当条码扫描器扫描后，信息会传给收款机，由于各种意外，可能造成无法正常通信。首先，可能连接扫描器和收款机的线路由于意外被碰掉或接口松脱，造成设备无法通信；其次，由于意外造成扫描器端口死住，不再进行数据传输。这是一般可以将扫描器电源断掉，再重新接通，对端口进行复位。最后，可能条码扫描设置意外丢失，则需要重新设定扫描器后才能继续使用。

对于不同型号的收款机，有其各自的常见故障，需要根据具体情况进行分析解决。

(五) 收银员的装袋服务技巧

将结算好的商品替顾客装入袋中是收银工作的一个重要环节，不要以为该项工作是很容易的，该项工作做得不好，往往会使顾客扫兴而归。连锁超级药品市场、普通药店装袋作业的基本要求是：①根据顾客购买量选择尺寸合适的购物袋。②不同性质的药品必须分开入袋。例如生鲜药材、潮湿药品（如冷冻、冷藏药品），应与其他药品分开；内服药与外用药品应当分开；串味药品与其他药品要分开。③重的药品应双层包装，并注意装袋顺序：硬与重的商品垫底装袋；正方形或长方形的商品装入购物袋的两侧，作为支架；瓶装或罐装的商品放在中间，以免受到外在压力破损；易碎品或较轻的商品置于袋中的上方。④确定附有盖子的物品都已经拧紧。⑤装入袋中的商品不能高过袋口，以免顾客提拿不方便，一个袋中装不下的商品可放入另一个袋中。⑥确定连锁企业的传单宣传品及赠品已放入顾客的购物袋中。⑦入袋时应将不同客人的药品分清楚，要绝对避免装错的现象。⑧对包装袋装不下的体积过大的商品，要另外用绳子捆好，以方便顾客提拿。⑨提醒顾客带走所有包装入袋的商品，防止遗忘的情况发生。⑩礼貌地拒绝不购物却索要购物袋的顾客。

二、门店收银工作规程

(一) 营业前

1. 清洁整理

营业前要对收银工作台周边环境打扫干净，包括：擦干净收款台、收款机，掸掉灰尘。将收款机周围的地面、纸篓打扫干净。将购物车、购物筐准备妥当，检查有无损坏。准备好必备用具。如包装袋（各种尺寸）、复写纸、打印纸、购物袋、干净抹布、大胶条、笔、记录本、收款员款单、暂停结算牌、验钞器、发票等。收款员服装要干净、整齐、符合规定；要佩戴员工卡；发型、仪容要整齐、清洁。组长、领班总结前期工作并布置当天的工作，强调收款员必须注意的问题。

2. 了解商情，认领备用金

收银员上岗前要了解当日新品种的价格以及重要商品的码放位置，包括堆头商品的价位。了解当日促销活动、价格变动及特价商品。从领班处领取备用金，清点并兑换充足零款。

3. 开机检查

收银工作前应开机，检查机器设备运转是否正常，打印装置是否正常，消磁系统是否开启，验钞器是否正常。查看机内程序设定和各项统计数值是否正确归零，后台服务器与前台收款机连接是否正常，信息传输是否正确。检查工号与日期是否正确。收款员签到，将备用金放入钱箱。

（二）营业中

1. 为顾客结算

这是作业流程中最重要的部分，也是核心内容。在整个结账过程中，收银员必须做到三点，即正确、礼貌和迅速。其中，迅速是以正确为前提的，而不只是追求速度。具体的结账流程可以分为七个步骤：①礼貌招呼顾客，双眼目视顾客亲切自然地说“您好”；②用扫描器扫描商品时读出每件商品的金额，为顾客所选商品逐一结账，并进行消磁工作；③扫描结束后报出商品金额总数；④收顾客钱款时，要唱票；⑤找零唱票；⑥迅速恰当地为顾客把所购商品分类装入包装袋中（此步在等待顾客付款时即开始）；⑦礼貌地向顾客道别，目送顾客离开并说“你慢走”或“你走好”（图5－14）。各操作步骤应配合的动作与语言见表5－2。

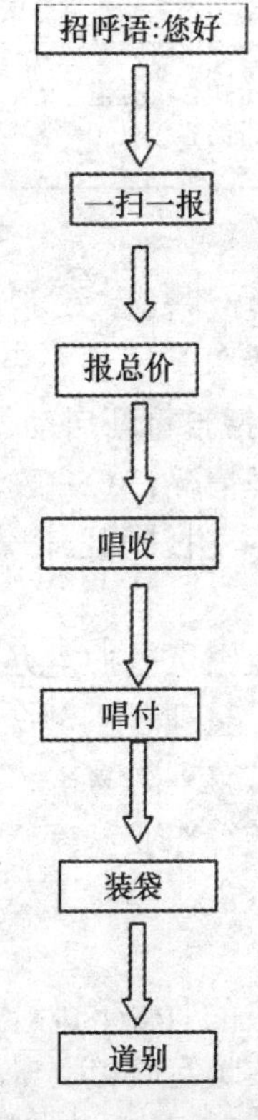

图5－14　收银工作流程

表 5－2　收银工作操作与工作用语

步骤	收银标准用语	配合的动作
欢迎顾客	“早上好”、 “您好”等	面带笑容，与顾客的目光保持接触； 等待顾客将购物篮或购物车上的商品放在收银台上；
商品登录	逐项报出商品价款	左手拿取商品，并找到其条形码，如没有就找出其代码； 右手持扫描器，扫描商品的条形码，如无条形码，则输入其代码，以便正确地登录在收银机内； 登录完的商品必须与未登录的商品分开放置，避免混淆； 检查购物车底部是否还留有尚未结账与尚未扫描登录的商品；
结算商品总金额并告知顾客	总共 XX 元	将空的购物篮从收银台上拿开，叠放在一旁； 若无他人协助装袋工作时，收银员可以趁顾客拿钱时，先行将商品装袋，但是在顾客拿现金付账时，应立即停止手边的工作；
收取顾客支付的金钱	唱票收您 XX 元	确认顾客支付的金额，并检查是否为假钞； 将顾客的现金以磁铁压在收银机的磁盘上； 若顾客未付账，应礼貌地重复一次，不可表现出不耐烦的态度；
找钱给顾客	唱票找您××钱	找出正确的零钱； 将大钞放在下面，零钱放在上面，双手将现金连同购物小票交给顾客； 待顾客没有疑问时，立刻将磁盘上的现金放入收银机内并关上；
商品入袋	请您拿好	根据入袋原则，将商品依序放入购物袋中；
诚挚的感谢	谢谢！请慢走	一手提着购物袋交给顾客，另一手托着购物袋的底部，确定顾客拿稳后，才可将双手放开； 确定顾客没有遗忘的购物袋； 面带笑容，目送顾客离开；

2. 特殊作业处理

特殊作业的内容包括：①赠品兑换或赠送；②退货、换货由领班或组长按规定执行；③折扣处理按规定执行；④收取支票由领班或组长登记后按规定收取（收取支票 3 天后付货）；⑤在收款机出现死机时，不得擅自重新启动，必须通知后台人员处理，并填写系统运行日志，详细记录死机情况及处理情况；⑥一般情况下门店不得记手工账，特殊情况（停电、故障）经营运部门批准后方可，并注明已输入情况，存底备查。

3. 无顾客结账作业

收银时如果暂时没有顾客结账，收银员应抽空办理一些事务，以提高收银工作效率。如：处理、补充收款台各项必备物品；整理、补充收款台前头柜的商品；兑换零钱；整理顾客的退货；擦拭收款台、整理环境；整理购物车、购物筐；支援其他岗位的工作；协助商场做好安全保卫工作；收款员交班结算作业等等。

（三）交接班或营业后作业

1. 交接班

收银员交接班一般应在当班负责人的监督下进行，两班收银员当面交接备用金、发票和收银物品等，前班人员签退，并如实填写收银交班本，接班人员核实确认，签字认可后方可完成交接班工作。如有异议，应当面提出，否则责任由下一班收银员承担。

每班收银工作结束后的结款顺序一般为：

（1）由当班负责人打印解款小票。

（2）当班负责人与收银员一起清点现金（先清点备用金，再清点营业款）。

（3）与解款小票核对，出现长短款，按公司相关规定处理。

（4）与解款小票核对无误的，早班营业款按公司规定存款；晚班营业款和备用金由当班负责人存入保险箱。晚班收银员与当班负责人交接之后出现的一切差错由当班负责人承担。

2. 营业后作业

主要包括结算营业总额、关闭收款机、协助现场人员处理善后工作等。具体工作是：

（1）结算营业总额　指整理现金，点清钱款按规定封存，填写缴款单；整理当日销售记录、账表。

（2）关闭收款机　将钱箱货款取出，签退后安全关机；盖上防尘罩，切断电源。

（3）协助现场人员处理善后工作　擦拭购物车、筐，安放定位；将滞留在收款台的商品返回原处；整理收款台周围环境；检查各项电源、电器是否关闭。

（四）存款或交款

由于各医药连锁企业或门店的情况与规章制度不一样，所以，交款或存款的流程也不相同，从目前的情况来看，主要有以下几种：①交接班时，由收银员结算营业总额，整理现金，点清钱款按规定封存，填写缴款单，在当班负责人或保安的陪同下，走员工专用通道直接向财务交款。②营业结束后，收银员与当班负责人一起清点钱款。由财务主管和出纳来收银台接款。③营业款由收银员和当班负责人两人一起到银行存款。当班负责人也可指定其他人员协助存款，但由此引起的责任由当班负责人承担。一般情况下，每日营业款分两次存入指定银行：第一次是上午10点钟之前将前一日晚班营业款存入指定银行；第二次是在当天交接班后存入早班营业款。

严禁营业款、备用金在收银员或其他相关人员个人手中滞留或挪用。

（五）返单与交单

于银行存款的门店，在存款后应及时将存款单（需加盖银行收款章）交回门店，并由当班负责人、收银员和营业员三人在银行交款单背面签字。各门店可根据指定存款银行距离远近等具体情况确定返单时间，如超过正常时间，当班负责人应引起高度重视，并采取相应措施。

一般情况下，每月初（一般为每月1日）门店应将银行存款单、电脑解款小票与《门店零售月报表》一起交公司财务部，并且双方必须在交接记录本上签字。

门店所有员工均有存款作业的监督权，对不按要求存款的行为有责任向财务部、内控部及时汇报。店长必须每天监督、检查存款情况，核对银行存款回单金额是否与电脑解款小票相符，否则由此引发的责任由店长及相关人员承担。

（六）特殊情况处理

（1）如有特殊情况未能按时存入银行，应及时报告公司财务部。

（2）当遇顾客使用支票时，一方面请顾客稍候，另一方面通知财务部负责人，经同意后，及时到对方开户行划款，划款成功后才能将商品交给顾客。

（3）当收银机发生故障或停电时，应先向营运部门报告，经同意后安排专人登记购物清单，收银员才能收款。收银机恢复正常后，由登记人员监督收银员再逐笔输入电脑。

（4）不能多收顾客的购物款项。如因工作失误，出现长款，门店应将长款与当班营业款一起存入公司指定账户，并在存款单上备注；出现短款，由当班收银员本人补足。且这两种情况均应在收银交接班本上登记，绝不允许用长款抵短款。

（5）如政府部门检查，保存原始检查记录，盘点时统一处理。

（6）遇节假日，可将现金存入指定账户，由财务部、内控部、营运部门检查监督。

三、收银工作注意事项

（一）收银差异

是指收银员所收的现金金额与电脑系统中记录的金额总数之间的差异。无论是正或负，都是工作失误。

收银差异产生的原因有多种，最有可能的原因包括：①收银员收款错误和找零错误等；②收银员没有零钱找给顾客或顾客不要的小面额零钞；③收银员误收假钞等；④收银员不诚实，盗窃公司的收银款等；⑤收银员将收银机的输入键按错，如将现金键误按成卡键等；⑥收银员在兑零的过程中出现错误等。

无论是什么原因产生的收银差异，这都是工作失误造成的。一般情况下，公司都会对超出规定收银差异的收银员进行相应的处罚。

（二）顾客应对技巧

由于顾客要求的多样性和复杂性，难免会有不能满足顾客要求的情况出现，使顾客产生抱怨。而这种抱怨，又常常会在付账时对收银员发出。因此，收银员还应掌握一些应对的技巧。如：暂时离开收银台时应说："请您稍等一下"；重新回到收银台时应说："真对不起，让您久等了！"；自己疏忽或没有解决办法时应说："真抱歉"，"对不起"；提供意见让顾客决定时应说："若是您喜欢的话，请您……"；希望顾客接受自己的意见时应说："实在是很抱歉，请问您……"；当提出几种意见供顾客参考时应说："您的意思怎么样呢？"等等。

以下为收银工作中的禁止行为：动作慢条斯理；在工作时叽叽喳喳地小声说话，同其他收银员聊天；一边整理商品，一边又看着别处等。

四、收银服务标准话术

1. 唱会员卡

标准用语："小姐（先生），您好。请问有没有会员卡？"

服务要领：微笑、点头，亲切招呼。

2. 将货品信息输入 POS 机

标准用语："请稍等。"

服务要领：准确、迅速地扫描商品条码，并与显示屏核对商品资料是否一致，避免误差。

3. 唱促销内容

标准用语：如："我们现推出促销活动，……（告知活动内容）。"；"这个季节……您是否需要买点×××商品?"；"我们药房提供免费测量血压的服务，如果需要，欢迎您随时过来测量。""这里还有一些新到的糖尿病食品，您需要的话，可以看一下。"

服务要领：态度友善，热情，稍作提醒，拿取促销宣传单页，介绍给顾客，指引顾客到推荐的区域。避免硬性推销，或推介时语气敷衍，不能引起顾客兴趣。

4. 唱报

标准用语："多谢小姐（先生），总共××元（角）。"

服务要领：清楚地报出所需金额。禁止催促顾客付款。

5. 唱收

标准用语："收您××元（角）。"

服务要领：双手礼貌地接过顾客的款项，清楚地报出所收款数。避免接收款项动作太快，令顾客有被抢的感觉。

6. 唱付

标准用语："小姐（先生），找您××元，请拿好小票，谢谢!"

服务要领：双手礼貌地将找零和小票交给顾客请顾客核对钱款和商品。不能将找零和小票放在收银台上，让顾客自己拿取。

7. 将商品交给顾客，道谢道别

标准用语："请拿好您的物品。谢谢，请走好（请慢走）!"

服务要领：小心整齐地将商品放在购物袋内，内服和外用分开，食品和日用品分开。不能动作野蛮地放置商品。

五、实训：点钞、验钞与收银

（一）实训目的

能用几种常用的方法快速而准确的清点钞票；能正确使用 POS 机进行结算。

（二）考核标准

（1）点钞　在一定时间内准确清点一定数量的钞票。

（2）收银结算与 POS 机的运用　要求用文明礼貌用语接待顾客、唱收唱付；熟练使用扫描器、收银机；正确运用找零及装袋技巧；能恰当地应对顾客提出的建议或恰当地处理顾客异议。

（三）实训内容

（1）点钞。

（2）收银结算与 POS 机的熟练运用。

（四）实训过程与方法

1. 点钞的训练

（1）供点钞纸，接受培训收银员（学生）人手一份。

（2）分组训练。

（3）分组计时比赛（可使用多种点钞方法）。

（4）比赛结果评分规则　在正确率的基础上赛速度。

2. 练习收银结算、POS 机的熟练运用

（1）分组记录单品收银时间，单笔收银最快与最慢时间。

（2）统计操作中的收银差错率。

（3）唱收唱付情况的落实。

（4）测试 POS 机商品数据库资料可否正常下载，收银机各个功能键是否能熟练运用 。

（5）模拟防盗训练，分组练习。测试实际操作中的收银员对收银通道的敏感程度及收银员的防盗意识。

（6）锻炼测试收银员的心理承受能力，如顾客较多排长队、顾客出言不逊等情况时随机应变的能力。

第二节　财务单据管理

门店财务单据指门店零售月报表、发票和配货出货单、退货单、互调单等。

一、门店零售月报表

门店零售月报表是门店每月经营情况的总结，是核算门店经营收入的重要依据。报表的填制既要满足公司的要求，也要符合财务的规定，并实行严格的保密制度。

（一）报表格式

报表要具备以下内容：门店名称、年月、收款日期、现金电脑数、现金实收数、收银员、银联、当日合计、累计数、制表人、审核人等。

（二）填制要求

1. 金额相符（账实相符）

门店必须将每日或每日每班的实际营业额全部存入银行。门店实际存款金额与电脑解款小票的金额必须完全相符。如有特殊情况应及时报告区域经理后再行处理。

2. 单据粘贴整齐、有序

（1）报表包括报表本身、电脑解款小票和银行存款回单三部分。电脑解款小票和银行存款回单必须按时间顺序粘贴在报表后。

（2）收银员应将每班的银行存款回单、电脑解款小票逐日对应粘贴（银行存款回单贴于电脑解款小票正上面且对齐左上角）。

（3）收银员再将粘贴整齐的银行存款回单和电脑解款小票按日、分早晚班逐张粘贴整齐。刷卡、专柜、摇摇车、金药箱单独粘贴并注明。方法：取一张长 23 厘米、宽 13 厘米的纸条。将胶水涂于纸条上方边沿，宽约为 1. 2 厘米。从右至左按先后顺序地贴于纸条上方边沿，左上角略厚亦可。

3. 报表填写及时、准确

单据整理后，收银员应及时、准确的将营业款情况按要求逐日逐次填入《门店零售月报表》的相应栏目，并逐日合计金额和累计金额。不得虚填虚报。专柜、金药箱单独

做报表。

4. 报表的审核、上交

月末，收银员先检查报表；再交店长审核。收银员和店长必须在报表上签字，不得代签。店长审核完全无误后，在次月 1 日将报表交财务部。

5. 责任追究

对于连续三个月报表填制不正确的门店，公司将根据实际情况给予相应的处罚。

（三）负责人及保密制度

一般情况下，收银员为门店零售月报表的填制负责人，店长为报表的审核及主要责任人。

门店零售月报表是药品经营企业的机密文件之一，未经企业批准，任何人不得对外提供。否则，一经发现，企业有权依照法律追究其经济及法律责任。

二、发票

（一）发票的种类

目前医药经营企业对外正式使用的发票为普通销售发票，包括十位、百位两种。

（二）发票的使用范围

不得超出公司营业执照登记的经营范围。

（三）发票的申领

发票的申领人为店经理（店长）或领班，凭本人工卡领取。门店到财务部领用发票时，要登记使用发票的种类（百元版、十元版）、起止号码、领用门店名称、领用人姓名。若逢节假日．还须提前一周向财务部申报节假日期间需用量，以免影响使用。

门店领用空白发票时，应先将已用完的发票按号码顺序整理好．在发票封面的右上角注明作废发票号码、张数，交回财务部，并请财务部接收人员在发票管理登记本上签收。领用空白发票时，应清点是否有缺联、少份、缺号、错号、是否加盖公司公章等问题，如发现问题，应即时整本退回财务部，否则责任自负。

（四）发票的使用与保管

（1）门店发票的使用监督人和保管责任人为店经理（长），一般要求店长每周一、四定期检查发票，并在发票管理登记本上注明检查情况、签名。

（2）门店必须建立“发票管理登记本”，登记两项内容：公司领用登记、门店每天使用登记。

（3）门店每种发票原则上只允许保留一本，用完 5 日内到财务部换领，所有发票的使用期一般为 3 个月，到期后无论是否用完，都必须到财务部办理核销。

（4）门店发票的开票人为收银员、当班领班为负责人，应按“发票的填开要求”开票。

（5）收银员交接班时应同时交接发票，晚班结束后，应将发票与晚班营业款一并放入保险柜内存放。

（6）在使用过程中，如发现发票丢失时，店经理（长）应及时电话通知财务部门、营运部门，事后再书面通知财务部。

（7）严禁对外借用或有意将发票外流，否则依法追究相关人员法律责任。

（8）店长交接工作后，区域经理应按要求到财务部复核交接表的有关内容。

（9）拆迁店时，原门店负责人应在停业后 1 日内将发票交回财务部。

（五）发票的填写要求

发票作为商品维修、退货、换货的凭据，也可以作为自己的购物记录，还可以作为单位报销和做账的凭证。随着财务管理制度的进一步规范，对发票的填制与管理的要求也越来越严格。所以，各门店经理必须严格要求本店的发票管理人员按规定操作、使用和保管好发票，如有违规造成任何经济和刑事上的责任，门店责任人承担一切后果。具体要求为：

（1）门店开票人依据顾客的有效收银小票开具发票，同时在收银小票上加盖“发票开讫”印章或注明“已开发票”并签名。

（2）填写发票，应用圆珠笔，采用双面复写纸按序号全份一次复写，各栏目必须真实、完整，全部联次内容完全一致，连号保管。

（3）大写金额前应填以“ ○×”符号封顶，小写金额前应划上人民币“￥”符号封顶。

（4）严禁开票人虚开、代开、套开、涂改、挖补、变造、撕毁、拆本和单联填开发票。对发票的存根联，开票人应整本保存，不得撕开。

（5）开票人填写发票如有出错，必须完整保留出错联次，不能缺联，如已撕开，必须完好地粘回原处，并在作废发票的每一联上注明“作废”字样。以备查验。

（6）发票的填写内容必须和发票的使用范围（指公司所提供的商品及服务）一致，不得超越范围使用，应写明顾客的单位或姓名，如实填写发票日期，发票填写后填票人应用正楷签名（盖章）。

（7）发票必须按实际发生金额填开，不得多开。开具发票应当使用中文。

（8）发票开具日期必须按时间顺序填写，必须按序号开具发票，不能先撕下再给顾客填开发票。发票填写后，填票人、收款人签名（盖章），否则无效。

（9）严格按照发票类型填写发票，未够百元的购物金额只能使用十位发票，不得用百位发票开具。

（10）发票填完后，将所开的总金额、作废张数、作废号码填写到发票封面右上角，同发票一齐交财务部，并作交回登记。

（11）不能将发票交本店以外的人使用，不能遗失发票，更不能将发票出售。严格按照发票的使用规定进行操作，否则出现错误引起的责任当事人承担。

（六）检查监督

财务部负责对发票的使用进行指导、监督。不定期对门店发票的领、用、存及开具情况进行检查，严格控制门店发票在规定限额内的领用数量，对于未按规定开者，将对开票人按税务有关规定及公司规定追究责任。营运部门应配合财务部监督检查，发现问题及时向财务部报告。

三、配货出货单、互调单、退货单

配货出货单、退货单、互调单是门店商品进出的重要单据，是门店库存的依据。单据填制必须完整、清楚；数量、金额无误；传单必须及时。门店每周定期将退货单、互调单的“打单联”传物流配送部打单。请配送司机带传的，双方必须完善交接手续：退货单与退货商品一起封箱，互调单必须在《门店上交文件签收本》上登记交接，必须登记单据号。门店应将物流配送部传回的电脑单据与退货单、互调单的门店联对应贴粘在一起。每月末门店应将配送出货单、退货单、互调单按月分别装订成册，并按 GSP 要求储存与保管。

四、实训：票据的填写

（一）实训目的

通过实训能让学生掌握门店中常用的各种票据的填写方法。

（二）考核标准

（1）票据填写规范、准确，符合财务管理制度与企业要求。

（2）在规定时间内，按要求填写。

（三）实训内容

（1）发票的填写。

（2）退货单与互调单的填写。

（四）实训过程与方法

（1）发给学生人手一份模拟票据（发票、退货单和互调单）。

（2）提供背景资料。

（3）规定填写的时间，时间一般视学生的实际情况而定。

（五）考核结果

填写好的票据。

（梁春贤）

第六单元　售后服务

【学习目的】

通过本章的学习，可让你掌握目前较为常用的几种售后服务方法，树立以顾客为中心的服务观念，努力创新服务理念，拓展服务方式，开展有特色的售后服务。

【知识要求】

掌握药品退换货的原则。

熟悉送货上门的流程。

了解中药来料加工的规定。

【能力要求】

能熟练给顾客办理退换货，学会独立处理顾客投诉。

随着药店产品、经营品种、购物环境同质性的加强，药店的竞争日趋激烈，提高药店服务成为竞争的一个突破口。目前，门店的服务意识已经越来越强，特别在售后服务这一环节产生出许多新的服务方式，开展得很有特色。比如：①为方便顾客提供的售后服务有：送药上门，对商品进行礼品包装，免费为顾客量血压、测体重，提供药品免费打粉、切片、煎煮等；②指导顾客用药的售后服务有：开设咨询台免费为顾客提供用药咨询等；③关心顾客健康的售后服务有：药品退换货管理，药店定期开展社区服务对居民进行健康教育，宣传疾病的预防、自我诊断、患者日常注意事项及养生常识，并建立患者的用药档案，设立健康热线跟踪指导患者，提供包括用药、康复、保健、营养指导乃至心理咨询服务等。这些都属于药店开展的售后服务范围。

第一节　送货上门

一、送货人员及范围

对有送货需求的顾客，特别是一些有特殊困难的顾客（例如老、弱、病、残的客人），或是一次购物数量较大的顾客，公司可以提供送货上门服务项目。营业员应提醒顾客公司送货的有关的具体规定，诸如送货区域、送货时间、送货起送金额等。

门店送货人员由当班负责人指派，送货范围一般为所在门店周围单程十五分钟步行路程范围内（大单购物除外），超范围的，请顾客谅解。

二、送货上门规定

营业员准确报出药品价格后，确认顾客有送货需求时，应认真做好记录，将顾客需求登记到《送药登记本》上，详细记录下顾客姓名、联系电话要求购买的药品或商品的品名、厂家、规格、数量、送货地址、要求送达时间等。如不能满足顾客要求时，应及时向顾客说明。

营业员按顾客要求准备商品。收银员将商品入机，打印送货小票。送货营业员应按《送药登记本》上的记录认真核对药品名称、规格、数量、厂家、发票或电脑小票等有无错漏，如有错误，应及时更正。

门店对于已承诺的送货时间，应严格遵守，严格按预约时间将商品快速送达顾客手中，不得在途中逗留。如有特殊情况，需提前打电话与顾客联系，另约时间，同时表示歉意，取得顾客谅解。

送货人员送药必须要佩带工号牌，礼貌将商品、送货小票送到顾客手中，带回货款交收银员正式入机。

三、特殊情况处理

如店内现有人员不足时，不执行送货作业，应向顾客说明情况，请顾客谅解，待接班人员上班后再予以送货。

如遇送货商品不符合顾客需求，如出现错送、漏送、或品名、规格、数量有误时，应诚恳向顾客道歉，并另约时间，同时将商品与送货小票原封带回本店。

顾客借故退药时，不得与顾客发生任何争执、冲突。应在表示歉意的同时，请顾客在送药本上注明退药原因并签字，回店后按退药操作程序处理。

送货人员在送货途中如遇其他特殊情况，应及时向当班负责人汇报。

在正常情况下，零售企业为顾客提供的送货服务，是不应再额外加收任何费用的。但顾客对于送货提出某些特定的要求，如进行特殊包装、连夜送货上门或者与顾客达成协议的除外，费用一经议定，不得任意进行升降。

第二节　顾客退换货管理

一、退换货原则

【课堂互动】

据报道，有些电器商家为了吸引顾客，打出七天内“无条件退换货”的口号，那么药品的退换货是否也可以仿效这些普通商品采取无条件退换货呢？

药品是一种特殊商品，售后服务也具备一定的特殊性和复杂性。在我国的药品管理法和GSP中规定，药品是特殊产品，除非是发生了质量问题，不然不要求店方退货给消费者。

从技术的角度看，药品的退换并没有什么难度；但从服务角度，从对药品的二次销售负责的角度考虑，如果药品也像电器一样可以七天内“无条件退货”却存在着隐患，如一些药品的存放要求非常严格，不知情的消费者如果退回没有启封但是却因存放不当而变质的药品，由于店内的鉴别设备、店员的鉴别能力有限，这些药品有可能会损害下一位消费者的健康，并对药店造成较大的损失；另外，也不排除药品被调包的可能性，这可能导致各药房之间的恶意竞争。

药品是一种特殊商品，涉及生命安全和身体健康，一般情况下药店拒绝退、换货。但这又容易引起顾客对门店服务的不满。因此，当顾客要求退换货时，门店遵循以下原则：

（1）须有本店购物电脑小票或发票。顾客无电脑小票（发票）原则上不退换货。

（2）存在药品质量问题且购物时间不超过七天的，无条件退换货；非药品质量问题的，原则上不退换货。但若有其他特殊情况，如商品经检查质量无异常、内外无破损、包装批号无问题，在确保不影响第二次销售的前提下，若纯属顾客选择误差，经权衡考虑可作换货处理，但互换商品必须遵循换出商品价格等于或略高于换回商品价格的换货原则。

【知识链接】

为了更好的进行售后服务，必须做好事前的预防工作。如公司质量检查部门必须保证由配送中心提供给门店的商品的质量，无假货和劣货；各门店必须定期自查，保证售出药品（商品）在有效期内，无虫咬、霉变、破损、污染等；各门店在销售商品时必须问病售药，对症发药，并站在消费者角度提醒其该药品的使用禁忌、不良反应等。

二、退换货程序

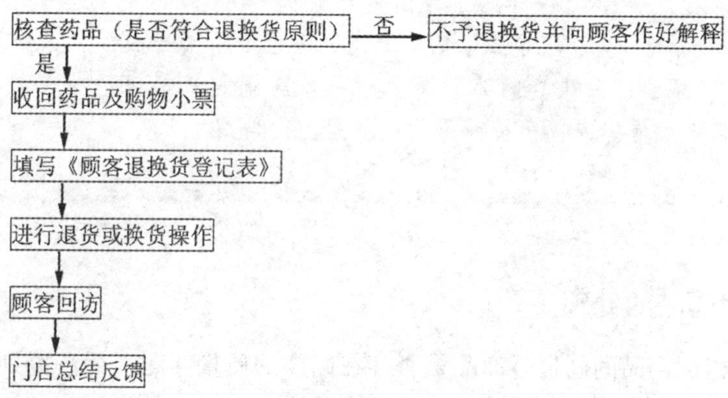

1. 核查

顾客要求退货时，当班负责人核查是否符合退换货原则、是否为本店出售的商品。①核对电脑小票（或发票）。②核对品名、规格、生产厂家、批号（可向采购部或物流配送部查询）等。③检查商品内外包装是否完整、本店专用标价签是否存在、是否在有效期内及商品质量情况。

不符合商品退换货原则的，如非商品质量问题或人为损坏或自购物日至今超过七日（含七日）等情况，不予退货。门店向顾客委婉作好解释，取得顾客的谅解。

2. 当班负责人确认退换货的，输入授权密码，收银员按以下办理

（1）回收电脑小票、发票（已开发票的一定要回收，并在原发票上注明“作废”字样），小票（发票）上还有其他商品的，如顾客需要，可将其他商品开发票给顾客。

（2）填写《顾客退换货登记表》。并按以下操作：①退货操作，用红笔、红复写纸开具销售小票（即红票）并请当班负责人在红票上签名，红票一式三联（一联留底贴在《顾客退换货登记表》背面、一联交给收银员留底、一联交给顾客），将退货的凭证（原始电脑小票或发票、红票中三联中的一联）一起贴在《顾客退换货登记表》的背面。填写《顾客退换货登记表》相关项，退回货款，请顾客签名确认。②换货操作，请顾客重新挑选商品，实行退货、销售操作。

（3）按退换货时间先后顺序，整理《顾客退换货登记表》。每班结束后在《收银交接班本》上记录退换货情况以及退款或收（付）差额情况。

（4）完善《顾客退换货登记表》相关项目（如回访及顾客反馈等工作）。

（5）区域经理每月定期核查《顾客退换货登记表》及退货商品，发现问题及时指正并处理。

【实例分析】

一天，一名顾客走进药店说："我过去在您这里买了3盒'爱活胆通'，服了2盒病就好了。医生说不用再服了。这药是进口的，很贵，我夫妻俩都下岗了，一盒药就是我们家一个星期的伙食费呀！麻烦您给我退掉或代卖掉剩下的那1盒，行吗？"

三、退回药品的处理

（1）检查退回商品的同批号商品是否存在同样的质量问题（无法鉴别的，请商品质量部门核检），将所有不合格商品放入不合格品柜。

（2）填写退货申请单（注明原因），退回物流配送部。

（3）填写《门店商品质量问题报告表》。

四、实训：办理退货或换货

（一）实训目的

学习办理药品退换货的方法、步骤和内容。

（二）考核标准

能正确、快速的办理药品的退换货。

（三）实训内容

（1）电话接听　顾客打电话咨询药品退换货事项时，营业员的态度、应对语言及方法。

（2）办理退货　接待顾客退货。

（3）办理换货　接待顾客换货。

（四）实训过程与方法

模拟退换货现场，由学生两人一组，分别扮演顾客和收银员的角色。

（1）接待顾客电话时，营业员接待的标准话语。

（2）接待顾客来访时，收银员的态度亲切友好、语言规范，初步了解清楚顾客退换货的情况。

（3）核查商品是否符合退换货的原则。

（4）符合退换货要求的商品，按退换货操作步骤进行退换货操作。

（5）整理《商品退换货登记表》，并把相关单据贴在登记表的背面。

（6）检查退回商品的同批号商品是否存在同样的质量问题。

（7）进行用户的回访。

（五）工作记录

根据工作情况，如实填写《商品退换货登记表》（表6－1）

表 6－1　商品退换货登记表

<table>
<tr><td>购买日期</td><td>小(发)票号码</td><td>顾客姓名</td><td>联系电话</td><td>商品名称</td><td>规格</td><td>数量</td></tr>
<tr><td></td><td></td><td></td><td></td><td></td><td></td><td></td></tr>
<tr><td colspan="7">要求退\换货原因（质量情况）</td></tr>
<tr><td colspan="7"></td></tr>
<tr><td colspan="5">处理情况</td><td colspan="2">处理结果（顾客签名）</td></tr>
<tr><td colspan="5"></td><td colspan="2"></td></tr>
<tr><td>接待人</td><td>接待日期</td><td>回访人</td><td>回访日期</td><td colspan="3">回访情况</td></tr>
<tr><td></td><td></td><td></td><td></td><td colspan="3"></td></tr>
<tr><td colspan="2">门店经理</td><td colspan="5">备注</td></tr>
<tr><td colspan="2"></td><td colspan="5"></td></tr>
</table>

第三节　中药来料加工

一、代客加工的条件

有中药煎药机、临方炮制工具的门店。

二、中药来料加工类型

（一）中药代煎

由于对普通消费者而言，汤剂的制备颇为不便，且操作方法掌握不好，难以保证药品质量，故为方便消费者，在某些药品零售门店设有代客煎药的服务。汤剂是将中药饮片加水煎煮一定时间后，去渣取汁制成的液体剂型，主要供内服，少数可作洗浴、熏蒸、含漱用，它是我国使用最早、应用最广泛的一种剂型，目前仍是中医应用的重要剂型之一。

将煎煮得到的汤液进一步加热浓缩至一定稠度，即可得流浸膏。或添加蜂蜜、饴糖等可制成煎膏。汤液浓缩的操作过程即成为煎膏。这种加工要求目前在门店中还比较少见。

1. 汤剂制备的一般方法

（1）冷浸　指将处方中的各味中药加入药量 5～8 倍量的冷水（或浸过药面 1～2 厘米），浸泡约 15～30 分钟。

（2）煎煮　指将浸泡好的中药用“武火”加热至沸腾，再用“文火”保持微沸直至规定的时间。煎煮过程的火力与时间是控制汤剂质量的关键。

（3）过滤 指将煎好的中药进行去渣取汁的操作。必要时可用纱布作滤材进行过滤。

（4）复煎 为保证尽可能多地提取中药中的有效成分，某些中药需重复煎煮数次，成为复煎。

（5）合并滤液 多次煎煮得到的滤液浓度不同，需将其混合均匀后再按服用要求分成数等分单剂量包装。

2. 特殊煎法

为保证汤剂质量，确保疗效，制备汤剂时，某些中药需根据其特性进行特殊处理。

（1）先煎 是将中药先行煎煮一定时间后，再加入其他中药按常规共煎。先煎的中药因加热浸出的时间较长，有利于有效成分的充分提取，或通过长时间的加热以降低中药的毒性。故凡药材坚硬、水不易渗入组织内部的中药如石膏、牡蛎，毒性中药如生半夏、生川乌等，均应先煎。有些中药如火麻仁、天竹黄、石斛等，需先煎才有效，因此也必须先煎。

（2）后下 指其他中药煎煮一定时间后，再加入该药共煎的操作。后下的目的主要是缩短加热时间，以防止有效成分损失、破坏。故需要后下的中药主要是：含芳香挥发性成分的中药如薄荷、砂仁，不宜久煎的中药如大黄、麦芽、神曲、鸡内金等，均需后下。

（3）包煎 指将中药用布包裹后再进行煎煮。包煎目的主要是防止中药悬浮于液面或沉降于锅底不利于煎煮，或防止中药中附着的绒毛状组织落入汤液中刺激咽喉，引起咳嗽。需要包煎的中药有：组织柔嫩、疏松的粉末、花粉、细小的种子，如青黛、蒲黄、苏子、葶苈子；含淀粉、黏液质较多的中药如车前子；附绒毛的中药如旋覆花等。

（4）另煎 指将药材单独煎煮取汁后再兑入其他中药的煎液，合并服用。如人参、鹿茸等贵重中药。

（5）烊化 指将胶质类中药加入其他中药的煎液中。或将胶类中药放入容器中，加入适量开水，加热熔化再与其他中药煎液混合服用。需要烊化的中药主要是胶质类、半固体、水溶性矿物药如阿胶、蜂蜜、芒硝等。

（6）冲服 指某些贵重中药、挥发性极强的中药或不溶解的中药加工成细粉，用其他中药的煎液冲服，以避免煎煮过程中有效成分损失。如麝香、珍珠、三七、人参等均可用这种方法服用。

（二）中药材切片

中药材切片是指将净选后的中药材进行软化处理后，切成一定规格的片、丝、块、段等形状的过程。其操作的目的为了提高煎药的质量，或者利于进一步炮制、调配或贮存。药材切制前需经过润泡等软化操作，使软硬适度，便于切制。但控制水处理的时间和吸水量至关重要。若浸泡时间过长，吸水量过多，则药材的成分大量流失，降低疗效，并给饮片干燥带来不利影响。若饮片厚度相差太大，在煎煮过程中会出现易溶、难溶、先溶、后溶等问题，浸出物将会取气失味或取味失气，达不到气味相得的要求。

（三）中药材或饮片粉碎（打粉或冲粉）

粉碎是借机械力将大块固体物质破碎成适宜大小的碎块或细粉的过程。其操作目的在于：①增加药物的表面积，促进药物的溶解与吸收，提高药物的生物利用度；②有利于进一步制成各种剂型，如散剂、丸剂等；③便于混合、加工及服用；④有利于药材中有效成分的浸出。

药物粉碎的程度依药物的性质、医疗用途及制备的剂型决定。门店中常见的粉碎在粉碎度方面要求不高，主要是某些质地坚硬的中药或种子类中药配方时需要打碎。为方便浸出，一般的中药加工成饮片即可，不需要过度粉碎。但有些中药可能要求有较高的粉碎度，如珍珠要求制成极细粉。也有些顾客为服用方便要求将中药代加工成粉末状。因此在门店为顾客进行中药的粉碎加工，基本的原则是根据中药的用途适当控制粉碎程度。

三、中药来料加工规定

（一）收到需代煎的中药

（1）要向顾客核对、询问来料中药的名称、数量、代煎剂数、顾客姓名、联系电话、取药时间等，作好记录本并由顾客签名确认。

（2）门店按煎药程序操作，将煎好的中药按规定放置。

（3）顾客取药时，出示凭证，发药人员收回凭证，根据记录仔细查对，交代有关事项。

（二）收到需切片的中药

（1）要向顾客当面称量、核对药品的重量，向顾客说明药材切片后可能会有一定的损耗。

（2）得到顾客的认可后，按切片机的操作程序操作。

（3）切片完毕，包装好交给顾客。如顾客需事后取药，则应事前问清顾客姓名、联系电话、取药时间等，作好记录本并由顾客签名确认。顾客取药时需凭凭证取药。

（三）收到需粉碎的中药材或饮片

（1）要向顾客当面称量、核对药品的重量，向顾客说明药材或饮片粉碎后可能会有一定的损耗。

（2）对顾客需要粗粉的，可用冲筒冲打至所需程度；顾客需细粉的则用打粉机粉碎。以上得到顾客认可，按粉碎程序操作。

（3）粉碎完毕，包装好交给顾客。如顾客需事后取药，则应事前问清顾客姓名、联系电话、取药时间等，作好记录本并由顾客签名确认。顾客取药时需凭凭证取药。

（四）其他要求

（1）门店一般不进行外来中药材或饮片的干燥（烘烤）加工，烘（烤）箱只用于切片、粉碎前的处理。

（2）煎药、切片、粉碎均按门店的相关操作程序或规定进行操作。

（3）按规定填写有关记录。

【实例分析】

一天，一名老顾客来药店取代煎的中药，取药时，顺便问了营业员一句，“咦，好像这次的药比以前的颜色要深一些呢？”边说边准备拿药出门，这时，营业员才引起注意，发现由于工作的疏忽发错药给顾客……

第四节　顾客抱怨及投诉处理

一、顾客抱怨投诉的原因

顾客投诉通常是顾客在购买或使用商品过程中对门店、对所购商品本身或门店所提供服务感到不满意，并向工作人员诉求解决办法的一种常见行为。顾客投诉常见的原因如下。

（一）对商品的不满

顾客购买商品是为了满足某种需要，而当商品本身存在质量问题，不能满足顾客的该种需求时，就会引起顾客的不满甚至投诉。

还需要明确的一点是，顾客购买的不仅仅是商品本身，还包括在购买商品时即产生的、对购后所带来利益的期望，当顾客使用商品后，发现商品没有达到预期的心理期望值时，就会抱怨甚至投诉。

顾客对商品效用的需求不仅多种多样，而且会不断变化。即使是购买过程中已基本满意的商品，购买后仍有可能因为价格等其他原因产生新的不满，这种心理感觉达到一定强度时，顾客就可能产生抱怨甚至投诉。

（二）对门店产生的不满

服务场所的设施、设备、购物环境、对顾客的虚假承诺或商品售价与标价不符、药品缺货等给顾客带来不便或造成不好的影响，也可能因此而让顾客对门店产生不满而投诉。

（三）对销售人员的服务不满

包括对销售人员的服务过程不满和售后服务不满。

一般情况下，对服务过程不满而发生的投诉通常在工作人员销售的过程中就可能发生。因销售人员的态度不佳，服务不规范或销售方式不当、甚至是错误的服务等原因，引起顾客不满，如未能及时、正确地处理，使顾客的不满情绪加强，最终将导致投诉。根据调查显示，目前我国企业存在的最大问题依然是服务态度的问题，而且很多客户投诉也都源于这些态度。因此，企业需要重点解决的依然是销售人员在服务过程中提高服务技巧的问题。

对售后服务不满主要是由于售前承诺的服务在商品售出后没有及时落实或落实不到

位，从而导致顾客投诉。

二、处理顾客抱怨投诉的原则

顾客投诉是服务领域中较为常见的现象。处理得当，投诉的问题得到妥善解决，也能增强企业信誉，改善企业形象。处理不当，投诉的问题不能得到妥善解决，会对企业造成极坏影响，而且这种不良影响的传播速度很快，会干扰企业正常的营业秩序，严重的会导致客源的流失，因此工作人员必须重视顾客投诉，积极地寻求解决问题的办法并与顾客达成共识。

（一）保持心情平静

要理解顾客投诉是经营活动中的正常现象，投诉是顾客应有的权利，将心比心，把自己放在顾客的位置思考，就容易理解顾客的行为与观点。

根据调查发现，绝大部分不满意的顾客因为各种原因不会当面向门店投诉，他们会选择向其周围的人去传播这种不满，这种烂苹果效应的结果是对你的产品或服务产生不满的人将增加10倍。这个调查统计分析说明，我们应正确对待顾客投诉，不仅不应该对投诉的顾客抱有敌意，指责顾客投诉，还应对投诉的顾客表示感谢，感谢他们的投诉帮助我们发现自身问题。把顾客投诉看作改进工作、提高工作质量的契机。也许因为企业的原因导致顾客的投诉，但如果这个投诉能得到很好的解决，最终会挽回客户对企业的信任，维护企业的良好形象，把投诉所带来的不良影响降到最低点。从某种意义上来讲，投诉对一家企业来讲可以说是一笔宝贵的财富，至少能最终为企业带来财富。

总之，我们既要重视顾客投诉行为对企业形象的潜在影响，又不必过分激动，保持心情平静，有助于冷静地解决问题，避免处理不当进一步激化矛盾。

（二）有效倾听与道歉

倾听与道歉是处理顾客投诉的关键环节。通过倾听，既要弄清顾客的真实意图，又要及时安抚顾客，防止事态的进一步恶化。

（1）听　想方设法地平息顾客的抱怨，先处理情感，后处理事件。一方面，由于顾客的投诉多数属于发泄性质，只要得到店方的同情和理解，消除了怨气，心理平衡后事情就容易解决了。因此，接待人员在开始面对顾客投诉时，必须耐心地倾听客户的抱怨，避免与其发生争辩，先听他讲，多听少说，让顾客把心中的不满发泄出来。另一方面，顾客投诉时情绪通常容易激动，对投诉问题的表述也可能不够清楚，因此工作人员更加应该耐心、细致地倾听顾客的意见，设法搞清楚客户的怨气从何而来，以便对症下药，有效地平息顾客的抱怨，发现实质性的原因。

（2）问　选择适当时机询问事实情况。应使用各种方法使顾客的情绪平息后，在适当的时候详细询问事实情况，不要在顾客情绪激动甚至愤怒时询问事实情况，这样做容易使顾客的情绪更加难以控制。

（3）道歉　在顾客叙述结束时，接待人员必须站在顾客的立场上将心比心，诚心诚意地对顾客表示理解和同情，承认过失，对所有的客户投诉的处理，都不应先分清责任，而是先表示道歉，“不好意思让您多跑一趟，给您添麻烦了！”这才是最重要的。对顾客真诚地道歉，就能使顾客感到自己的意见得到听者的尊重和重视，激动的情绪逐渐平静下来，为协商解决问题的办法创造条件。

另外，处理人员在与顾客交谈过程中还应注意：①尽量避免在人多的地方接待顾客投诉，应采取“隔离”政策，把顾客带离现场，请到休息室单独处理，以免造成对企业的不良影响；②不要在顾客情绪不稳定时与其发生争论，这样只会更加火上加油，适得其反；③要注意与顾客谈话时的距离，并关切的望着顾客以表示自己的诚恳，用点头等恰当地肢体语言，多用“是的”、“我知道”、“我很理解”等表示认同和肯定的语言，必要时简单重复顾客的意见以表示确实准确地理解了顾客的意见等；④谈话时切忌左顾右盼，表现得心不在焉或者不礼貌地上下打量顾客，盯视顾客躯体的其他部位，这些会加重顾客的抵触情绪，极易导致顾客愤怒，使问题解决的难度加大。⑤营业员应采取诚恳而不卑不亢的态度，可以道歉但注意不要盲目认错。

（三）提供可执行的解决办法

顾客投诉的目的不仅是发泄情绪，而且需要解决问题。因此处理顾客投诉就不能单纯地倾听，而是要积极地想办法，寻求解决之道，但决不能轻易承诺。在耐心倾听完顾客投诉，顾客情绪比较稳定后，接待人员再客观地将事件的全貌及发生时的背景详细地描述出来，以使顾客冷静后能清楚解决问题关键所在。在双方僵持不下时，可以采取把难题丢给对方的方法，态度诚恳的询问“您希望我们怎样处理呢?”，化被动为主动。在劝导顾客时，最好举出三个理由来说明，因为三点内容最容易留存在人们的记忆里。

同时，确定解决问题的办法应遵循以下几个原则：一是要为顾客帮助我们发现问题表示感谢；二是必须是可执行的，超出执行能力范围的办法因不能实施而没有任何意义，办法再好但顾客不认可也不能解决矛盾；三是必须取得顾客的认可。

（四）明确职责权限

一般情况下，顾客向门店投诉，由店长或领班负责处理，遇到解决不了的问题，应及时上报区域经理解决。如果顾客向总部投诉，接待人员应及时将一般问题交由区域经理处理，重大问题需及时报公司相关部门协助处理。

三、处理顾客抱怨投诉的方法

（一）顾客直接投诉的处理

处理顾客直接投诉的要点是：①仔细倾听顾客的投诉内容，不要打断其说话或立即予以反驳，让顾客讲清楚问题，便于进一步处理；②听完顾客投诉后，应向顾客表示歉意，并针对事件的原因加以探讨、判断，同时婉转地向顾客说明、解释，以取得顾客的理解与谅解；③针对问题症结加以说明，接着提出合理的解决办法，为避免顾客更为不满，一定要多考虑顾客的立场而使事情得以圆满解决。

处理过程中应根据顾客的陈述预测顾客的心情和需求，以设定期望值，提供选择方案。常用的解决方案如下。

（1）药品质量造成的投诉　向顾客诚恳地道歉；按顾客要求替顾客退货或换货，奉送给顾客一份礼品；药品造成顾客的物质损失、人身伤害和精神损失，应按有关规定适当给予赔偿和安慰；仔细调查发生药品问题的原因，清查核对同批号的药品，杜绝类似事件的再度发生。

（2）因药品使用不当造成的投诉　诚恳地向顾客道歉，如果确由店方的责任让顾客受损，应予退换，如果顾客不接受退换，店方应给予一定的补偿和安慰。如确由顾客使用不当而造成，切忌“得理不让人”。

（3）因服务态度不佳造成的投诉　这类投诉往往没有确凿的证据，同时也与顾客的不同心理感受有关，所以这类抱怨处理起来比较困难。但有一点必须明确：正常人不会无缘无故的抱怨，所以，只要产生了这类抱怨，药店就必须承担责任，并作出相应处理：①店经理听完顾客陈述后，向顾客保证今后一定加强对药品销售人员的教育，杜绝类似情形的再度发生；②经理陪同当事人当面向顾客赔礼道歉，以期获得谅解；③加强对销售人员的优质服务教育，并建立相应的监督机制。

（4）重大投诉　如药物不良反应、药疗事故等，请公司领导协助处理。

（5）无法当场解决的投诉　有些顾客可能对任何的处理结果都不接受，此时应感谢顾客投诉，并态度婉转地留下顾客资料，承诺在最短时间内给予答复解决，这样可能缓解顾客的不满情绪。如需要用信件处理，应注意措辞一定要恭敬有礼，无错、漏字，直接进入主题，先向顾客致以诚恳的歉意，然后叙述事件的来龙去脉，肯定顾客的意见有建设性，将门店需要说明的事件详加解释，再次道歉；最后把门店的处理方法说明，以利顾客决定。必要时可由主要责任人员前往道歉，以表示公司处理事情的诚意，并希望能借此让顾客对公司产生好感，使问题得以缓和解决。如顾客不接受处理意见继续与对方商讨解决方案，至达成协议，再向上级汇报。

（二）电话投诉的处理

顾客投诉的电话应由店长或领班接听，用礼貌的言语向顾客道歉，平息顾客的情绪，如在电话中未能处理解答，应及时做好相关记录（切记应留下顾客的电话号码），并在24小时内跟踪处理。如门店不能解决，应及时上报上级领导。

处理顾客电话投诉的具体步骤是：准备做好投诉记录──→介绍自己及询问对方称呼──→聆听对方所反映的问题及意见并作相关记录──→向顾客道歉以缓和对方情绪──→向顾客解释公司对该问题的一贯立场和处理方法──→向顾客承诺了解情况并作出处理后再作答复──→感谢顾客及时反映问题──→把问题交给有关人员负责跟进处理──→跟踪问题处理结果──→回复顾客并再次向顾客致歉及道谢──→投诉记录归档。

【实例分析】

一个曾经在本药店购买过“曲美”的顾客怒气冲冲回来投诉说她在服用曲美一盒后，体重不但一斤都没有减轻，反而比服用前重了一点。

四、服务标准话术

（一）向顾客道歉：

标准用语："请问有什么可以帮到您?"；"对不起，让您多跑一趟。"

服务要领：关心顾客的神情，避免因害怕顾客抱怨而回避。

（二）聆听顾客，并作出回应

标准用语："好的，好的"；"是的，是的"；"嗯"；"噢" 等。

服务要领：诚恳、耐心地聆听顾客诉说，点头回应，不打断顾客，挖掘顾客真正的不满意和需求。

（三）再次向顾客致歉并说明情况

标准用语："真的对不起，给您添麻烦了!"；"您使用×××商品，出现这种情况是……"。

服务要领：重视顾客的问题，耐心说明情况，避免让顾客感觉推卸责任。

（四）协助解决顾客的问题

标准用语："这个问题我们将立即……请您先停止使用，改用……"。

服务要领：专业地协助解决问题。不能直接将厂商的电话告知顾客。

（五）向顾客道谢

标准用语：感谢您对我们的信任！谢谢您将这个信息反馈给我们！谢谢！

服务要领：态度诚恳地致谢，重新树立顾客的信任。

五、实训：处理投诉

（一）实训目的

学习接待顾客投诉并能够独立处理投诉。

（二）考核标准

能根据顾客投诉完成《顾客投诉登记表》的填写，并给出处理意见。

（三）实训内容

（1）掌握接待顾客投诉的一般操作流程。

（2）填写《顾客投诉登记表》。

（四）实训过程与方法

模拟投诉现场，由学生两人一组，分别扮演顾客和接待人员的角色。

（1）接待人员接待顾客投诉时，态度应亲切友好、不卑不亢，语言规范。

（2）认真倾听，初步了解清楚顾客投诉的原因。

（3）进行登记作好记录，填写相关表格，并表明态度。

（4）与顾客协商解决，对处理意见达成共识。

（5）整理《顾客投诉登记表》。

（6）进行用户的回访。

（五）工作记录

根据工作情况，如实填写顾客投诉登记表（表6－2）

表 6－2　顾客投诉登记表

<table>
<tr><td colspan="2">投诉日期</td><td colspan="2"></td><td colspan="2">顾客姓名</td><td colspan="2"></td><td colspan="2">顾客电话</td><td colspan="2"></td></tr>
<tr><td colspan="12">投诉内容</td></tr>
<tr><td colspan="12">处理结果及建议</td></tr>
<tr><td colspan="12">顾客意见（签名）</td></tr>
<tr><td>接待人</td><td colspan="2"></td><td colspan="2">接待日期</td><td></td><td>回访人</td><td colspan="2"></td><td colspan="2">回访日期</td><td></td></tr>
<tr><td>回访情况</td><td colspan="5"></td><td>备注</td><td colspan="5"></td></tr>
</table>

（袁　玲）

下　篇

业务拓展

第七单元　药店的开办与选址

【学习目的】

通过本章的学习，能让你知道如何去选择门店的地址及如何去办理开店的手续？为自己今后创业打下基础。

【知识要求】

掌握开办药店所必须具备的条件及选择门店地址的基本原则。

了解医保定点药店的条件及药店位置对经营的影响。

【能力要求】

能独立进行药店的选址及开办的申报工作。

第一节　药店的开办

一、申请开办药店的手续

1. 开办药店的条件

根据《中华人民共和国药品管理法》（以下称《药品管理法》）第十五条的规定，开办药品经营企业需要具备如下条件：

（1）具有依法经过资格认定的药学技术人员。

（2）具有与所经营药品相适应的营业场所、设备、仓储设施、卫生环境。

（3）具有与所经营药品相适应的质量管理机构或人员。

（4）具有保证所经营药品质量的规章制度。

2. 开办药店的申报审批程序

第一步：申请。开办药品零售企业，申办人应当向企业所在地的县级以上地方药品监督管理机构提出申请。受理了申请的药品监督管理部门自收到申请之日起 30 个工作日内，依据有关规定，结合当地实际（如常住人口数量、地域、交通状况等）进行审查，做出是否同意筹建的决定。

第二步：申请《药品经营许可证》。申办人在规定时间内完成企业筹建后，则应向原审批机构申请验收。原审批机构自收到申请之日起 15 个工作日内，根据《药品管理法》第十五条规定的开办条件组织验收，符合条件的，发给《药品经营许可证》。

第三步：凭《药品经营许可证》到当地工商行政管理部门办理登记注册。一般的程序是申请、审查核准、发照。即申请者首先向当地工商行政管理部门报送开业申请登记表，由工商部门进行核查，审查合格后颁发营业执照。

营业执照是营业单位从事生产与经营活动的凭证，凭营业执照才可以刻制企业的公章、开设账户，在核准登记的范围内从事经营活动。

第四步：《药品经营质量管理规范》认证（GSP 认证）。新开办的药店，应当自取得《药品经营许可证》之日起 30 日内，向其发证的药品监督管理部门或者药品监督管理机构申请 GSP 认证。受理药店认证申请的药品监督管理机构自收到申请之日起 7 个工作日内，将申请移送到负责组织药品经营企业认证工作的省、自治区、直辖市人民政府药品监督管理部门。省、自治区、直辖市人民政府药品监督管理部门自收到认证申请之日起 3 个月内，按照国务院药品监督管理部门的规定，组织对申请认证的门店进行认证，合格后发给认证证书。

3. 办理换发许可证的程序

《药品经营许可证》应当标明有效期，到期后由原发证机关重新审查发证。《中华人民共和国药品管理法实施条例》（以下称《药品管理法实施条例》）中规定：《药品经营许可证》有效期为 5 年。有效期满，需要继续经营药品的，持证企业应当在许可证有效期届满前 6 个月，按照国务院药品监督管理部门的规定申请换发《药品经营许可证》。

4. 办理经营许可证变更程序

门店在《药品经营许可证》有效期内，因种种原因需要变更企业名称、法定代表人、经营范围、经营方式、地址等许可事项的，应当在许可事项发生变更前 30 日，向原发证机关申请《药品经营许可证》变更登记；未经批准，不得变更许可事项。原发证机关应当自收到企业申请之日起 15 个工作日内做出决定。申请人凭变更后的《药品经营许可证》到工商行政管理部门依法办理变更登记手续。

药店终止经营药品或者关闭的，《药品经营许可证》由原发证机关缴销。

二、基本医疗保险定点药店的申报与管理

1. 什么是基本医疗保险定点药店？

基本医疗保险定点零售药店是指经统筹地区劳动保障行政部门审查，并经社会保险经办机构确定的，为城镇职工基本医疗保险参保人员提供处方外配服务的零售药店。处方外配是指参保人员持定点医疗机构处方，在定点零售药店购药的行为。

2. 申报基本医疗保险定点药店的条件

申报医保定点零售药店除符合区域规划设置要求外，还要具备以下条件：

（1）取得《药品经营许可证》、《营业执照》，达到国家《药品经营质量管理规范》的标准，获得 GSP 认证证书。

（2）遵守《药品管理法》及有关法律法规，有健全和完善的药品质量保证制度，进药渠道正规，能确保供药安全、有效。

（3）严格执行国家和省、市物价管理部门规定的药品价格政策、法规，经物价管理部门监督检查合格。

（4）具备及时供应基本医疗保险药品目录内的药品、24小时提供服务的能力。

（5）具有整洁的营业场所，营业用房使用面积在60平方米以上，具备与医疗保险经办机构微机联网的条件。

（6）定点药店应配备1名以上专职执业药师，能保证营业时间内至少有1名药师在岗，营业人员需经培训取得合格证书，并在执业药师或药师指导下提供服务。

（7）严格执行基本医疗保险有关规定，有规范的内部管理制度，配备符合基本医疗保险规定的相应的管理人员和设备。

3. 基本医疗保险定点药店审查和确定的原则

基本医疗保险定点药店审查和确定的原则是：能保证基本医疗保险用药的品种和质量；引入竞争机制，合理控制药品服务成本；方便参保人员就医后购药和便于管理。

4. 基本医疗保险定点药店的申请

愿意承担城镇职工基本医疗保险定点服务的药店，应向统筹地区劳动保障行政部门提出书面申请，并提交有关材料，供资格审查使用。统筹地区社会保险经办机构在获得定点资格的药店范围内确定定点零售药店，统发定点零售药店标牌，并向社会公布，供参保人员选择购药。

5. 对基本医疗保险定点药店的管理

（1）社会保险经办机构要与定点零售药店签订有关协议，包括服务范围、服务内容、服务质量、药费结算办法以及药费审核与控制等，明确双方的责任、权利和义务。协议有效期一般为一年。任何一方违反协议，对方均有权解除协议，但必须提前通知对方和参保人员，并报劳动保障行政部门备案。

（2）定点零售药店应配备专（兼）职管理人员，与社会保险经办机构共同做好各项管理工作。对外配处方要分别管理、单独建账。定点零售药店要定期向统筹地区社会保障经办机构报告处方外配服务及费用发生情况。定点零售药店有义务提供与费用审核相关的资料及账目清单。

（3）定点零售药店应设立基本医疗保险用药专柜，实行专人专账管理，并将专柜药品与其他药品的购、销、存业务分开管理。参保的药品单独采购，分开存放，专人销售，并单独建账。定点零售药店应用微机与统筹地区社会保险经办机构实行联网，按规定向有关部门发送数据信息和报表。定点零售药店还应在完善原有规章制度的基础上，建立相应的台账记录，如处方外配记录、非处方药自购记录、顾客意见簿等一些台账记录。

（4）外配处方必须由定点医疗机构医师开具，有医师签名和定点医疗机构盖章。处方要有药师审核签字，并保存二年以上以备核查。

（5）定点零售药店严格规范管理进货渠道，保证提供基本医疗保险用药目录的品种和数量。参保人员可持基本医疗保险IC卡和外配处方，到定点零售药店购药。如一旦发现出售假药、劣药，社会医疗保险机构可拒付或取消其定点资格，所售药价格高于国家定价的差价部分社会医疗保险机构应予扣除。

（6）劳动保障行政部门要组织药品监督管理、物价、医药行业主管部门等有关部门，加强对定点零售药店处方外配服务和管理的监督检查。要对定点零售药店的资格进行年度审核。对违反规定的定点零售药店，劳动保障行政部门可视不同情况，责令其限期改正，或取消其定点资格。

第二节　药店的选址

药店选址是企业市场开发的一个重要环节，也是药品经营者必须掌握的一项技能。药店选址的重要性体现在以下几个方面：

（1）药店选址的目的其实就是企业目标市场的选择　药店选择的营业地点不同，意味着企业将面对不同的客户群体，因此，药店选址其实就是选择目标市场。首先是较大范围的目标市场选择，其次是药店营业地点的较小范围的目标客户选择。

（2）药店选址关系到企业的经营目标和经营策略　处于不同目标市场的目标客户其购买力、受教育程度、疾病类型和发病率状况均不同，这些因素也决定着药店的经营目标和经营策略的不同。

（3）药店选址关系到企业的经营绩效　企业的经营业绩主要受经营成本和营业收入的影响。处于不同地理位置的药店其运输、管理等经营成本不同，受目标客户购买力和发病状况等诸多因素的影响，其营业收入也不同。因此，处于不同地理位置的药店其经营绩效会存在显著差异。

（4）药店选址与企业的管理水平与管理能力有关　对于药品零售连锁企业来说，其门店数量越多，地理位置越分散，对其进行有效管理的难度就越大，用于协调控制的成本也就越大。门店数量越多越分散，企业的经营风险就会越大。因此，企业的门店选址还必须要考虑到企业的管理能力。

一、药店位置类型及对药店经营的影响

1. 商业中心

地处繁华商业地带，如有大型百货商场、影剧院、餐饮店、专卖店云集的地方，可满足顾客不同需求，顾客流量大，商圈影响范围可覆盖整个城市。这里寸土寸金，租金昂贵，但是营业额也高。在商业中心开设药店，一般要做到品种齐全，装修精致，卫生条件好，服务周到，可以迅速扩大药店的知名度。

2. 一般商业街

现有药店中，其营业面积多在 400 平方米左右，经销品种 10 000 余种，这种规模的药店数量最多，竞争也最激烈。

3. 医院附近

医院附近一般是药店竞相进入的黄金地带，在实行医疗体制改革，医药分家的政策以后，药店低成本的竞争优势更加明显。但是这里竞争对手很多，市场的剩余容量是药店必须考虑的因素。

4. 郊外型店铺

这类门店营业面积多在 1000 平方米以上，有的甚至超过 3000 平方米，销售商品达二

三万种，品种丰富、价格低廉，基本上可以满足顾客除去生鲜食品之外日常生活必需的一站式购物需求。这里租金低，竞争对手少，容易扩大规模，但是不易吸引远方顾客，必须有供开车顾客停车的位置。这类店中药品只占其经营品种的一小部分。

5. 店中店

在大型超市中开“店中店”式药店，药店可以节省选址的费用和精力，经营的部分费用还可以和超市共同负担。药店一定要选择已开店中信誉较好，知名度较高，营业额可观的超市，分享客流，并依托其强大的网点和配送中心不断发展，融入超市先进的管理方法中。店中店经营的一般为乙类非处方药和保健品，经营面积小，适用于独立开发市场有一定难度的企业。药店租金的给付方式有：直接交纳固定租金；以销售收入的一定比例交纳租金；药店和超市共同出资经营等。

二、药店地址选择的原则

1. 顾客流量大且稳定

（1）人口密度高，居民集中、稳定，有多样化的需求。

（2）处于客流量大的临街铺面。

（3）交通便利，旅客上下车最多的车站或主要车站附近，顾客到达店铺的步行距离短。

（4）接近人们聚集的场所，如大型商场、影院附近等。

2. 药店地址的选择与其经营规模及品种相适应

小规模的药店，地址不宜选择在繁华的商业区；规模大且品种齐全药店的地址不宜选择在人口密度小且交通不便的地方。

3. 药店地址的选择要与药店的经营目标一致

药店地址的选择要与企业未来发展战略、市场策略、管理水平、资金状况等相适应。

4. 药店地址的选择要充分考虑与周围药店的相关性和互补性

一般来说，相关店少而互补店较多的区域比较合适。

三、药店选址应考虑的因素

1. 客流量

一般来说，客流分为现有客流和潜在客流，药店最好设在潜在客流量最多，最集中的地点，以方便人们就近购买。商业中心、医院附近、大型社区是药店选址的黄金地段。这里客流量大，稳定、交通方便，药店可分享一部分从临近的商店或所在超市商场分流的顾客，投资容易在短期内收回。缺点是这里竞争对手多，经营费用高。

2. 交通因素

门店应接近主要公路，方便配送中心送货运输。店外具备必要的送货用停车设施，如果是大型药店，还要考虑为开车顾客安排停车位置。一般而言，药店不应设在交通主干道上，停车不方便，设立的防止行人横穿马路的隔离栏会对客流产生阻隔，快速行驶的车辆也会使行人望而却步。

3. 购买力因素

门店应与所在商圈的购买力水平相适应。在高级住宅区里就不能设小型便利商店，在一般住宅区就不能设高档饰品、珠宝商店。商圈内的购买力水平取决于商圈内的经济结构是否合理，经济的稳定性如何，居民收入的增长程度。同时，购买力也决定了当地的租金水平。

4. 分店与配送中心的关系

要考虑供应系统（配送中心）是否有能力为新开店供货。对于药品零售连锁企业而言，在一个城市中的所有分店应均匀分散在以配送中心供应能力为半径的圆内，方便配送中心送货，减少运输成本，并可调剂各分店药品余缺。

四、连锁药店总店与分店的选址

药品零售连锁企业具有集中采购分散经营的优势，是我国药品零售发展的总趋势。因此，对零售连锁企业门店的选址在此作进一步分析。

1. 总店

总店要选择在商业活动频率高，客流量大，云集众多百货商场、超市，专卖店等，人们休闲购物聚集的场所；店铺要面向主要街道，营业面积大，设施完备，药品齐全，能满足不同人群的用药保健需求。

2. 分店（门店）

分店要选择在一般商业街、居民小区、职工宿舍区、旅游景点、车站附近或大型超市内部。经营常用中西成药、保健品，方便群众就近买药。也可在少年宫、儿童乐园、学校附近开儿童药店，在老年人活动场所开老年人常用药品及保健品专卖店。竞争对手少，互补店较多。

五、药店选址的过程与方法

1. 制定选址标准

在制定选址标准时，越具体越好。标准包括：

（1）营业面积和结构如为连锁药店分店，装修后要与连锁企业的形象相统一，实现经营的标准化；

（2）每个月的租金计划及租金的给付方式；

（3）交通的便利状况、人流的密集程度、顾客的消费水平、投资的回收计划等。

2. 根据标准选定几个欲开店地点，对其周围环境进行详细的实地观察

表 7－1 详细地列出了实地考察的项目。例如对客流量的考察，将考察时间分为周一至周五，周六和周日，法定节假日 3 个部分。对每个部分，早上 8 点至晚上 10 点，以 2 个小时为时间间隔，15 分钟为一个计量单位，统计各欲开店实际经过的人数车数。将人数车数换算成 2 个小时为单位的人潮流动数。如：以 15 分钟为抽样点得该抽样点人数为 y，$y \div 15 \times 120 = Z$，Z 就是其 2 个小时可能的人潮流动数。将数字依时段填入“人潮流动抽样表”，将人潮流动抽样的数字以线图表示“人潮分布图”。

表 7-1　药店选址实地调查表

欲开店地址				
商圈类型	商业中心	一般商业街	居民小区	其他
欲营业时间	周一至周五	周末		节假日
	早　　点至	早　　点至		早　　点至
	晚　　点	晚　　点		晚　　点
客流量		工作日	周末	节假日
	早上时间段客流量			
	中午时间段客流量			
	晚上时间段客流量			
交通情况	道路条件			
	街道情况			
租金一般为	每平方米　　　元			
周围竞争店	店名	店名	店名	店名
	与本店距离	与本店距离	与本店距离	与本店距离
	营业面积	营业面积	营业面积	营业面积
	营业人数	营业人数	营业人数	营业人数
	年营业额	年营业额	年营业额	年营业额

3. 对欲开店本身进行评估

评估的内容包括：

(1) 欲开店是否有明确的地址，附近是否有明显的路标，是否有助于消费者寻找。

(2) 店铺内含有哪些设施，水电等常用设施是否完备。

(3) 店铺的所有权是否确认。

(4) 需要多少时间腾空店铺才能交付使用。

(5) 店铺外表面是否有利于架设店牌。

(6) 店铺有几层，高度是否有利于摆放药品。

(7) 店铺的采光度如何。

(8) 店铺是否被租用过，以前的用途，前任租用人的职业，放弃租用的原因。

(9) 房屋主人的职业、现住址及信用，是否会大幅度的上调租金。

(10) 店铺周围的商店的性质，是否对药店的形象造成不利。

(11) 邻店的商德如何，是否会影响本店的正常销售，经营范围和定位是否和欲开店冲突。

(12) 店铺所在地是否在配送中心的送货路线上。

(13) 店铺的租期及租金给付方式，因不可抗力责任的归属。

欲开店硬件设施状况评估表（表 7－2）列出了其中对硬件设施的考察内容。

表 7－2　欲开店硬件设施状况评估表

地址				
商圈类型	商业中心	一般商业街	居民小区	其他
建筑条件	楼层数		面积	
	屋龄		外观新旧程度	
店面使用状况	未使用		已使用　　年	
基础设施	水	电话	电流	空调
一般条件	天花板性质、材料	地面性质、材料	墙壁的性质、材料	防火设施
停车场	无	门口可停		收费
招牌广告	长	宽		高
租金	每年　　元，每月　　元		给付方式	
押金	元		给付方式	
联系人			联系电话	

4. 选择欲开店附近的住户进行入户访问

访问的内容主要有：顾客所希望的营业时间，是否需要 24 小时服务，需要哪些免费服务，经常购买的药品的种类、价格水平等。

5. 进行对欲开店的投资和收益分析

药店的投资包括租金、押金、折旧费、水电气费、上缴的管理费、销货成本、装潢费用、设备费用、贷款利息、制作广告费。对药店的收入进行预算是对主要进行营业额评估和财务状况评估，计算出预计营业额，损益平衡点销售额和经营安全率。

营业额的欲估方法：

营业额＝预估来客数×预估人均消费额

欲估来客数参考商圈内同类商店的来客数；欲估人均消费额参考商圈内同类商店的水平；营业额欲估值和损益平衡点营业额做比较，若前者高于后者，则药店开张后可赢利。

$$\text{损益平衡点销售额} = \frac{\text{固定费用}}{1 - \text{变动费用/计划营业额}}$$

经营安全率，用来衡量欲经营药店的经营状况，计算公式为：

$$\text{经营安全率} = 1 - \frac{\text{损益平衡点销售额}}{\text{预计销售额}} \times 100\%$$

经营安全率达 30% 以上为优秀店，20% ～30% 为优良店，10% ～20% 为一般店，10% 以下为不良店。

6. 将各地点的欲估情况做成营运条件评估比较表

通过表 7－3 的营运条件评估表，对各项数据加以比较，作出最优选择。

表 7－3　营运条件评估表

评估内容	A 地点	B 地点	C 地点
欲开店地址			
租金			
押金			
预估营业额			
损益平衡点营业额			
经营安全率			

（梁春贤）

第八单元 药店营业场所的设计

【学习目的】

通过本单元的学习，让你掌握药店的店面设计、药店内部布局、药店环境设计的基本原则和常用的设计方法；并能独立进行招牌、橱窗、店内布局的设计。

【知识要求】

掌握药店的店面设计、橱窗设计、药店内部布局、药店环境设计的基本原则和常用的设计方法。

熟悉药店店面设计类型、药店出入口设计类型、橱窗设计类型、货架类型、柜台布局类型及照明的类型。

了解色彩、温湿度、背景音乐、气味等在药店经营场所设计中的应用。

【能力要求】

熟练招牌、橱窗、店内布局的设计的原则和方法。

能进行招牌、橱窗、店内布局的设计。

第一节 概 述

药店营业场所的设计是药店经营管理过程中的一个重要环节，是药店递给消费者的第一张“名片”，决定消费者对药店整体印象的初次评价，并影响药店的声誉和销售额，是药店取得良好社会效益和经济效益的有效手段，因此药店经营场所的设计，近年来备受业内人士的关注。

一、药店营业场所设计的重要性

良好的药店营业场所设计不但可以吸引消费者的眼球，激发他们的购买欲望，进而产生购买行为，而且还可以提升竞争力，吸引合作伙伴，留住店内人才。

1. 增加现场宣传效果，促进药品销售

药店营业场所是药店对自我宣传的有效载体，良好的营业场所设计就是一幅经典的广告宣传画，科学合理的布局，符合消费者心理诉求的协调色彩渲染，琳琅满目的商品，恰到好处的陈列，这些都会起到良好的现场宣传效果，可以招徕顾客，让人驻足不前，激发购买的欲望，产生购买行为，从而促进药品的销售。相反，假如药店不注重营业场所的设计，或者设计过于平淡无奇，就很难凸现本身的风格，难以吸引消费者，这样的店面销售量自然也不会高。

2. 提升行业内的竞争能力

药品销售是一种买方市场条件下的销售，消费者对购药有自主选择权，而且现在药店数量较多，品种和价格差别不大，行业内的竞争非常剧烈，在这种情况下形象较好的药店往往有较强的吸引顾客能力，使其在竞争中取胜。

3. 增加对合作伙伴的吸引力

良好的营业场所设计可提高药店在社会的知名度和美誉度，增加合作伙伴（如：药品制造商、医药经销商）的吸引力，得到他们的信任和支持，以便在进货折扣，付款方式上得到优待。

4. 提高工作效率，吸引人才

科学合理的环境布局，一方面可以方便顾客的购买，另一方面可提高员工的工作效率。现在药店的面积往往比较大，一名员工管理的范围较宽，劳动强度较大，如果环境布局再不合理，会增加店员的工作负荷，而合理的环境布局有效提高了他们的工作效率，可一定程度地为员工减压，此外药店的良好形象还可以吸引优秀人才加入，使员工有一种自豪感，从而为药店创造更好的经济效益。

二、药店营业场所设计的宗旨

药店营业场所设计应从以下几方面入手：

1. 顾客至上

顾客至上是药店的服务宗旨，顾客是药店开展经营活动的核心，因此药店营业场所设计也应围绕这一核心进行。随着社会的不断发展，人们在消费习惯上也有了很大的改变，人们到药店不再是一种单纯的购药行为，而希望能兼顾休闲、社交、自我保健知识获取等方面社会活动，对于购物环境的舒适度也提出了更高的要求，他们追求的是一种高品质的完善服务，因此药店不能再停留在过去卖药的层次，而应与时俱进，提供能满足顾客要求的优质服务。

2. 具有鲜明的企业特色

药店营业场所设计应突出企业经营药品的特色，给目标顾客一个恰当的信号，更为有效地吸引目标顾客。例如：老百姓大药房，是全国连锁的平价药店，它提出挑战药价虚高，倡导平价，在药店营业场所设计上体现的也是一种老百姓般的朴实形象，具有很好的亲和力，因此该企业能在短短的几年一跃成为全国药品零售业中的佼佼者。

3. 利于经营管理

药店营业场所设计要科学，要能够合理地使药店经营各环节，环环相扣，药店各部分设置，要做到人员能发挥最大效用，能节约劳动时间，提高工作效率，降低运作成本，利于经营管理。

三、影响药店营业场所设计的因素

药店营业场所设计，不但要能快速吸引消费者眼球，而且要让人有跃跃欲试探究其中的感觉，这是每个药店的设计初衷。影响设计的因素很多，主要有以下几个方面：

1. 受行业管理体制的要求影响

药品作为特殊的商品，它在行业管理中也有特殊的要求，如：我们国家的《药品管理法》及《药品经营质量管理规范》即（GSP）中对药店的管理都有相应的要求，特别是 GSP 中对不同经营规模的药店的经营面积及仓库面积有明确要求，对药品的分区分类管理也作了要求，因此药店的营业场所设计首先要符合法规要求，这是最基本的。

2. 受目标顾客层次的影响

药品是大众消费品，药店所处地理位置不同，目标顾客的要求也不一样，假如一家设在高档社区的药店环境就不能设计得太差，否则这一地区的消费者，可能因店面环境太差而不愿光顾，觉得与自己身份和消费层次不符；相反在乡镇，由于目标顾客追求的主要是经济实惠，如果药店环境设计得与该地区消费水平差距太大，他们也会有一种高不可攀心理而少有人光顾。曾有在乡下工作的学生谈及，某一药店老板在镇上开了一家药店，装修不错，光洁的瓷砖地面与外面的泥地形成了鲜明的对比，结果买药者生怕弄脏地板而脱鞋进店买药，有些人怕麻烦干脆就懒得到店内消费，由此可见药店的环境设计必须考虑消费者的层次，这个度把握不当，非但起不到应有的效果，还会产生负面影响。

3. 竞争因素的影响

药品作为人们赖以生存的物品之一，是大众的消费产品，正因为它对人们生活的重要，进入此行来的商家也越来越多，竞争越来越剧烈，药品销售进入了微利时代，利润微薄到了价格无可再降之地步，因此为了在无硝烟的战争中取胜，各药店挖空心思想招术，药店环境场所设计也因此越来越受重视，特别是近年，已成为业内备受关注的热点，很多药店已意识到，优良的环境，是为企业带来良好经济效益，吸引顾客的重要措施。

第二节　药店店面设计

药店的店面犹如人之脸面，是药店吸引顾客的第一环节，设计新颖、有个性的店面设计会使消费者驻足，相反设计平淡无奇，产品陈列杂乱无章的店面顾客会产生不满，而不愿到这样的店内消费。

一、药店店面设计的原则

1. 突出行业特点

人们购买药品主要是为了医疗和保健，药品销售与其他销售不一样，在药品的售前、售中、售后服务环节都应体现专业服务。如售前服务可设立医药知识宣传栏，热销药品介绍栏，通过这些栏目为消费者获得保健知识及用药指导服务；在售中及售后可通过执业药师咨询为消费者解除疑问，进行用药指导和保健指导，使消费者觉得药店并非单纯的购药场所，也是保健知识获得的地方，从而增加药店的聚客能力，培养顾客对药店的忠诚度。

2. 形成自我风格

药店应考虑自身经营药品、种类、规模、特点，使之与店面外部形式相结合，在此基础上突出自己的特色，形成自我风格，向顾客显示特殊形象，以区别于竞争者。如某些百年老店，装修得古色古香，突出了该店的悠久历史。

3. 稳中求变的外观装饰

药店店面设计在开业时风格定下来后一般情况大局不变，但随着各种经营活动的进行，店面的设计还是需要稳中求变，以不断吸引消费者，给消费者一些新意。这些变化可结合销售活动进行，如 POP 广告、活人广告、门面彩旗、气球装饰、橱窗布置，此外还可通过广告牌、霓虹灯、灯箱、电子屏广告等形式来改造店面的外观装饰。

4. 要有较高的能见度

药店外观的能见度，是指步行或驱车行人能清晰看到药店外在标志的程度。能见度高消费者可快速获取药店信息，也较易给人留下深刻印象，可提高药店的知名度，吸引顾客，增加药品的销售量；相反，有些店能见度较低，到了门前也难以觉察，更不用说吸引顾客，这样的店面销售量可想而知。曾有这样一事，一位朋友到上海学习，欲购买风油精，周边找了几天没发现药店，只好问门卫，门卫的回答让她大吃一惊，门卫说就在隔壁，她一看才发现除了挂着的绿十字表明它的药店身份外，没有别的标识，进到店内并无其他顾客，十分清淡。由此可见药店的能见度对药店的经营效益还是有很大影响的。

5. 药店店面风格必须与经营的药品品位相一致

药店的店面装饰必须与经营药品的品位一致。经营药品档次较高，则药店店面的装饰也必须较为考究，如销售贵重药材为主的参茸店一般装饰都十分讲究。相反，经营的药品价格低，装饰的档次也相应降低，如平价药店、城乡结合部、乡镇的药店，销售的药品一般档次较低，因此在装饰上要注意不要太过于奢华，否则会让消费者望而却步。

二、药店店面设计的类型

药店店面各企业依据自己的特色不同进行设计，通常风格迥异，主要有以下几种类型。

1. 现代风格和传统风格

现代风格的药店让人有一种与时俱进的现代化感受，现在城市中一般药店都是采用此风格设计，简洁、鲜明、流畅的现代化设计与现代化城市的步伐协调一致，紧跟时尚。

传统风格的药店往往让人仿佛又回到了悠远的古代，透着中华传统中医药的气息，一般是经营贵重中药材的店或百年老字号的药店采用此风格。如北京同仁堂、杭州胡庆余堂、各大城市的参茸专营店采用这种风格。

2. 豪华型和简朴型

豪华型的药店经营的产品往往都是质优价优的，一般在繁华市中心、高档社区中开设的药店采用豪华型风格。

简朴型药店经营的产品一般是平价的，地处城乡结合部或乡镇的药店，这些消费者讲究的是经济实惠，装饰的简朴给他们的信息是实在，因此消费者往往对药店的消费也比较放心，认为药店不追求华丽，把实惠让给老百姓，药价不会虚高。

3. 规模大和规模小

规模大的药店在设计时首先要注意店面的宽广度，店面宽广有一种开放感，使购买者有一种自由畅快的购物感受。同时也要纵深度，但纵深度过长会让人有进到洞穴难找到出口的感觉，影响购买欲望。

规模小的药店要根据本身店面形状及特点进行灵活设计，先以深度为主，然后再考虑宽度和高度。

三、药店出入口设计

药店的出入口设计要以方便顾客购买为基本原则，据有关调查研究证明，人有靠右走的潜意识，使用右手的人较多，视力右眼比左眼好的人多，因此，卖场的入口一般设计在右侧。同时出入口的设计要考虑店外行人的视线不受到阻碍而能直接看到店内。

（一）药店出入口的类型

药店出入口主要有封闭型、半封闭型、开放型几种。

1. 封闭型

封闭型药店入口（图 8－1a）一般面向大街的一面用橱窗或有色玻璃遮蔽起来，入口尽可能小些，采用这种形式的店一般经营的产品档次较高，橱窗和有色玻璃起到一定隔离外界干扰的作用，使消费者进店后可安静地精挑细选。如参茸专营店一般采用这种类型入口。

2. 半封闭型

半封闭型药店入口（图 8－1b）比封闭型的入口稍大一些，并配有陈列橱窗，顾客可以从外面很容易看清店内，诱导顾客入店。这种药店一般经营大众价位的药品，同时也可延伸地经营一些化妆品、装饰品等，通过橱窗陈列的商品，引起顾客的兴趣而进店选购。

3. 开放型

开放型出入口（图 8－1c）是把药店的前面，面向马路一面全部开放，没有橱窗，顾客可自由出入，没有任何阻碍。这种类型的药店一般兼营一些生活必需品，如食品、报刊杂志等。

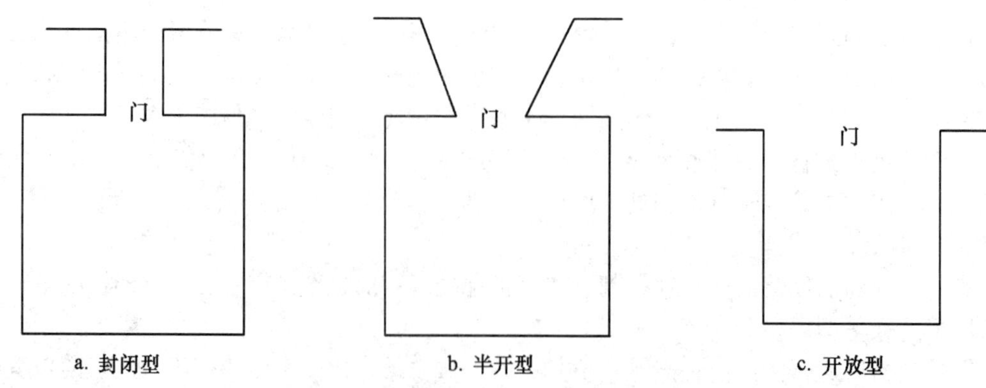

图 8－1　药店出入口类型

4. 出入口分开型

出入口分开型是指入口和出口分开设置，顾客从入口进店后必须穿过整个药店才能到达出口，一般设有开架自选的超市化的药店多采用这种方法，这种类型可有效防止偷盗的发生，对药店的防损管理十分有效，同时由于出入口分开不会产生进、出人群相互干扰的现象。

（二）药店出入口设计应注意的问题

1. 便于顾客出入

出入口的设计要以“顾客”为中心，从方便出入的原则考虑。药店出入口的位置、促销展台、路牌广告放置的位置、门口迎送人员站立的位置都应恰当，不可对出入的顾客造成阻碍，否则顾客感觉不便利，而不愿进店，或者即便进了店有了不便的印象后，也不愿下次再光临。

2. 注意顾客流动线

出入口设计一定要考虑顾客流动线，行人多，出入顺畅便捷，易引起人们注意的地方才是出入口的最佳位置，而有些主要交通要道上虽然车辆川流不息，颇为热闹，但车速较快，有些又有围栏，过路者根本无法停车购买，因此出入口就不应设置在这样的位置。

3. 注意日光照射

出入口设计应考虑到日光照射的因素，有些药品具有光敏性，长时间照射会变色，甚至变质，即便是一般药品由于长时间的光照射，温度升高也容易变质。另外如果有选择最好不要把出入口开在西面，西晒易使人产生烦躁感，因此一般顾客除非迫不得已，否则下午西晒时一般不愿光顾这样的店。

4. 注意出入口大小的可调节性

在北方寒冷的冬天需要开放暖气，这时出入口应当调节得小一些，才能保暖；在南方，夏季需要开冷气，这时出入口也应当调小；而一般在春秋两季，为了通风透气，出入口则需要尽可能调大，由此可见在设计出入口时需要考虑其可调性。

5. 出入口的标识要醒目易见

现在的药店规模越来越大，人们生活节奏越来越快，为方便顾客快速进出药店，出入口有醒目易见标识的药店更受顾客的青睐。对于一些开设在地下室或楼上的药店，出入口的醒目易见标识尤为重要，否则顾客路过注意不到，也不会进店消费。有条件的店，可通过迎送导购员引起顾客的注意，增加客源。

四、药店招牌设计

招牌是一家药店吸引顾客的重要因素，设计独特的招牌是一种有效招揽顾客的艺术，它不仅可以传播药店形象，提高其知名度，而且往往是药店信誉的象征，也是外部最具代表性的装饰物，顾客往往认准招牌，便会欣然惠顾。

（一）药店招牌的命名

1. 药店招牌的命名原则

（1）简洁明了原则

药店的名称要简洁，字不能太多，一般汉字以2～4个字符为宜，外文以4～7个字母为宜；店名读起来要朗朗上口，没有难发音和生僻字，音韵好，又有节奏感，这样比较易于传播和相互之间的沟通。

（2）新颖独特原则

招牌命名应注意创新，要给人一种新鲜感，同时又要注意有自己独特的个性，鲜明的个性才能有鹤立鸡群之感，会使消费者留下深刻印象，易于识别。但命名时要注意名称应以商业性、民族性、群众性为主，而较少社会性、政治性内容，如“文革药店”，明显带有历史的印记，随着时代的变迁消费者望而生厌，不愿进店消费，要更改新名，过去的无形资产则付之东流。

（3）反映经营范围原则

招牌命名时应该暗示店内经营产品的范围，使消费者勿需进店就可以一目了然店内经营特点，如“百草堂”药店，一看便知是一家以经营中药为主的店，这种命名方式，在客观上充当了消费者的购买向导，方便了消费者购买。

（4）启发联想原则

启发联想原则是指店名应包含与产品或企业相关的寓意，让顾客能从中得到有关企业或产品的愉快联想，而不向消极的方面联想，进而产生对品牌的认识或偏好，如“老百姓”大药房，让人联想到该药房经营的药品应是经济实惠，适合老百姓消费的药品。

（5）支持标志物原则

标志物是指店中被识别但无法用语言表达的部分，如同济大药房门前悬着个葫芦，葫芦自古就是用来装灵丹妙药的，配上同济大药房的店名，两者相得益彰，相映生辉，品牌效果凸显，易于被消费者识别，使该店在当地颇有声誉。

（6）受法律保护原则

店名也是一个店的无形资产，应有保护意识，所以命名时应考虑注册问题，所命名的名称一定要能注册，否则也许多年苦心经营之后却反而被别人告侵权。店名要想得到法律保护，应注意以下问题：

①药店名称是否有侵权行为。药店可通过有关部门查询是否有相同或相近的店名被注册，如果有，则需重新命名。

②该药店的店名是否在注册范围。有的药店虽然不构成侵权行为，但仍无法注册，无法得到法律的有效保护。比如根据商标法规定，不能以国家名称等作为商标注册。

【知识拓展】

禁止用作商标的文字和图形

我国商标法第 8 条规定了以下几种禁止用作商标的文字、图形：①同中华人民共和国的国家名称、国旗、国徽、军旗、勋章相同或者近似的文字、图形；②同外国的国家名称、国旗、国徽、军旗相同或者近似的文字、图形；③同政府间国际组织的旗帜、徽记、名称相同或者近似的文字、图形；④同“红十字”、“红新月”的标志、名称相同或者近似的文字、图形，⑤本商品的通用名称和图形；⑥直接表示商品的质量、主要原料、功能、用途、重量、数量及其他特点的文字、图形；⑦带有民族歧视性的文字、图形；⑧夸大宣传并带有欺骗性的文字、图形；⑨有害于社会主义道德风尚或者有其他不良影响的文字、图形；⑩县级以上行政区划的地名或公众知晓的外国地名。但是，地名具有其他含义的除外，已经注册的使用地名的商标继续有效。

2. 药店招牌命名的方法

(1) 以企业的名称命名　这种命名方式能反映药店经营药品范围及优良品质，树立药店声誉，使顾客易于识别，许多的连锁企业采用这一方式。如上海市第一医药商店连锁店、和平药业连锁店、同济大药房等都是以企业命名的。

(2) 以人名命名　以人名给店起名，令人感到熟悉和亲切，如上海“华氏大药房”，时珍阁大药房。

(3) 以服务精神命名　这种命名方式反映了该药店的服务内涵和价值取向，使顾客有一种亲切感。如“一心连锁药店”、“尽心大药房”，这些店的命名都含有一心一意为民服务的理念。

(4) 以美好愿望命名　这种方式可以引起消费者对美好愿望的联想，对药店有一种亲切感，如“康全药业”、“和平药业”、“上海普生药房”等都是采用这种方式。

(5) 以经营地点命名　这种命名方式可以反映出经营场所的位置，使顾客易于识别，如“建设路药店”、“朝阳大药房”、“上海大药房”等。

3. 药店招牌命名应注意的事项

(1) 简洁　事实证明过长的名字让消费者难以记忆，易造成混淆，不便于沟通。简洁，字符不多的名字反而易让人记牢，这是命名的金律，因此命名时一定要注意。

(2) 有前瞻性　目前经济已全球化，药店的不断发展，也许有朝一日也会走进国际市场，因此在命名时要有前瞻性，最好能充分考虑世界各地的风俗习惯，以避免将来“入乡不能随俗”。

(3) 有自己的特色　命名就是要想区别于其他竞争者，因此一定要有自己的特色，才能突出自我，切不可因他人品牌有名而模仿，模仿最终的结果只会把自己逼入“死胡同”。

(4) 名副其实　药店命名要注意符合实际的经营状况，或反映经营特色，或反映所售产品的品质，或反映所售品种特色等。如“老百姓大药房”，消费者一看就知道药店经营的主要是一般百姓医疗、保健必需的产品，而且价格偏低，适合百姓口味，该药房因名副其实，所以生意兴隆。相反，有些店面较小，非要冠上“环球”之名。名不副实的大招牌，不但得不到消费者的好感，反易引起反感，得不偿失。

（5）不要轻易改名　一个企业成立后总要付出艰辛来培养自己的品牌形象，这是企业的一大笔无形资产，如果觉得原名不好，想改名，可以想象企业名称一改，原来的一切积累也会化为乌有，这对企业来说损失是惨重的，因此除非到了万不得已的地步，否则不要轻易改名。

（6）连锁药店的招牌要统一　根据相关药品管理法规的规定：连锁药店应在药店前悬挂本连锁企业的统一商号和标志。

（二）药店招牌的制作与装置

1. 药店招牌的类型

随着时代的变迁，招牌也已由原来的单写店名向品牌化广告化发展，店外面一般都会尽可能地被招牌占有，招牌的种类也日益增多，主要有以下几种类型：

（1）栏架招牌　它是所有招牌中最重要的招牌，多设置在店面正上方的平行位置，通常用来表示店名名称、经营范围、药品名、商标名。栏架招牌是国家规定，药品零售连锁店必须统一悬挂的，有本企业统一商号和标志的招牌。

（2）屋顶招牌　屋顶招牌是为了使消费者从远处能看到药店，而在屋顶竖起一个广告塔，既可以用来宣传自己的药店，也可以用来与厂商合作，宣传药店内经营的主打产品。

（3）侧翼招牌　侧翼招牌位于药店的两侧，一般一面写药店的店名，另一面写药店经营范围、经营方针或宣传店内的主打产品，一般以灯箱或霓虹灯为主，是具有很好宣传效果的招牌。

（4）壁上招牌　壁上招牌一般是位于拐角的药店，其临街的一侧往往有墙壁空间可以利用，所以在壁上写上店名或经营范围，也可以做些主打产品的广告宣传。因临街位置人来人往，可见度高，所以壁上招牌效果十分好，有条件的店应加以利用。

（5）路边招牌　路边招牌是一种放在店前人行道上的招牌，用来增加药店对来往行人的吸引力，它可以是文字招牌，也可以是形象设计的各种造型，甚至可以是药品包装的扩大模型。

（6）其他招牌　有些药店为了在停止营业后还可以继续引起行人注意，通常在卷闸门、百叶窗上写上店名、营业时间、经营范围等；另外还有利用遮阳篷设计的遮阳篷招牌，也颇受药店的喜爱。

2. 药店招牌的位置与文字大小的关系

招牌的位置以突出、明显、易于认读为最佳原则，放置的位置不同，所要求的文字大小也有很大的差异，只有把招牌放在合适的位置，以与其距离相匹配的文字大小呈现，才会收到最佳效果。日本专家在《怎样经营药店铺》一书中，对招牌位置与文字大小的关系有一组

参考数据见表8－1。

表 8－1　招牌位置与文字大小关系表

招牌位置	一楼（4 米以下）	一楼（4～10 米）	楼顶（10 米以上）
视觉距离	20 米以内	50 米以内	500 米以内
文字大小	高 8 厘米左右	高 20 厘米左右	高 100 厘米左右

3. 药店招牌的选材

药店招牌的选材既要考虑材质的经久、耐用，又要考虑它的质感，招牌的底板材料过去主要是木料和水泥，随着社会的不断发展，底板出现了许多新的材料，如瓷砖、大理石、花岗岩、金属不锈钢板、涂色铝合金板等。各种材料各有利弊，应根据药店的具体情况进行选择。

招牌上的文字也应根据药店的实际进行选择，铜质凸出空心字，闪闪发光，有富丽、豪华之感，是规模较大、高档次药店的首选；定烧瓷质字永不生锈，反光强度好，饭店、酒家、陶瓷店用得较多；塑料字有华丽的光泽，制作也简便，但塑料易老化，时间长易变色，而且冷热会使其变形，因此不能长久使用，木质字制作方便，显得朴实，但长久的风吹雨打太阳晒易开裂、掉漆，因此需要经常维修上漆。

4. 药店招牌的色彩

心理学家研究发现，各种颜色对人的感觉注意力、思维会产生不同的影响，招牌颜色的搭配十分重要。招牌上药店全称的文字颜色，象征自我即本药店，而招牌的底色，则象征于社会、公众、客户等。另外，招牌的色彩选择还应与消费者观看的距离有关，如高大以远距离眺望为目的的招牌，应着色浓烈，如有底板，应使底板色泽与文字的色差大一点，这样才能突出文字的效果。

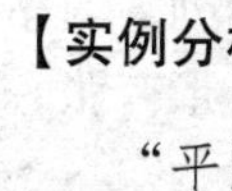

【实例分析】

“平民乐药店”是一家即将开张的新药店，该店地处城乡结合部，周边居住的消费者有附近效益一般的几家工厂的职工、外来务工的人员及附近的村民，以经营老百姓日常需要的药品、保健品为主，采用的是平价策略，请根据药店的特点为其设计一块适合的招牌。

五、药店橱窗设计

（一）橱窗展示的心理效应

橱窗就像药店的鼻孔，是反映店面销售商品信息最灵敏的地方，是消费者的无声顾问和向导。橱窗以店内商品为主，通过布景、道具，以背景装饰为衬托，配以合适的灯光、色彩和文字说明等，构成或轻快、热烈，或柔和、静谧，或高雅庄重等诱人的画面。好的橱窗布置既可以起到介绍商品、指导消费、激发购买兴趣、促进销售的作用，又可以成为吸引过往行人的艺术佳作，让人难以忘怀。

（二）橱窗主要类型

橱窗的布置方式有很多种，要根据各类店的特点而定，药店一般的橱窗类型主要有以下几种：

1. 综合式

综合式橱窗是将许多不相关的药品综合陈列在一个橱窗内，以组成一个完整的橱窗广告。这种橱窗陈列由于药品差异性较大，在设置时一定要注意协调，否则易显得杂乱无章，很难收到预期的效果。综合陈列方法又可以分为三种，纵向橱窗陈列、横向橱窗陈列、单元橱窗陈列。

2. 系统式

当药店的橱窗面积较大，可按照药品的分类，按功能、主治等分组陈列在同一个橱窗内。

3. 专题式

专题式橱窗陈列是以一个广告主题为中心，围绕某一特定的事情，组织不同类型物品进行陈列，向顾客传递同一主题的诉求。如儿童微量元素药品陈列，糖尿病用药陈列，学生益智产品陈列，重阳敬老保健品陈列等。多以特定事件、特定环境为中心，把有关产品集中陈列在同一橱窗。又可分为节日陈列，场景陈列和事件陈列。

4. 特写式

特写式橱窗陈列是指用不同艺术形式和处理方法，在一个橱窗内集中介绍某一药品。主要用于新药品、特色药品的广告宣传，主要有两种形式：①单一药品特写陈列。也就是在一个橱窗内只陈列单一种药品以重点突出该产品，一般某医药品刚上市，为吸引顾客而采用这种形式。②商品模型特写陈列，即用商品模型代替实物陈列。药品一般销售包装的体积较小，因此作陈列的模型通常为放大型的药品包装，因它外形夸张，再加上橱窗背景的衬托，因此特别能吸引顾客目光，是一种较好的橱窗陈列方式。

5. 季节性

根据季节变化把应季药品集中进行陈列，以方便消费者的购买，促进销售。季节性陈列必须在季节来临前一个月预先陈列，才能起宣传效果，如一般在九月份左右就应作冬季补品陈列，而在三月份左右作夏季凉茶陈列。

（三）药店橱窗展示的要求

橱窗是药店的第一展示厅。一个构思独特、主题鲜明、装饰美观的橱窗，既可美化药店，又可美化市容。在设计橱窗时，具体要求如下：

1. 高度应适当

橱窗的高度与一般人的身高差不多为宜，使橱窗横向中心线最好能与顾客视线相等，这样整个橱窗的所有陈列药品均在顾客视野中。而且还要遵循通常所说的“橱窗黄金定律”，即高: 宽 =1: 1.62，这样才能符合人们的视觉习惯。

2. 整体应协调

橱窗的设计不应影响药店门面外观造型，规格应与药店整体规模相适应。

3. 主题应明确

橱窗商品的陈列应先确定主题，陈列时有条理，让人一目了然就可看到宣传介绍的药品内容，杂乱无章的产品堆砌会分散消费者视线，起不到预期效果。

4. 商品应为店内经营产品

橱窗内陈列的商品应为药店销售的产品，而且是较为畅销的产品。这样才有真实感，否则顾客会觉得橱窗的产品只是一个摆设而已。

5. 应注意橱窗卫生

橱窗要经常打扫、保持清洁，积满灰尘、肮脏的橱窗会让消费者反感，从而影响他们的购买欲望，甚至怀疑药店是否要转行或倒闭。

为了保持橱窗卫生，一是要经常打扫，二是在橱窗设计时必须考虑防尘，另外橱窗设计防热、防水、防晒、防风等也是必要的。

6. 橱窗内的展示品更换要及时

要根据活动进行情况对橱窗内的展示品进行及时的更换，否则容易引起顾客误认活动尚在继续，以免带来不必要的麻烦。

【实例分析】

敬老是中华民族的一种传统美德，重阳节将至，药店为了促销老年人保健品，需要布置一个节日展示橱窗，想一想怎样布置更能吸引顾客？然后动手做一做。

第三节　药店内部布局

药店的内部布局需要根据药店的类型、员工多少、经营特点、业务发展等情况进行布局。总体要求为：方便产品的搬运、保管，充分发挥各种设备的使用效能；最大限度地利于顾客购物；并能提高员工服务效率。

一、药店的空间布局

药店根据国家的有关管理要求，结合本店的实际情况和经营特点，可把药店的空间分为以下几个区域：

1. 营业区

营业区的面积应占药店的大部分空间，是店员与顾客接触、进行药品推销的区域，因此营业区应宽敞、明亮、整齐，以给顾客一种舒适的购物环境。

2. 办公区

小型药店一般采用装饰材料隔开一个办公区，供经理、会计人员办公之用；大、中型药店应设独立的经理、会计、采购员等人员的办公室。

3. 服务区

随着药店竞争的加剧，各药店越来越重视对顾客的服务，一般药店都设有用药咨询台，有条件的药店还设代客加工区（如代客煎药、粉碎等）、顾客体验区、顾客休息区。

4. 员工生活区

为方便员工，一般药店都设有员工更衣室、员工个人物品存放区、用餐室等便于员工生活的场所。

5. 仓库

根据《药品经营管理规范》一般药店要求仓库面积不小于20平方米。仓库要求有检测和调节温度、湿度设备，防尘、防火设备及放置药品货架。

二、药店顾客流动线设计

（一）什么是顾客流动线？

所谓顾客流动线就是指顾客在店内流动的线路。顾客流动线事实上就是药店通道，是顾客购物和药店服务员补货的必要通道。原则上顾客的流动线越长越好，线路长，顾客与商品接触时间长，有利于促进销售；而服务员补货的通道则越短越好，通道短，可以提高工作效率。但设计时也应考虑到营业场所与非营业场所连接的问题。

（二）顾客流动线设计的重要性

药店的经营额度与到店的顾客数及顾客平均购买单价有关。进店的顾客通过引导，产生有效的顾客流动线，利于对店内药品的充分接触，从而激发他们的购买欲望，促进购买，提高药店的经营效益。

（三）药店顾客流动线设计的原则

1. 方便顾客出入

通道是顾客出入的必经之地，所以一定要便于顾客通行。顾客流动主线是主通道，顾客流动的副线是副通道。药店通道从留客的角度说要“长”，从看商品的角度说要“短”，（即可以一目了然看清药店内产品）。设计合理的通道，能引导顾客按设计的线路走，接触到药店尽可能多的药品，使入店驻留时间和药店空间得到最高效的利用。

一般药店通道的宽度至少在90~120厘米，根据人体肩宽基本尺寸45厘米乘以2，可以推算到假如通道小于90厘米时，让人有拥挤感，使顾客感到购物不便，大中型药店主通道的宽度一般在200厘米以上，副通道在120~150厘米。药店出入口结算处应当宽阔一些，一般在200厘米以上，以免产生拥挤。

2. “迂回曲折”，设法留客

药店内的顾客流动线可以通过陈列线来调节顾客的视觉，陈列时适当设置线路吸引顾客回游，以刺激其产生冲动购买。

3. 平直无障碍物

通道要平直，避免出现走回头路的情况。假如有不平坦，一定要有标志牌，以免顾客穿行不便，影响购物。通道要避免死角，通道上不能放置与陈列的药品或者促销活动无关的物品，以免对顾客造成障碍，顾客一般有对障碍物绕行的习惯。

4. 明亮整洁

人们一般喜欢明亮，而不愿意到黑暗的地方选购，因此主通道，作为客流量最大、利用率最高的地方，要保持足够的照明度，通常通道上的照明亮度要达到500勒克斯（lx）以上。明亮整洁的店面，让人觉得购物环境的宽松舒适，更易产生购买欲望。

（四）顾客流动线的设置

顾客流动线的设置，通常有以下几种形式：

1. 直线式

直线式（图8－2a）是一种将货架与通道平行摆放的形式，通常起点是药店的入口，终点是药店的收款台。这种布局使顾客便于寻找货位地点，不用回头，使顾客在最短的线路内完成药品的购买行为。这种设置因营业员往往站在货架两端，使顾客产生一种有人监督，想尽快离店的感受。

2. 斜线式

斜线式通道（图8－2b）是货架或柜台和通道呈菱形分段布局。这种形式的优点是：能使顾客随意浏览，购物环境比较宽松愉快，而且使顾客看到更多的商品，增加购买机会，但存在利用药店场地不充分之弊。

3. 曲线式

曲线式通道（图8－2c）是用不规则的方法设置通道，可根据需要任意布置柜台。现代开架式药店常采用这种形式，它能创造出舒适、活跃的气氛，顾客无拘无束四处浏览，顾客受到各种不同陈列风格的吸引，到达药店的任何地方，从而增加了随意购买的机会。但这种布局易浪费场地面积，而且这种布局方式规律不强，顾客寻找货位不够方便，所以规模大的药店一般不采用这种布局。

4. “回”字型

“回”字型通道又被称为环型通道（图8－2d），通道布局以流畅的圆形或椭圆形按从右到左的方向环绕整个药店，顾客在按通道标示方向环绕药店走的过程，可以充分浏览店内的药品，对激发顾客购买欲望，促进销售有很大的作用，是比较理想留住顾客的通道布局。在实际运用中，“回”字型通道又分为小“回”型和大“回”型两种方式。小“回”型通道适合于经营面积在200平方米以下的中小型药店；大“回”型通道适合于经营面积在400平方米以上的大型药店。

5. “口”字型

“口”字型通道布局（图8－2e）通常用于中小规模的药店，对于中小规模的药店采用这种方式，可以增加顾客在店内的滞留时间，促进销售。另外，药店也可以在店堂内摆放货架，形成“日字型”的通路设计。

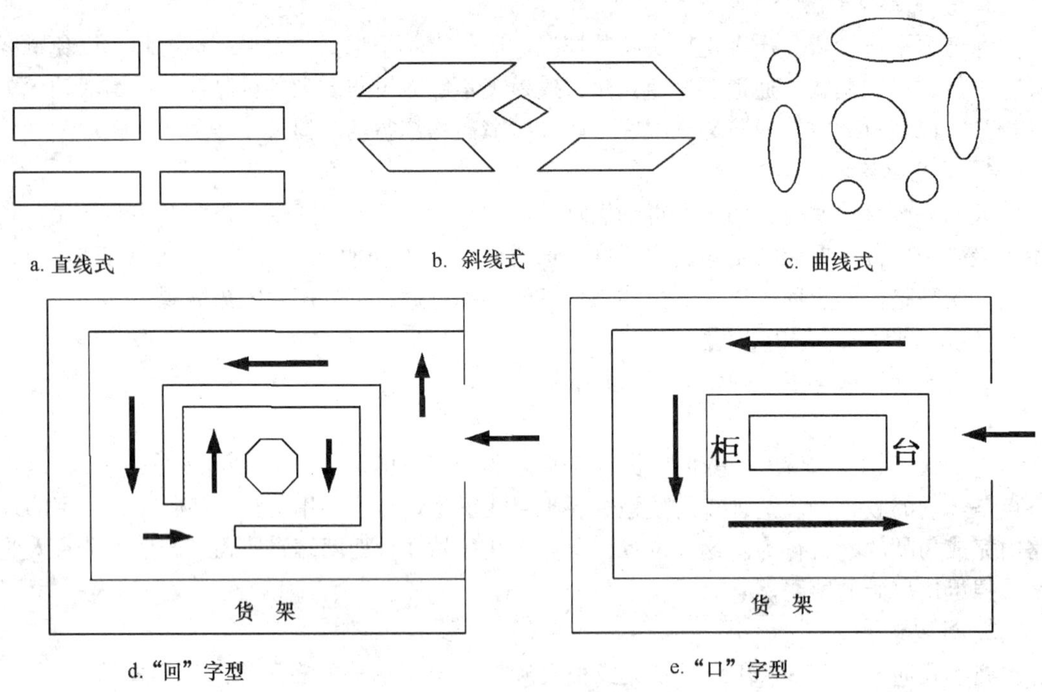

图 8－2　药店顾客通道类型

三、货架布局

（一）货架和柜台布局的原则

1. 合理性原则

药店内布局首先是对营业场所进行合理的分割。药店场所中不同部分面积的大小和设计对于销售额有着重要意义。营业场所内营业区、办公区、顾客服务区、员工生活区和仓库等应该有一个合理的分配。在合理、科学的前提下，尽量扩大药品的营业区，压缩非营业性区域。

2. 经济性原则

药店在货架和柜台布局时，要考虑其经济因素，一方面使用一些较大型、不常移动的设备和设施，如：货架、储物柜等，而且要充分利用这些空间、提高经济效益，减少不必要的开支；另一方面要合理地进行物流管理，以求减少储运费用、降低成本。

3. 合法性原则

根据 GSP 的要求，经营规模不同，营业场所和仓库的要求也不一样，用于药品零售的营业场所面积不应低于以下标准：①大型零售企业营业场所面积 100 平方米；②中型零售企业营业场所面积 50 平方米；③小型零售企业营业场所面积 40 平方米；④零售连锁门店营业场所面积 40 平方米。并且要求营业场所宽敞、整洁，营业用货架、柜台齐备，销售柜组标志醒目。

（二）货架和柜台布局类型及特点

1. 格子式布局

格子式布局（图8－3）是传统的药店布局形式。格子式布局是药品陈列的货架与顾客的通道都成长方形的分段安排，又可以分为两种：一种是敞开式，即将药品摆放在货架上，允许顾客任意挑选商品，营业员的工作现场与顾客活动场地混为一体，这种布局迎合了新的购物理念，顾客可自己挑选，从而提高售货效率和服务质量，一般非处方药、保健品、食品或日用品等采用这种方式；另一种是隔绝式，即用柜台将顾客与营业员隔开，顾客不能进入销售现场，商品必须通过营业员传递，这种布局利于管理，但不便于顾客选购，同时由于营业员须频繁为顾客传递商品，劳动强度大，一般处方药、贵重药品采用这种方式。

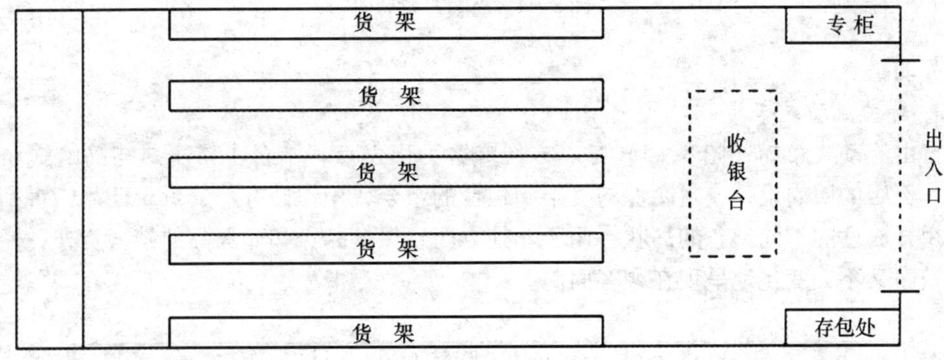

图8－3　格子式布局图

其优点为：一是可采用标准货架，美观、整齐，节省成本；二是便于营业员与顾客的交流，利于防损；药品摆放有序，顾客易于选购；可以充分利用空间。

其缺点：一是空间装饰过于简单，无新意，缺乏对顾客的吸引力；二是隔绝式布局营业员的劳动强度大，不利于服务。

2. 岛屿式布局

岛屿式布局（图8－4）是在营业场所中间以柜台围成闭合的各不相连的岛屿形式，可根据需要布置成圆形、正方形、长方形、三角形、椭圆形等形状。这种形式一般主要陈列体积较小的药品，有时也作为格子式布局的补充。品牌专卖、系列产品常采用这种形式，如药店中的中美史克专柜、糖尿病系列产品专柜、心血管系列药品专柜等。

其优点：一是采用形态各异的岛屿设计，可以装饰和美化营业场所；二是岛屿式布局的柜台周边较长，陈列的药品较多，便于顾客的观赏、选购，顾客的流动较灵活，视野较开阔；三是可以利用建筑物特点布置更多的药品货架，如利用柱子，作成环柱的岛状，既可美化环境，又可以充分利用空间；四是满足顾客对某一品牌药品的全方位需求，对品牌供应商具有较强的吸引力；五是可以增加顾客的购物兴趣，易产生冲动性购买。

其缺点：一是营业场所与辅助场所隔离，不便于在营业时间内店内人员的协作，也不方便临时补充药品；二是待售药品储存的空间有限，不易储备较多的备售药品，会增加补

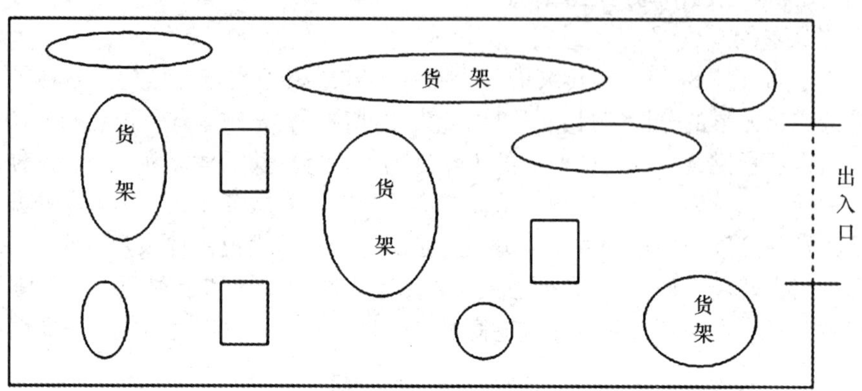

图 8－4　岛屿式布局图

货的劳动量。

3. *自由流动式布局*

自由流动式布局（图 8－5）是以方便顾客为出发点，结合了格子式与岛屿式布局的优点，药店的四周设计成封闭性的货架和柜台的组合，用作处方药、贵重药品销售柜；中间采用开放性的不同形态的岛状，用于非处方药、保健品、和非药品的销售货架，使药品既有秩序又不失变化地呈现在顾客面前。

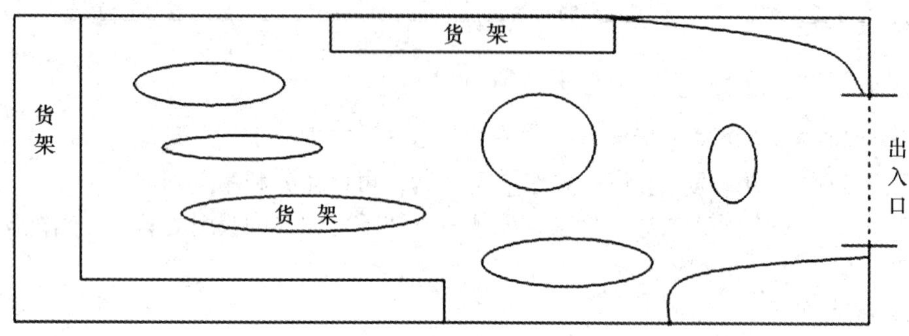

图 8－5　自由流动式布局图

优点：顾客可以自由浏览、店内气氛较为融洽、顾客滞留时间长，易产生冲动购买。

缺点：假如顾客拥挤在某一柜台，不利于分散客流，浪费场地面积。

（三）货架和柜台类型及适用环境

药店的货架和柜台设计的构造形式和规格，既要讲究实用、牢固、灵便，利于营业操作，便于消费者参观，又要适应摆放各类药品的要求。药店的货架和柜台主要有以下几种类型：

1. 货架　放置在店堂中间的货架，一般高度为 150 厘米左右，用来展示非处方药、保健品、生活用品等；靠墙放置的货架，一般高度为 160 ~ 220 厘米，大部分的药店用来展示处方药、有些店也用来展示非处方药等产品。

2. 柜台　柜台的高度一般为 80 厘米，宽度 40 ~ 60 厘米，长度 90 ~ 180 厘米。适用于展示处方药、贵重药品。一般适用于岛状布置，或者与放置沿壁的货架组合形成隔离形的经营空间。

3. 陈列展示台　主要是用来摆放特价商品、打折商品或新药，通常放置在药店的入口或货架的两端比较显眼的地方。

四、药品类别面积与位置的配置

（一）药品类别面积的配置

药店可以根据消费者的消费量来给各类药品配置面积，药品类别的配置比例是每类占药品区域的比例。可以参考表8-2。

表8-2　药品类别与经营面积配置比例表

药品种类		面积配制比例
处方药		30%
非处方药	感冒咳嗽类	5%
	肠胃类	3%
	心脑类	3%
	镇痛类	5%
保健品		20%
医疗器械		10%
其他区域		10%~50%不等

药品类别与经营面积配置比例不是一成不变的，与各地区收入水平、消费习惯、疾病发生率有关。另外，药店的面积分配还要结合药店的总营业面积和药店多元化经营状况而定。

（二）药品位置配置

一般药店经营的药品上千种，甚至更多，针对药店药品种类繁多的特点，药品位置的配置应按消费者的购买习惯来确定较好，并且相对地固定下来，方便消费者寻找。

人们通常有沿逆时针方向行走的行为习惯，使消费者到药店时也会不自觉地沿着逆时针方向行走，一般购买处方药的顾客比较少，且已有处方作购买依据，顾客可根据处方直接购买即可，因此买处方药时顾客一般花时间比较少，所以通常把处方药摆放在各个逆时针方向的入口处或营业场所的四周；购买频率较高的感冒类和慢性病药品，顾客需要依据病情和药店提供品种进行综合考虑，需要花较多的时间选购，因此把这些药品摆放在距离逆时针方向的入口较远的地方；避孕药具、治疗传播性疾病的药品，由于人们受传统观念的影响，有些顾客觉得难为情，应配置在不显眼的位置。

药品在货架上配置应进行遵循分段陈列原则，上段配置一些希望顾客注意的药品、推荐性的药品、有意培养的药品；黄金段是最易看见、最易拿到的位置，主要陈列差异化、有特色的药品或高利润的药品、自有品牌药品、独家代理或经销药品、广告药品等；中段一般陈列价格较便宜、利润少、销售量稳定的药品。下段主要陈列周转率高、体积大、重的药品。

各类药品的配置，还要按照消费者的所需数量的顺序、购买习惯来分配各种药品在药店中的位置。

一般顺序为：感冒咳嗽类药品⟶镇痛类药品⟶营养补品⟶肠道类药品⟶皮肤类药品⟶循环系统类药品⟶生殖泌尿类药品。

【实例分析】

请根据消费者的购买习惯，以及GSP的相关要求设计一张药店内药品摆放的平面布局图。

五、营业场所的内部辅助区域设计

（一）收银台的位置与设计

药店的收银台一般设在出入口处，也可以根据需要设在其他区域，如大的药店通常在处方药区、中药饮片区设立收银台。

收银机的数量应根据经营规模、客流量的多寡配置，一般设置1～4条通道，配置2～6台收银机，规模大的药店要相应增加收银机的数量，医保定点药店还需配置医保刷卡结账通道。结账通道的宽度一般为1～1.2米，是两人正常通过的最佳尺寸；长度为6米，收银台一般为2米，其余4米的分配，一般在收银台与货架一端应留得宽敞一点，以便顾客在等待结账时有足够的空间，相反如果空间过窄，顾客在等待结账时易产生烦躁情绪，从而影响顾客对药店服务的满意度。

据调查证明，顾客结账时等待的时间不能超过8分钟，否则易产生烦躁情绪。药店的客流高峰期，店内通常人声鼎沸，如果结账时再久等，往往不耐烦，易对药店服务产生不良情绪，为了尽快疏散顾客，有条件的药店应设立“无购物通道”或者“少量购物付款通道”，以免在出入口产生拥堵现象。

（二）执业药师服务台

根据GSP第八十一条规定：销售药品时，处方要经执业药师或具有药师以上（含药师和中药师）职称的人员审核后方可调配和销售。另外，第八十四条还规定：药品零售企业应在零售场所内提供咨询服务，指导顾客安全、合理用药。为了符合药品相关法规规定，以及更好地为顾客服务，药店要设立执业药师工作台，一般要求位置显著，有独立的区域空间。大型的药店，执业药师工作台最好能与处方药区域邻近。小型药店执业药师工作台可以与咨询服务台并列设置。经营规模比较大的药店，药师数量也相应增加，这时药师工作台可以设置在不同的位置，以满足不同选购区域顾客的要求，如果药店配备了两个以上的药师，可以设置一个封闭型的药师工作间来满足那些有私密性要求的顾客。设施上，除放置药师桌椅外，还要设置顾客座位，提供饮水机，一次性纸杯，环境要舒适、有亲切感。服务区的显著位置要悬挂药师服务内容标志，让顾客可以了解到药师的服务内容。

（三）服务台与咨询导购台的设计

药店为了更好地为顾客作好售前、售后服务，设立服务台、咨询导购台为顾客提供多项功能。

1. 服务台　服务台的功能很多，主要有以下几方面：

（1）退货、换货　记录药品或其他商品被退回或换货的原因、时间，第一时间给消费者满意的答复和处理，并及时向有关负责人反馈。

（2）缺货登记　对于缺货的产品，要及时统计缺货的种类和数量，向有关负责人报告，保证缺货药品的供应。并要记录顾客需要的药品名称、顾客电话号码，有送货要求的，还要记录送货地址。到货后要及时通知顾客前来购买或者是为顾客送货。

（3）为需要开发票的顾客开具发票。

（4）为顾客办理会员卡。协助顾客填报会员资格申请表，办理会员卡。

（5）接待和处理顾客投诉。药店在服务过程中有时会遇到顾客的投诉，服务台的工作人员要认真倾听，不得辩驳或置之不理，并对有关问题妥善解决。

2. 咨询导购台　咨询导购台一般临近进口处，主要是为了方便顾客，一般采取人员服务，有条件的还可以采用电子设备服务配合，实现不同性质顾客的导购方式互补。

（1）导购人员　一般药店都配备有导购员站立于入口处提供引导服务和对一些有特殊需求顾客服务。导购员要求形象好、口齿清晰、有亲和力、所指方位明确，一般采用外形靓丽的导购小姐比较多见。

（2）导购图　挂墙式平面导购图比较常见，也有采用立式导购屏的。导购图要求方位指引明确、美观、字体大小适中。

（3）电子药师和电子医师　随着信息技术的不断发展，很多有实力的药店在店门口提供电子触摸屏、多媒体等电子系统（即电子药师和电子医师）为顾客提供医药信息查询服务。如有要求，可以由导购人员指导或帮助消费者使用电子医师、电子药师系统。

（四）存包处的设计

采用开架式销售的药店，或者经营规模较大的药店，一般在药店的入口处设存包处，小药店通常把存包处和服务台合并在一处；大型药店设立专门的存包处，配备1~2名工作人员负责；有些现代化管理的药店配备自动存包柜，但自动存包柜受柜内空间的限制，有时无法满足顾客寄存大体积的物品，另外，有些老年顾客、文化水平不高的顾客觉得自动存包操作不如人工存包直观，不放心，因此这种药店为了满足各层次顾客的要求，在设自动存包柜的同时也设立人工存包处。

（五）健康服务区设计

健康服务区是药店为了进一步延伸其服务而为顾客设计的区域。健康服务区一般配备以下设施：

（1）设置顾客休息椅，方便购物劳累的顾客、老年顾客、带小孩的顾客休息，有条件的药店还应设立婴儿哺乳室。

（2）医药知识宣传栏，如宣传常见病的预防、日常保健常识、新特药品介绍等，内容要定期更新，否则顾客认为药店只是为了摆样，而不是真正为顾客着想。有条件的药店可提供触摸屏式电子药师、电子医师系统，多媒体系统。考虑到顾客的隐私性，要有适当的隔断设施。

（3）配备能供应冷热水的饮水机，并提供一次性杯子。

（4）提供意见簿、便民盒等，便民盒里要备有老花镜、针、线等。

（5）提供报纸、书、杂志、宣传画册等，供顾客阅读。

（6）提供多种免费体验服务设施，如理疗、称体重、量血压等体验器械项目。

（六）诊所

有些药店为了促进药品的销售与医疗诊所合作经营，合营的药店与诊所都要符合国家有关的管理要求，在场所设置方面要保证区域分开，人员通道分开。为了达到既分开又可相互掌握对方情况的目的，两者之间通常用透明的玻璃隔开，为了方便消费者的沟通，可以在玻璃墙上开个小窗口，便于消费者在药店购药时直接咨询。

（七）行政办公区域与员工培训休息区

根据 GSP 第六十七条的规定：药品零售企业应有与经营规模相适应的营业场所和药品仓库，并且环境整洁、无污染物。药品经营企业的营业场所、仓库、办公生活等区域应分开。药店的行政办公区，也就是药店的主控室。它主要有两个功能，一是作为药店 POS 系统和监控系统的主机房，一是作为药店主管管理药店的指挥平台。不同规模的药店设置不一样，小型药店的办公区一般设在药店内的一侧，用玻璃分隔；大型药店通常在药店一侧有独立的多间办公室，包括经理室、财会部、采购部、质量部等。

员工培训区一般与员工休息区合用一个场所，区域里实现多种功能，如员工培训、更衣、储存、用餐、休息等；既可以作平时员工休息用的场所，也可以用作员工进行知识和技能培训的场所。

提供的设备有：员工物品存放柜；桌椅、储存柜、饮水机；用来培训的多媒体设备，如电脑、投影仪、话筒、电视机等。

（八）仓库

根据 GSP 第六十七条的规定：药品零售企业应有与经营规模相适应的营业场所和药品仓库，并且环境整洁、无污染物。药品经营企业的营业场所、仓库、办公生活等区域应分开。根据 GSP 实施细则第六十条的规定，要求药品零售企业的仓库面积不应低于以下标准：大型零售企业仓库 30 平方米；中型零售仓库 20 平方米；小型零售企业仓库 20 平方米。库房内地面和墙壁平整、清洁，并配有调节温湿度的设备。

仓库中药品的储存要实行严格的色标管理制度，实行统一标准色标管理：合格药品库（区）、待发货库（区）、零货称取库（区）为绿色；待验药品库（区）、退货药品库（区）为黄色；不合格药品库（区）为红色。以上库（区）均应设有明显标志。

药店的仓库是药店的补给后方，在布局设计时应从合理、经济的角度出发，在设计时应注意：

（1）配有调节温湿度的设备，以便随时对温湿度进行调整，使药品的温湿度符合药品的储存要求，。

（2）药店的药品补给线路要选择最短路径，以减少补货成本。

(3) 仓库和药店经营场所的地面最好能在一个平面，如不在一个平面，落差处要以缓坡连接，不能出现台阶、门槛，以防药品在从仓库运送到店面过程出现意外。

(4) 前后场连接处，最好采用推拉门，这样可使出入口大，利于药品的运送。

(九) 其他辅助区域

有些药品零售企业还设置检验室、验收养护室。经营中药材及中药饮片的药店应设置中药标本室（柜）。分装中药饮片应有符合规定的专门场所，其面积和设备应与分装要求相适应。大中型药店要设置为顾客服务的辅助区域，如卫生间、顾客休息区、公共电话等。

第四节　药店环境设计

随着社会的发展，同行业竞争的加剧，药店想在竞争中取胜，单靠为顾客提供产品已无法满足顾客的要求，顾客更愿到那些温馨舒适、宽松和谐、赏心悦目的购物环境中购物，药店的气氛在很大程度上影响购买行为。药店通过内外部装饰、店堂商品陈列、环境卫生、店员仪表及用语、色彩搭配、照明、音响、气味、温度等方面，打造良好的购物环境。

一、色彩

(一) 色彩与顾客感受的关系

无论走到哪儿，人们的第一感觉就是色彩。色彩感觉是最大众化的形式，所以色彩与店内装修效果息息相关。人们通过大量的研究分析发现，不同的颜色会对人产生不同的感觉。

各颜色给人的含义简单总结如下：

红色——喜庆、欢乐、吉祥、幸福。

橙色——充足、饱满、有活力，明亮、健康、向上、兴奋。

黄色——希望、快活、愉快、高贵、庄重。

白色——喜悦、明快、洁净、纯洁。

黑色——静寂、悲哀、绝望、沉默、罪恶、严肃、死亡。

灰色——中庸、平凡、温和、谦让、中立。

绿色——和平、生命、自然、健全、成长、旅行。

蓝色——沉着、沉静、海洋、广阔、久远、消极、表致。

以红色、黄色、橙色为代表的“暖色”给人温暖、快活、向外扩张、前移的感觉；以蓝色、绿色、紫色为代表的“冷色”给人清凉、寒冷、沉静、向内收缩、后退的感觉。药店环境设计应利用色彩的这些感受，在陈列器具、装饰物品、天花板、墙壁、地板、灯光等方面充分考虑色彩的均衡和协调，以营造一个吸引人的购物环境。

【知识链接】

颜色的商业含义在不同国家的区别

20世纪80年代，美国营销学教授劳伦斯·雅各布斯对灰、蓝、绿、红、黄、紫、棕、黑等8种颜色的商业含义在中国、美国、日本和韩国进行了调查和研究。研究发现，有的颜色的商业含义在不同国家确实存在很大的区别。其中差别比较大的要数灰、紫、棕三色。

灰色：中国和日本的人们一般认为是廉价的、不好的；但在美国则是昂贵的、高质量的、可靠的。

紫色：在中国是昂贵的、可爱的；在美国是廉价的。

棕色；在中国是美味的；在美国、日本是廉价的。

（二）药店装饰用色的注意事项

药店的色彩设计，以让顾客感到舒适、轻松为前提，考虑墙壁、天花板、地板、用具、灯具及商品的色彩协调。不同的药品可采用不同的颜色背景，如妇女保健品专区，可以设计成粉红色，反映出一种温馨的女性气质，增加了对女性的吸引力。色彩不能盲目乱搭配，否则会弄巧成拙，表8-3是一些行业的色彩配置表。

表8-3 一些行业的店内装修色彩配置表

店铺行业类型	主色	第一副色	第二副色	地板	天花板	墙面	用具	灯具	效果
高级女装	茶	白	深蓝	深蓝	白	白	茶	黑	高贵典雅
高级男装	深茶	白	灰	灰	淡灰	白	深茶	白	成熟稳重
少女装	灰	银	白	巧克力	巧克力	灰	银茶	黑	冷漠式现代风格
化妆品	淡紫	茶	白	灰褐	淡紫	淡紫	茶	粉红	纤细感
玩具	橘	淡蓝	白	橘	白与橘	淡蓝	白	橘	快乐感
药店	青草	白	橘	青草	白	白	白	乳白	健康性
眼镜	深蓝	茶	白	深蓝	白与蓝	白	银	黑	精致感
文具	深蓝	茶	白	深蓝	白	白	茶	白	丰富感
糕点	黄	茶	白	黄	乳白	白	茶	白	明亮感
蔬果	翠绿	黄	橘	翠绿	白	白	翠绿	橘	新鲜感

在色彩设计时，应注意以下几个方面：

1. 药店的色彩以淡色调为主

从上表可知，药店的主色是青草色，第一副色是白色，第二副色是橘色，灯具为乳白色，天花板、墙面、用具均为白色，代表的是健康性。药店的色彩设计避免单独使用太深的色泽，如黑色，黑色是一种消极性色彩，给人一种沉重、压抑的心理感受，与药店体现的健康性刚好相反。

2. 药店中颜色的种类与药店的经营面积有关

经营面积比较大甚至有多层时，在考虑主色调的基础上，可按不同楼层、不同的药品类别采用不同色彩，形成不同的风格，使顾客可依靠色调的变化来识别楼层和药品位置，唤起新鲜感，减少视觉与心理的疲劳；如果经营面积不大，用色种类就不要太多，以免给人一种杂乱的感觉。

3. 利用视觉效果，弥补营业场所的缺陷

一般暖色有收缩感，显得较近；冷色有辽阔感，显得较远，利用色彩的远近感可以弥补营业场所的缺陷，如对于一个门面跨度大，纵向较短的店堂来说，可把两侧墙壁涂成暖色（门面跨度变小），把里面的墙壁涂成冷色（纵深度变长），通过这样调整后，改变了原来给人的干瘪印象，相反整个店堂显得比较饱满。

4. 要根据季节气候的变化进行合理的调整

在不同的季节人们对色彩的感受不一样，药店要根据季节气候的变化进行合理的调整。在春季，春回大地，应调配成嫩绿色等偏冷色，给人以春意盎然的感觉；在夏季，外界赤日炎炎，要以蓝、棕、紫等冷色调为主，使顾客心理上有凉爽、舒适的感觉；在秋季，可调配成橘黄色等暖色系列的色彩，给人一种秋高气爽，硕果累累的感觉；在寒冷的冬季，可调配成浅橘红色等偏暖色系列的色彩，给人以温暖如春的感觉。

二、照明

灯光照明是药店的“软包装”，体现着药店在一定时期的经营理念。科学合理地配置照明或装饰光源，即可以吸引顾客注意力，又方便顾客清楚地浏览商品，激发顾客的购买欲望，促进购买的作用，所以照明是药店内部装饰不可忽视的重要环节。

（一）照明的类型与方式

药店的人工照明分为基本照明、特殊照明和装饰照明。

1. 基本照明

基本照明是药店为保持药店内方便顾客选购药品的最低能见度。灯光应采用纯白双管日光灯，因为日光灯的照明度最为均衡，同时双管日光灯还能够弥补单管日光灯的直射死角，而且纯白的灯光能够毫无保留地反射出药品的原始色彩。

药店内的灯光，不同的区域要求不一样，药店内一般照明、一般性的展示区，照度为600 勒克斯；普通走廊、通道和仓库，照度为 400 ~ 500 勒克斯就可以了。在营业场所最里面或边角的地方，照度要求略高，一般要求 1200 ~ 1500 勒克斯。

2. 特殊照明

也叫重点照明，这是为突出药品的某一部分或某些商品，吸引顾客注意而专门设置的一些投射灯具。药店设计特殊照明以加强药品的颜色和质地，就像在剧场里一样，是一种环境气氛。

店内重点陈列品、POP 广告、药品广告、展示品、重点展示区等，照度为 1200 ~ 1500 勒索斯。其中对柜台局部照明，照度最好为普遍照明度的二倍。在分配药店内的照明亮度时，对药店的一些部位要进行重点照明的，如柜台可以采取半直接照明等，不能一视同仁。

3. 装饰照明

装饰照明是为了丰富药店的空间环境，在药店的内外布置一些装饰性的灯具，其目的不在于采光而在于美化药店环境，宣传产品、营造良好的购物气氛等。对于夜间营业的药店装饰照明很重要。这是营业场所现场广告的组成部分，用霓虹灯、电子显示屏、或用旋转灯吸引顾客注意。有橱窗照明、招牌照明、外部装饰灯照明。

（1）橱窗照明　面向街面的橱窗是过往行人最易注意的地方，是照明的重点部位，照度为2000勒克斯。橱窗内的亮度必须比药店的平均亮度高出2~4倍，但不应使用太强的光。另外，灯色间的对比度过大，光线的运动、交换、闪烁过快或过于激烈，也会使人眼花缭乱，有不舒适感，因此橱窗照明的灯光要柔和、温馨、有情调。

（2）招牌照明　通过霓虹灯的装饰招牌会更加明亮醒目。各种霓虹灯可以烘染出店面的五彩缤纷，从药店招牌、广告牌，到装饰灯光，凡是夜间营业的药店都离不开它。

（3）外部装饰灯照明　外部装饰灯照明是指装饰在店门前的街道上或店门周围的墙壁上，主要起渲染、烘托气氛的作用灯饰，其设计应与商店的整体形象协调一致。如圣诞节期间许多店门前的圣诞树上拉起的灯网；再如，制成各种反映本店经营内容的多色造型灯，装饰在店前的墙壁或招牌周围，以突出药店的经营特色。

（二）照明的光源位置与效果

照明的光源由于位置不同，其效果往往有很大差别。

（1）从正上方照射的光源　它能有效地照明柜台上方的一定位置，适用于橱窗和柜台内使用，这种光可制造一种特异的神秘气氛，通常用于高档、高价的药品。

（2）从斜上方照射的光源　这种光源能让人有一种在灿烂阳光下的感觉，较为舒适自然，适合于店堂内，以及柜台的最下面和中间层。

（3）从正前方照射的光源　这种光源，因为光源被物品挡住，在物品上留下影子，因此人无法平视物品，药店不应采用这种光源。

（4）从正后方照射的光源　在这种光源的照射下，药品的轮廓很鲜明，需要强调药品外形时宜采用此种光源，在离橱窗较远处也应使用这种光源。

（三）店内外照明的注意事项

1. 要注意照明对药品的损害

光、热是造成药品变质的重要原因，光照易使药品褪色、变色、变质。照明会产生热量，因此在使用照明时要注意光源与药品的距离一般不得少于30厘米。

2. 实施绿色照明工程

现在全球都在呼吁要节能减排，因此最好选用环保、高效、节能的新光源。

3. 选择恰当的灯光

光的亮度和色彩是决定气氛的主要因素。白灯光耀眼而显得热烈；荧光灯柔和；淡绿色光给人柔和、明快的感觉；玫瑰色光给人华贵、幽婉、高雅的感觉。药店在进行灯光设计时，要根据用途进行适当的选择，以发挥灯光对消费者购买行为的引导作用。

4. 合理进行药店照明规划

药店的不同部位，所采用的光源强度不一样，参照规范照度标准，假如药店内的平均照明为1，超过1表示应特别加强，一般药店照明规划与基本要求如下：货架1.5～2.5倍；柜台1.5～2倍；展台3倍；橱窗2.5～4.5倍。

三、温度和湿度

药店要注意对温湿度的调节，夏季应采取降温措施，冬季应采取保温措施，因为太冷、太热或是混浊的空气很容易让顾客反感，从而影响药店的销售额。

四、背景音乐

背景音乐以能为顾客创造轻松、愉快的购物环境，解除顾客和店员的疲劳感，使顾客在乐曲欣赏中心情舒畅地选购商品，促进顾客的购买欲望为选择标准。

美国的一项调查显示：有70%的人喜欢在播放音乐的店内购物，但并非所有音乐都能达到这种效果。调查显示，店里播放柔和而节拍慢的音乐，会使销售额增加，快节奏的音乐会使顾客在店内流连的时间缩短而购买的物品减少，导致销售额下降。

背景音乐应间断使用，并且应在营业较轻松时用，以营造气氛。音响的音量不宜过大，应以轻快、隐约听到为宜。若在营业紧张期，音量太大，就会加大噪音，使顾客烦躁，也使员工的工作效率低下。

五、气味

（一）气味与顾客的关系

药店是人群聚集的场所，空气容易变得污浊，如果不采取措施保持空气清新，顾客会因此不满而离开，这对药店来说是极大的损失。

药店不良气味来源有：汽油、油漆和保管不善的清洁用品的气味、地毯的发霉味、吸烟的烟气、残留的尚未完全熄灭的燃烧物的气味、洗手间的气味等，这些气味易产生不愉快情绪。

（二）消除不良气味的措施

不同的药店，消除店内不良气味采取措施也不一样：如果药店规模比较小没有装空调，要注意开门、开窗通风；大中型的药店一般有空调设备，但要注意空调的功率比预计的大一点，以防止客流大时换气不足，产生不良气味。大中型的药店通过设置良好的通风设备、采用空气过滤设备、定期释放一些芳香气味等办法来消除不良气味。

六、卫生条件

药店环境卫生包括：营业场所卫生、药品卫生、营业员个人卫生。一尘不染的店内环境，让人在选购时觉得比较放心，因此营业场所，每天要专人定期打扫，及时清理废物、垃圾；货架及药品经常清洁整理；营业员要讲究个人卫生，着装整齐清洁，并不得患有传染病或者其他可能污染药品的疾病。

（周朝霞）

第九单元　网上药店

【学习目的】

通过本章的学习，让你对网上药店发展的现状及未来发展趋势有所了解，能对网上药店的合法性进行判别。

【知识要求】

掌握网上药店的优势及制约其发展的劣势。

熟悉国内有关网上药店的法律法规情况。

了解我国网上药店发展的现状。

【能力要求】

熟练浏览网上药店的网页，并能以此为平台查询药品信息。

学会运用与网上药店密切相关的“四法”来判别现实中网上药店的合法性问题。

第一节　网上药店及其开展情况

医药行业是一个技术密集程度高、投入多、效益好、风险大的国际性行业。同时，从规范性角度，医药行业也是世界公认的容易发展电子商务的行业。当用户在互联网搜索引擎上输入“网上药店”时，会得到几十万条的相关信息。网上药店是当今的热门话题，也是药品电子商务的发展趋势。

药品电子商务，是指药品生产者、经营者或使用者通过信息网络系统以电子数据信息交换的方式进行并完成各种商务活动或相关的服务活动。但是现今世界上对电子商务并无公认统一的定义。各国政府、学者、企业人士根据自身所处地位和对电子商务的参与程度，对电子商务定义提出了不同的看法。我国的药品电子商务可以分为两种，一种是在企业与企业之间进行的，称为B to B模式，目前，药品电子商务的应用主要集中在B to B模式上，占整个医药电子商务交易的大部分份额。近年来，在我国有关医药商品集中采购政策的引导下，国内大多数省份的医院在药品采购中选择了网上药品集中采购，国内医药电子商务模式主要是网上医药商品采购。另一种是在企业与消费者之间进行的，称为B to C模式，而B to C模式由于医药产品的特点，特别是医药与生命安全密切相关，世界各国对医药商品的严格控制管理，它的电子交易比重相对较小。

据中国互联网信息中心（CNNIC）发布的信息，截至2008年6月30日我国网民数量约为2.53亿人，网民规模已跃居世界第一位，家庭上网计算机数为8，470万台，且这个比例还在不断增长，互联网的发展，为企业开展网络营销提供了条件，创造了契机。进一步完善的支付体系和物流体系也将为网上药店带来强劲的支持，如果加上医改的因素在里面，网上药店的前景不可限量。

一、国外网上药店的开展情况

网上药店是利用互联网实现与顾客之间的信息交流。顾客可以登陆到感兴趣的网上药店了解药品知识、药店服务特色、查询药品价格、使用方法、注意事项等信息，并可通过网络获得与执业药师在线即时帮助，完成药品的选购和在线支付，最后通过物流配送，实现足不出户就完成购买。

国外网上药店已经成为百姓购药一种普遍的渠道。截至2004年，美国已有1000多家网上药店，美国医疗行业电子商务交易总额由1999年的64亿美元上升到3700亿美元。其中，网上诊断和网上药店等B to C交易达到220亿美元左右。美国医药界目前已经进入网上交易时代。在经营品种方面，从药品到健身器材、书籍杂志等应有尽有。而法国、德国、英国、加拿大等国家也都允许网上售药。

二、国内有关网上药店的法律法规情况

- 《互联网药品信息服务管理办法》
- 《药品电子商务试点监督管理办法》
- 《中华人民共和国电子签名法》
- 《互联网药品交易服务审批暂行规定》

第二节　网上药店的优势及制约因素分析

一、网上药店的优势分析

网上药店帮助顾客无论何时何地都能够得到所需要的产品和服务；同时它能够帮助企业深入了解客户需求，使药店与顾客之间建立了“一对一”的紧密服务关系，为顾客提供更加个性化、深入化的服务，它的启用也有效的降低了企业运营成本，增加了企业的获利空间，趋势表明，网上药店将成为医药企业终端竞争的下一个重要战场。

1. 对于药店而言

（1）医药产品标准化程度高，适合进行网上交易　药品除了体积小、重量轻、便于运送等物理特性外，还有明确的质量管理规范、药品标准、便于网上浏览的药品说明书等，这些药品本身的特性使药品的网上销售具有先天优势。

（2）减少流通环节，节约运营成本，降低经营风险　医药行业独特的分销体系环节多、层次多、信息流通不畅，大大增加了药品的流通费用。而网上药店大大简化了药品传

统的医药经营模式（需要通过批发商、供应商及医药公司等的众多中间环节），提高了药品流通率，降低了流通成本。同时由于网上药店是根据顾客订单采购和发送药品，只需维持最低库存量甚至于实现零库存，减少了企业在经营实体店时的所产生的店面租金，水电、商品被盗、过期、养护等日常损耗费用以及雇佣员工产生的工资福利等各项开支，减少了购买 GSP 要求的门店设施设备等的固定资产投资费用，加快了资金周转，实现较低的运营成本，从而能从价格上提高药品的竞争力。

（3）拓展了企业的发展空间　网络打破了营业时间和地理范围的限制，它真正实现了全天候的 24 小时服务，方便顾客的同时为自己带来更多的利益。网络创造了一个即时的、全球性的市场，消除了国家、地区间的障碍，减少了市场壁垒，使企业的市场得以扩大化，由本地辐射到全国乃至全世界，扩大了企业的知名度，“蛋糕”做大了，企业自然能从中获得可观的收益。

（4）提高了企业管理效能　通过电子商务的有效运行，减轻各类事务性工作的劳动强度，使从业人员得以腾出更多的精力和时间来服务于客户，提高医药企业各项工作的效率和质量。

2. 对于消费者而言

（1）药品价格降低　一方面网上药店的低运营成本降低了药价，另一方面网络所带来的大量信息服务使消费者议价能力得到提高，改变了他们原来所处的信息弱势地位，从而也使经营者利用信息不对称抬高药品价格的行为受到一定程度的遏止，这些都在很大程度上减轻了病患的经济压力，尤其对于需长期用药的患者，这种价格上的优势会成倍放大，从而获得这部分重要顾客的青睐。有资料显示，在网上药店发展相对成熟的美国，网上药品的价格通常比市场价低 30% 左右。

（2）品种相对更丰富、齐全　网上可以为顾客提供更多的药品品牌，扩大的顾客的选择面，同时顾客可以通过网络更方便、全面的获得产品信息、与药品有关的忠告等参考资料，从而更容易对药品进行综合的比较，做出对自己更有利的选择。

（3）手续便捷　通过上网顾客无需花时间去商场，免去了传统购物时需要花费太多精力和时间在路途和付款中的困扰，提高了购物效率，增加了购物乐趣，只需轻轻一点手中的鼠标即可完成从选购到付款的全过程，

（4）私密性好　网上购药采用的是一种基于客户服务软件系统的人机互动的模式，没有第三方的参与，可以匿名购药，顾客的个人身份以及交易的内容都得到了很好的保密。在传统实体门店中当顾客购买一些成人药品或特殊疾病的药品时，面对营业员总会觉得有些难以启齿，网上购药就没有这样的顾虑。顾客可以通过网站的药品导航系统，很容易找到自己想要的药品；即使遇到不解处需要咨询，也可以利用网站提供的热线电话或实时沟通方式 QQ、MSN 等在家中更加隐蔽地与医师进行咨询进行在线交流。整个购药过程无需与陌生人面对面，让消费者感觉隐私受到了保护。

（5）在线医疗服务　网上药房还配备了专业药师，随时或定期的提示指导患者用药，以帮助患者更快的恢复健康。购买后还可以得到在线咨询和服务。

【实例分析】

据统计，一个普通商品流通的全部费用，约占到产品总成本的30%。而在医药产品的流通中这个数字是40%，甚至更多。这40%的流通费用成了可以想象的广阔的利润空间。请问作为传统营销模式中的医药商业企业如何适应网络对传统流通模式的挑战，全面切入电子商务？

二、制约网上药店发展的因素分析

1. 网络技术性问题

说到网上药店免不了提到网站技术，网站是一个技术性的东西，一说到建站，恐怕绝大多数的人都望而却步，很多人都不懂网站技术，更别说那些做生意的商人了。源码、模板、数据库，一堆的专业名词都使网站的建设变成一件设计公司或者网络运营公司的专利。就算网站建成了，而你的实力还不够招募一个团队，那么后续的技术维护与开发都会成为一个大问题，尤其在网站技术日新月异的今天，网店这种高交互性的网站，技术的更新比开发更为重要。

另一方面，对网上药店而言，虽然可以提供在线药师咨询服务，但相比电话和面谈，在及时性、准确性上都受到一定程度的影响，服务的效果难以保证。此外，网络速度慢以及程序错误、中断等都会给消费者网上购物带来不愉快的体验，从而影响消费者对网上购物这种新兴购物方式的信心。

2. 网上交易的安全性问题

网上支付和网上个人信息的保护，这是我们目前存在最主要的问题，顾客网上交易通常可以选择的付款方式主要有货到付款、在线支付、银行电汇等几种方式。时下网上购物最为便捷的费用支付方式是通过网上银行在线支付，但网络的开放性使网上银行随时可能成为黑客攻击的对象，网上支付的安全性也因此而受到考验。特别是在线支付的方式往往需要顾客输入个人信息资料，这样又导致了网络信息安全的问题。互联网上由于病毒、木马、黑客侵入等等问题的存在，导致了一些违法犯罪分子通过造成信息安全事件来达到盗取消费者合法拥有的财产，它的危害面非常广，可以说严重损害了顾客对网上购物、交易和支付的信心。

3. 费用问题

网上药店的主要投入由三部分组成：人员工资、设备投入和运营推广费用，其比例大致为2∶1∶3。设备投入主要为前期投入，人员工资和运营推广费用则需要跟进投入。网上药店在创业期投入很大，边际成本逐年下降，这就决定了网上药店的一个特点：投入大、风险大、回报晚。

医药行业的特殊性，导致同时精通医药专业知识、医药市场营销和电子商务技术的专业人才缺乏，人员工资相对实体门店员工工资有较大增加。设备投入的费用包括购买服务器、域名、各类软件，网络维护和更新等费用。运营推广费用实为“广告宣传费”，特别对于还不为广大消费者所熟知的网上药店来讲，这会是一笔长期的巨额支出。目前国内网上药店仍处于亏损期，而网上药店完善各种功能所需费用及宣传推广费用的不断追加，需要大量的资金投入，今后几年的亏损仍是不可避免的。

4. 目标顾客少的问题

目前，我国的网络用户以中低年龄人群为主，绝大部分为年轻人，而年轻人并不是药品的主力消费群体，中老年人才是药店的主力目标顾客群。但是，一方面由于中老年人上网时间有限，他们不会整天泡在网上或者几乎不上网，这导致他们网上购药的可能性大降低；另一方面，他们对网上买药持一种观望态度，抱有各种各样的担心，如担心药品质量、邮寄过程的费用、长时间收不到药会耽误病情、药品配送过程中导致药品破损、变质，药被调包、销售发票等问题。出于这些原因他们宁愿选择亲自去医院或药店去购买。这对于网上药店而言无疑是一个巨大的损失。因此说网上购药成为流行的购物方式还需依赖网络技术的不断进步和人们购物观念的逐步更新。就我国目前情况而言，在短期内更多时候网上药店只能起到展示药店形象，宣传药品知识的作用。

5. 配送及运输中的质量问题

目前，网上药店普遍采用的邮递送货方式主要是在规定范围内由本公司专业物流人员完成，若远距离则会与专业的第三方物流公司和中国邮政合作完成。由于顾客网上买药数量一般不大，若距离又较远的话自建配送队伍肯定不划算，只有通过借助第三方物流，以最节约的成本和最快的扩张方式，在全国范围内建立起合理经济的物流配送体系。但是根据 GSP 的要求，药品在运输途中必须采取一定的保护措施（如保持一定的温度和湿度等），这对第三方物流提出了较高的要求，如何解决药品离开药店配送及运输途中的质量安全、包装破损、被调换等问题，这在很大程度上制约了网上药店业务的开展。

6. 许可与监管问题

由于药品是一种特殊的商品，药品质量关系重大，国家对网上药店的开办实行了严格的准入机制，截止 2008 年 8 月经国家食品药品监督管理局批准从事互联网药品交易服务的企业共有 18 家，其中仅有 9 家被允许向个人消费者提供药品，他们的名称、证书编号和网址分别是：

福建惠好医药连锁有限公司（闽 C20080001）www. 511yd. com

上海药房连锁有限公司（沪 C20060001）www. 818shyf. com

北京京卫元华医药科技有限公司（京 C20050001）www. yaofang. cn

青岛百洋健康药房连锁有限公司（鲁 C20070001）www. baiyjk. com

云南白药集团股份有限公司（云 C20080001）www. yunnanbaiyao. com. cn

上海复星大药房连锁经营有限公司（沪 C20080001）www. fxdyf. com

北京金象大药房医药连锁有限责任公司（京 C20060001）www. jxdyf. com. cn

辽宁盛生药房连锁有限公司（辽 C20070001）www. 4ujk. com

湖南老百姓医药连锁有限公司（湘 C20080001）www. eelbx. com

【知识链接】

合法网上药店的特征包括：①经国家食品药品监督管理部门批准的合法药品零售连锁企业，应获得了《互联网药品交易服务资格证书》(服务范围：向个人消费者提供药品)；②合法的网上药店必须在网站的显著位置标示出《互联网药品交易服务机构资格证书》的编号；③任何合法网站只能向消费者销售非处方药，同时，网站需具备网上查询、网上咨询（执业药师网上实时咨询)、生成订单、电子合同等交易功能。

虽然国家对网上药店的开办实行了严格的准入机制，并加强了监管，但是，由于网上销售其天生的隐蔽性，很容易避开监管之门，一旦发生违法行为，控制难，取证难，监管难度极大。目前全球包括一些发达国家在内，对网上药品交易的监管都显得力不从心。因此，对于药监部门而言，除了实行了严格的准入机制外，有必要在网上药店的监管上加大人力和技术的投入力度，加大监管力度和惩罚措施力度，运用先进的监管手段对网上药店资格的合法性、销售药品的质检管理以及销售过程进行跟踪监管，另外，还应进一步加快对网上药店相关监管法规的完善，并向消费者进行广泛的宣传，使他们能够区分合法与非法的网上药店以及合法与非法的网上售药行为，充分保证人民群众的用药安全。

【实例分析】

据报道，国内某一省一年内可收到互联网药品经营方面的投诉举报近800件，但查处的案例十分罕见。难查处的尴尬缘自现有法律法规尚不适应互联网经营药品监管的要求。例如，在管辖权确立上，互联网售药牵涉到IP地址所在地、违法经营地、药品交付地、损害结果发生地等多个场所，但究竟应该由哪个场所的监管部门管辖，缺乏相关依据；再比如，绝大多数网上药品侵权金额较少，尚未构成刑事立案标准，而行政机关在收集和查找交易记录方面十分困难，无法给予网上非法销售药品相应的制裁；至于网络身份“虚拟化”如何还原，也是困扰所有网络经营行为监管者的老问题。业内人士呼吁，必须建立起完善的法律法规制度，弥补现有监管手段上的空白，才能提高监管的有效性。

7. 开展网上药店的企业诚信问题

互联网是非实名的，网络用户身份不明，表面来看是一个合法的、信息齐全的卖家或者网站，但是实质上它可能就是一个骗取钱财的卖家或网站，网上售药违法行为多种多样，如销售假、劣药品，销售处方药，无执业药师提供咨询服务等。数以万计的非法售药网站每时每刻都在损害正规网上药店的信誉度，虚假的网上药店将会使消费者冒更大的风险。

8. 用药安全问题

绝大多数网上购药的消费者缺乏医药学方面专业知识，仅仅通过在网上查看说明书及一些药品相关资料来作为购药依据，显然病症难以得到正确及时的治疗，可能会延误病情，错过最佳治疗时间。另外，在网上所购药品的质量也是一个问题，这也将造成了顾客的用药安全隐患。

第三节　网上药店的运营

一、网上药店的网页设计

网上药店是可以发布药品信息与消费者进行交流的“虚拟药店”服务平台，网上药店要实现其功能，其网页设计要体现出一套完整的从药品介绍—药品导购—用药安全教育—疾病用药指导—网上购药—配送—售后跟踪服务的业务流程。具体包括以下几个方面的内容：药店简介、药品查询功能、网站的导航功能、会员功能区、购物指南以及购物配套服务等。

二、提高网上药店绩效的策略

通过市场调查和预测，充分了解顾客的需求、分析顾客需求行为、了解顾客的价值、对顾客的价值进行评估从而为顾客提供更好的服务。

（一）提升网上药店服务功能

（1）设立网上疾病知识咨询窗口，让患者把其疾病和治疗状况以 BBS 留言方式和邮件方式反应上来，医生再给予全面回答。

（2）为顾客提供用药指导、售后服务（主要是退货、换货政策）等完善的服务，对服务承诺能真实履行。

（3）为顾客提供方便的多种支付方式：除了用现金、汇款支付方式外，还可以用信用卡、借记卡（储蓄卡）进行网上支付。

（4）对顾客进行健康教育。设立病友康复 BBS，让一些“播客”充分发挥作用，甚至把一些知名医生的健康疾病讲座内容制成“声邮”文件，或者播客文件供下载，以把某类疾病的知识由浅入深，客观准确全面地告知消费者。设计互动和相关链接，让消费者能够通过网络容易得到相关疾病和药品的多方面的信息。

（二）加强配送管理与合作，保证顾客购买药品的质量

企业的连锁规模一般是区域性的，应加强与第三方物流合作，利用第三方物流可实现跨区域送药服务，同时可解决安全性问题与缩短送货时间。

（三）进一步完善网站建设，增加顾客网上购药的便利性，提高网上售药的成功率

它的方法包括：合理的网站地图，进行导航，增加网上搜索，电子邮件、反馈表单、论坛、网络广告等。

（四）进行必要的网上营销，我传播我存在，充分利用网上传播的优势，通过多种营销手段吸引目标消费群体，树立企业良好形象

1. 交叉销售

比如通过网站交换广告、交换链接、内容共享、利用各自注册用户资料互为推广等达到促销目的。网上药店是新生事物，因此需要加大力度进行传播，尤其是在一些门户网站和平面媒体上进行事件营销、长期网站预告广告、优惠促销信息传播等，让消费者慢慢了解网上药店，这样生意才会慢慢好起来。如果不传播，消费者就不知道你的存在，尤其是在网上针对目标网民的传播更为重要。

2. 发展网络会员，设立论坛

设立网上购药积分卡，以培养忠诚的顾客群，如经常组织一些新老顾客联谊活动，通过用户之间的信息交流，特别是老顾客亲身体会去影响新顾客，把个体行为扩大为群体行为，让患相同疾病的患者互相交流、互相鼓励增强康复信心。

（五）进一步巩固其价格策略，以平价取胜

通过提升管理效率，降低成本，进行合理收费，以平价取胜，网上药店才能得以生存与发展。

三、实训：网页查询

（一）实训目的

学习浏览网上药店，并能学会以此为平台进行药品信息的查询。

（二）考核标准

能正确、快速的查询药品信息。

（三）实训内容

1. 辨别网站的合法性

查看教师指定网站，根据所学的相关法规判断该网站是否为合法网站。

2. 查询药品信息

浏览网页并快速查询教师指定药品及其相关信息。

（四）实训过程与方法

（1）学生进入机房后，教师以电子文档形式给学生发放本次课的实训内容。

（2）请学生在规定时间内完成网站合法性的判断，并把判断结果及依据以电子邮件的形式发到指定邮箱。

（3）学生按教师提供的药品清单，登录合法网站，查询药品信息，并总结出不同药品的卖点，写成一份药品的推介说明，以电子邮件的形式发到指定邮箱。

（4）教师当堂进行实训内容的讲解。

（袁　玲）

第十单元 门店促销活动

【学习目的】

通过本章的学习，让你掌握策划促销活动的步骤、方法及注意事项。

【知识要求】

掌握促销的概念及促销活动的主要方式。

熟悉按促销主题进行的促销活动的分类。

了解设计促销活动礼品的原则。

【能力要求】

能根据具体情况选择合适的主题开展促销活动。

学会参与完成一份活动策划书撰写工作，能参与组织一次现场的促销活动。

第一节 门店促销活动的策划

一、概述

所谓促销即促进销售，是指企业通过一定的方法和手段向顾客传递产品信息，并与顾客进行信息沟通，帮助和说服消费者关注自己的产品，激发购买欲望，并促使其实现最终购买，促进企业产品销售目的的营销活动。

按促销的具体形式划分，可分为：①人员促销，是指企业通过推销人员以交谈形式向用户进行口头宣传和介绍，以达到销售药品的目的的一种营销手段。人员促销是最古老、最普遍存在的一种直接促销方式，它有其他促销方式不可比拟的优点。在今天，它仍然是一种是最重要、最有效的促销方式。尤其是对于药品销售，强调对症给药，需关注购药顾客的个体因素，门店在售出药品的同时，应该对顾客进行用药指导以及药品不良反应等相关信息收集反馈，而销售人员在这方面有着不可替代的作用。②营业推广，又称特别推销。是指在短期内为了刺激需求而进行的各种其他优惠性质的活动。营业推广只在短期内有效，而且要伴随着相关的广告宣传。如果时间过长，容易被认为是企业在推销滞销产品，使企业形象受到损害。③公共关系，是一个企业或组织为了树立良好的形象，利用双向信息交流的手段，获得内外公众的信任和支持，以维护企业与公众的共同利益，从而为唤起广大消费者信任购买提供良好的社会环境。④广告，是指企业以付费方式，有计划地选用有效的大众传播媒介向目标消费者传递企业及其商品的优势信息，为求改变或强化消费者的购物观念和行为，促进销售的一种营销推广活动。

1. 作用

在市场经济条件下，药品促销有以下主要作用：①提供信息，刺激需求。药品不同于其他商品，它的针对性强，而且主要是在医生和药学专业人员的指导下使用，用药的选择主要依赖医药企业和医疗机构的推荐和宣传。故企业应不断向医疗机构和消费者推荐自己的产品，从而激发消费者的购买欲望。②突出重点，引起重视。由于药品市场竞争日趋激烈，对于同类药品，消费者往往不易比较它们之间的细微差别，因此企业通过促销活动，大力宣传自己所经营药品的特点和优点，使消费者能够产生深刻印象和好感，引起重视，从而使其药品居于优势地位。③树立形象，稳定市场。消费者对形象好、声誉高的企业及其产品具有较高的信任度，愿意购买并放心使用。这说明企业形象会直接影响到经济效益。因此树立良好的企业形象对于巩固企业的市场地位，增加企业经济效益显得十分重要。通过各种宣传促销活动，增强消费者对企业及其产品的信任度，使企业获得更多的市场份额。

2. 特点

每种促销都有其固有的特点：

（1）人员促销的特点　灵活性、针对性、选择性、及时性和完整性；

（2）营业推广的特点　即期效应明显、形式多样、持续时间较短；

（3）公共关系的特点　效果的长期性、实施的针对性、手段的间接性、对象的广泛性、运用的能动性；

（4）广告的特点　公众性、渗透性、表现性、非人际化。

二、促销活动主题的选择

（一）主题选择

选择促销主题时应注意如下问题：①主题要有广泛关注的社会意义。有社会意义，才会引起消费者关注、公众关注、媒体关注，才会有人气。比如三八节主题："关注弱势妇女群体，三八免费妇检"；母亲节促销活动主题是："献给母亲的爱"。某儿童保健品的六一节主题是："关注您孩子的情商！"策划主题是本着公关第一，广告第二的思想，可请记者策划，可以以公关手段制造事件行销话题，使得促销活动主题具有较深的社会意义，从而取得较高的公众关注度。②主题传达的信息清楚明白。明白你要干什么，真正有兴趣的人自然会来参与。一般为同时有社会意义又清楚明白，这时可以用副标题形式来说明：比如某心脑血管药品重阳节的促销主题："老吾老以及人之老"，副标题："高血压防治知识咨询义诊"，"高血压患者如何改换用药品种"等。这里切记不可就拿"买一送一"欺骗消费者，尤其是你送的这个"一"要说明白。③主题通俗顺口，容易明白与记忆。比如："××送健康，买也赠换也赠！"，副题"用××产品同类产品空盒子可以换取××产品的赠品一盒"。"买一盒××，就向奥运会捐献一分钱"。

（二）促销活动的分类

按促销主题的不同，常可以把促销活动分为如下五种：①开幕促销活动。开幕促销活动是药店首次与潜在顾客接触，药店这张新面孔能否为顾客留下美好而深刻的印象十分重要，这在一定程度上将决定门店以后经营业绩的好坏。为此，门店应该投入较多人力、物力和财力去筹划这次促销活动，对活动内容与活动预算作周密安排，力求达到或超过预期效果。一个成功的开幕促销活动日平均营业额甚至可以达到平时日营业额的3~5倍。②店庆促销活动。店庆促销活动已经成为目前零售业的主要促销方式之一，这不仅是因为通过店庆活动能迅速扩大门店的营业收入，更重要的是促销活动还能起到提高门店知名度、扩大影响力、增强竞争力的作用。店庆促销活动一般需要提前3~5个月进行筹划和相关准备工作，一个成功的店庆促销活动日平均营业额可达到平时日平均营业额的2~3倍。③节假日促销活动。“假日经济”在药店的节假日主题促销中得以充分体现，假日消费形成了四大旺季，即主要集中在五一、国庆、元旦、春节四个节假日时段，这是假日消费的基本特征。另外，部分公民享有的节日如“三八妇女节”、教师学生的寒暑假以及从国外“引进”的一些节日如“情人节”、“圣诞节”等也都显示出了日益明显的假日消费效应。配合国家规定的节假日而举办的促销活动为门店带来可观的销售收入。通常，促销期间的业绩比非促销期间将提升30%左右。④会员日促销。门店为了显示自己对所属会员的关注并且基于产品促销的目的，往往会在每个月设立一个固定日期作为会员日，在当日中购药的会员将会享受区别于一般顾客的优惠待遇。目前市场竞争异常激烈，能否留住老顾客决定着门店能否维持一定的市场份额，能否继续生存下去，它与门店的业绩有着直接的关系。因此，完善的会员制度、做好会员日促销吸引顾客成为门店忠实会员顾客，将成为门店突破销售瓶颈的一个非常重要的部分。⑤竞争性促销活动。由于竞争的加剧，商圈内竞争店之间的促销活动会相互影响，往往一家门店的促销活动会引起邻近数家竞争店的促销活动，目的是避免营业额降低。促销不仅仅只依赖于简单的降价，而应该通过全方位的促销手段，包括广告促销、文化促销、服务促销、商品促销、公共传播促销等全方位的促销组合，实施品牌促销战略，抢占商业制高点。

三、促销活动的主要方式

促销活动的主要方式包括店头促销、健康讲座、社区推广、会议交流和公益活动五种。

（1）店头促销　店头促销是门店的一种形象促销活动，指的是直接在店面进行的促销活动。主要表现形式有三种：特别展示区，货架两端（端头）和堆头陈列。这三者都是消费者反复通过的、视觉最直接接触的地方，而且陈列在这里的商品通常属于促销商品、特别推荐产品、特价商品和新产品。通过店头促销与目标消费者进行沟通，以提升品牌知名度，建立品牌认同，并增加销售量。

（2）健康讲座　健康讲座是会议营销的主要内容，它通过邀请专家开展讲座，把产品知识和健康理念通过科普教育的方式传递给消费者。只有把产品知识和健康理念讲透，让客户先有一个理性的认知，才能促使其购买产品。

（3）社区推广　社区推广指的是在目标社区内进行的以树立企业的品牌形象，积极引导顾客的消费倾向，并最终提高产品销售额的促销活动。社区推广活动是对门店日常营运工作的重要补充。

（4）会议交流　利用会议的形式与目标受众聚在一起进行交流，以期通过这种相对轻松的交流环境，经过主持人的适当引导，使与会者接受有关产品的相关信息，并产生一定的认同感，最终利于产品的销售。

（5）公益活动　就是与公益组织联手，充分借助其权威、公益的性质，搭建一个具有社会公信背景的销售平台，实施人性化的营销活动。企业借助公益活动与消费者沟通，以树立良好的企业形象，并借以良好的企业形象影响消费者，使其对该企业产品产生偏好，在作购买决策时优先选择该企业的产品的一种营销行为。

【课堂互动】

1. 播放有关促销现场的多媒体影像资料，使学生感受促销活动现场，并结合体会讲出促销策划的要点。

2. 在日常生活中，你还见过药店做过哪些促销活动？

四、促销活动的时间、地点及人员安排

1. 时间与地点

（1）选址　根据产品的自身特点而选择活动地点，就是说在选址时一定是围绕目标消费者而进行。

要点是人流量大、居民区集中点（如选择小区人气最旺的广场或必经之路为最好），人群文化素质高、购买力强、场地整洁开阔、对周围的影响力大、租用场地的费用情况等，并根据促销点位置、大小和方位等来确定促销活动场地如何布置，对于这一点需要社区促销活动负责人亲自现场走访进行确定、对现场情况可画草图进行标识，规划现场布置。

（2）活动力度与时间长短　活动的力度涉及到投入多少、投入什么、投入方式的问题。活动力度不够、刺激不强、主题不明、立意不深、缺乏新意都较难吸引人气。当活动经费有限的情况下，唯一可做的事就是对活动的方式方法内容进行创新，依靠创新加大刺激力度，这里的刺激指的是参与这项促销活动可以得到的各项好处，物质的、精神的还有其他的好处等等。

活动期需要足够的时间。如果持续的时间短，顾客因事无暇购买而丧失机会或在这段时间内无法实现重复购买，促销达不到预定的目标；如果时间太长拖延太久，又会引起开支过大，而且促销活动将会失去其新鲜感，从而降低刺激顾客购买的力量。另外，促销活动频率要适宜，不能过于频繁进行促销活动，这样会影响企业形象，并且容易被认为是企业在推销滞销产品。

2. 人员

（1）工作人员　治安巡逻队员、电工、保洁员等。

（2）活动人员　现场销售人员、主持人、咨询药师等。

（3）工作对象　具有明确购买意向或潜在消费可能的目标顾客。

第二节　门店促销活动的组织实施

一、信息发布

1. 选择媒体

（1）视听媒体　视听媒体是集视觉媒体和听觉媒体的功能于一身，通过有声的活动的视觉图像，生动、直观、逼真地传递信息，易于激发受众的注意力和兴趣，有利于提高传播效率和效果。视听媒体可分为电影、电视、广播、幻灯片广告等。

（2）网络媒体　主要指的是经互联网进行信息传播的方式。网络媒体以文字、声音、视频等符号系统兼集一身，可以利用计算机和网络技术生成平面和三维动画、全息图像、虚拟空间环境等，达到信息的整合、重构和各种信息形态的相互转换，可以使受众产生比接受传统媒体的报道更加逼真的“沉浸感”，从而使宣传效果最大化。

因特网和传统媒体相比的最大优势是具有无限而廉价的空间，打破了原有的地域界限，网络使时空得到了大大的拓展，订货和购买可以在任何时间、任何地点进行。独有的、双向的、快捷的、互不见面的信息传播模式，为网络促销提供了更加丰富多彩的表现形式。企业在因特网中只需要很少的费用就可以把有关企业及其产品有关的信息刊登出来，一旦在网上发布广告，不用增加任何额外费用，产品和服务信息就会传遍全球，潜在的宣传效应巨大。

（3）纸质媒体　包括报纸、杂志、图书、宣传单等。

（4）直接邀请　指通过各种方式直接与目标顾客取得联系并邀请其参加活动。包括信函、电话、传真、手机短信、QQ 留言等。

2. 途径与方法

常用的信息发布途径与方法有：①邀请，以邀请函等方式将促销信息通知给目标顾客；②播报，通过广播、电视等方式播放活动信息的方法；③人员派发，雇用人员对活动信息以传单的形式派发给目标顾客的方式；④公告，在一些公共媒体以刊登广告的形式来传递活动信息给目标顾客的方法。

二、材料准备

1. 宣传材料

（1）影视资料　围绕企业文化、企业的先进事迹及其取得的重要成果作为宣传资料，并将其制成影视短片的形式，在活动现场进行播放。

（2）渲染材料　分为宣传单张、POP、吊旗、台卡、立牌、橱窗、厂商的宣传海报及橱窗空盒展示等，各种促销资源的使用应做到规范、有效。

（3）活动方式介绍　介绍此次活动的活动内容、活动方式、优惠政策、方便程度及给顾客带来的利益等。

2. 产品资料

(1) 产品说明书　产品说明书就是对产品的介绍和说明，包括产品的外观、性能、参数、使用方法、操作指南、注意事项等。

(2) 现场销售产品　现场销售人员运用一定的销售技巧，向顾客说明讲解商品，从而使顾客对商品产生兴趣、激发其购买欲望并最终促成商品的销售。

(3) 奖品或礼品　GSP 实施细则中规定药品销售不得采用有奖销售、附赠药品或礼品销售等方式。不得买药品赠药品、买商品赠药品等。但药店里还有许多其他产品，若做促销，应注意促销活动礼品设计，一般按照以下原则来设计：①实用性原则。顾客在日常生活中能经常使用得到的商品。用这类商品作为礼品消费者不会嫌多，如儿科用药可赠一些画笔、铅笔盒等，妇科用药可赠小镜子、护垫等。②珍稀性原则。这类礼品由于市场上不容易买到，价格信息不对称，显得很有档次，价值看上去很高，但实际并非如此。这样由于这个礼品的关系，顾客可能就会大大提高对活动的参与度。③迫切需求性原则。礼品如果是对方急需的，那不论价值多少，都将是最佳的。如冬天来临时的暖手袋等保暖用品就是如此。④趣味性原则。礼品要富于情趣，好玩的礼品也是受欢迎的。比如成人智力玩具等。

【知识拓展】

发放宣传单张的技巧

1. 看人

根据传单内容，选择那些具有购买意向和购买能力，而且真正能够在收到传单后会认真阅读的人群作为你的目标人群。

2. 看地点

选择合适的地点派单，因为地点的选择直接关系到人流量和人群购买意向及能力的问题。

3. 看表情

迎面来的人，有表情微笑或者自然的，有表情呆板或严肃的，有急匆匆赶路的，有边走边聊的等等，要根据情况选择是否发放。

4. 看时间

最佳时段一般上午 10 点至下午 5 点。

5. 会说

要说一些简短的最能打动顾客的话语，比如某某活动，特价，打折之类等等。

6. 会做

还要注意发送传单的身体姿态和手势。要把传单恭敬地送到顾客手上，递给顾客的时候手臂要随着顾客行走的方向移动，以便顾客能接到传单而不至于将传单丢到地上。

三、场地布置

1. 区域布局

根据场地的具体情况进行合理布局。①场地布置应有立体感，突出促销活动的氛围；②场地布置应结合选点的位置，布置便于为顾客服务，同时对整个场地有控制感，以便应付突发事件。③展示用促销商品堆头的布局。④拉好横幅，展板要按规格集中树起来、展示用桌子可多放几张备用；立牌及宣传广告放到醒目位置让来往顾客容易看到；把品牌伞撑起来，突出品牌及公司的企业文化，提高知名度；增加产品的信任度，营造热销氛围；⑤咨询桌上要整洁，无杂物；台布要干净；⑥促销活动结束时，道具应及时清洁护理，并按时归还，或做好下一次的准备工作，包括考虑下一次促销场地的安排由就近的促销代表保存道具，合理利用现有道具资源。

2. 营造气氛

气氛渲染有利于聚集人气，加上中国人普遍的从众心理，也可以实现销售。可以用以下手段渲染现场气氛。

（1）视觉手段　促销活动终端现场尽可能多的张贴 POP 广告、海报、横幅、吊旗、宣传单页、根据不同的活动主题特别制作的异型立牌、台卡、灯箱等；气球、充气模型、彩虹门、空中飞艇、热气球；整齐特别的印有企业标志的着装、特制的帽子及药品空盒的宣传展示；散发印有活动说明的小气球给带孩子来的消费者，或者散发可以利用的小型精美宣传品等都能有效地吸引参加者。

（2）听觉手段　指通过高音喇叭、麦克风、扩音器，背景音乐及主持人现场的产品宣传，如销售高峰期的现场叫卖、电视录像或者重复播放录像录音等吸引消费者。

（3）现场表演秀　预先设计好一些以宣传产品为目的的利于消费者和组织者互动的小游戏等；用产品或者特制的展示包装物堆成各种形状的堆头，并在所有能插的地方插上气球；也可以事先找一些参与欲望很强烈的顾客，让其在现场表演、现身说法；活动中间穿插歌舞表演，在条件允许的情况下还可以请一些专业表演团体表演，以吸引活动现场的人气，为活动造势。

【知识拓展】

活动现场的注意事项

1. 安全

活动前期应该办好相关手续；活动过程中的每一个细节都必须掌控在主办者的手中，注意维持好活动现场秩序，及时发现安全隐患（如有人闹事或恶意投诉等），防止现场的混乱；做好顾客人身及财产安全的保障工作，防止现场商品被盗；注意活动过程中的用电安全问题。同时注意工作人员的态度，一定要耐心、细心地解释，以免与顾客发生争执，带来不必要的麻烦。事先预演可能出现的所有问题及其处理预案，以及应急方案，一旦出现问题，迅速按照预案或者应急方案处理，稳定现场局面。

2. 设施

活动前应仔细检查活动设施的使用状况。检查音响、彩虹门等是否能正常工作；海报、宣传单页、横幅等是否拿全；活动的礼品是否已拿够；并配备专职人员与相关职能部门进行沟通保证活动的正常进行。

四、人员组织

要保证整个活动过程的顺利进行，各岗位工作人员应明确职责，各司其职，分工合作，工作到位，一职多能是关键。因此，必须对所有的工作人员进行培训，做到：

1. 确认岗位与职责

（1）促销活动准备工作责任到人，活动现场责任到人，跟踪检查工作责任到人。

（2）前期对每个人的工作分工，并进行反复沟通培训。要求所有参加现场活动的工作人员都能对促销活动主题、目的、意义、程序、注意事项等详细了解。

（3）做到一人多能多职培训，一旦人手不够就可真正实现一人多能多职的安排。布置完任务后，让每个人复述自己的职责，出现问题处理程序和处理方法。

（4）严肃纪律，统一行动，保证执行效果。

2. 人员培训

（1）培训人员接待礼仪，使之言行举止得体规范。特别强调现场应身着统一的企业服装。

（2）明确各人岗位与职责，不得擅自串岗离岗。

（3）注意统一宣传口径，清楚活动的起讫时间、促销商品及其活动的内容。

（4）要求现场销售人员熟悉本企业包括企业历史、文化、产品系列等各方面的情况。

（5）培训人员掌握所促销产品的卖点、产品销售技巧以及如何解答顾客可能提出的异议。

（6）要求现场工作人员做好顾客的信息收集工作。

（7）培训人员的服务意识，服务态度要积极但注意不能随意攻击竞争产品。

五、活动评价

评价的目的是为了总结经验，改进工作质量。因此活动过程中要求现场工作人员做好各类信息收集、整理工作。活动的评价可以分活动过程的评价与活动绩效的评价两个方面。

活动过程的评价通常采用活动聚集顾客数量、现场销售产品数量、销售额、毛利率等指标进行评价。主要分析的是本次活动所产生的绝对效益。

促销绩效评价通过对不同促销方式或促销组合的各项销售指标进行对比，或活动前后各项经济指标的对照分析，从而了解不同的促销活动所产生的相对效益，最终评价出最优的促销方式以便今后继续使用。

值得注意的是对促销活动的评价，除了直观经济指标外，有些效益是长期的、隐性的，不一定直接反映在销量上，如顾客对某一产品的信任不一定能产生直接的、短期的经济效益，但对企业的长期经营与发展显然有重要的影响。因此对促销活动进行评价分析时，不仅要注意收集销量方面的信息，同时也应重视收集活动前后顾客对产品品牌的印象与口碑等方面的信息，并进行分析。

六、实训：社区推介活动策划

（一）实训目的

学习策划社区推介活动的基本方法及执行社区推介的操作步骤。

（二）考核标准

能独立完成一个社区推介方案的设计，要求在该方案中促销的各要素均有所涉及。

（三）实训内容

举办一次商业街活动并推销自制产品。

（四）实训过程与方法

让学生自制产品或以教师指定的产品为载体。学生自由组合成4～6人的工作小组，以小组为单位根据产品特点确定宣传方案。在明确活动主题、人员分工的情况下，自行联系有关部门落实活动场地、活动形式与活动内容以促进产品销售。活动结束后根据各组销量的多少评选销量明星。各销售小组根据本组活动情况做工作总结。

（五）工作记录

市场推广活动计划（表10－1，表10－2）

活动负责人：

活动协调人：

活动目的：

活动主题：

活动地点：

活动规模：

活动形式：

活动内容：

场地布置：

传播方式：

人员邀请：

表10－1　实施推进表

项目	要求	负责人	时间	设备要求	费用	备注

表 10－2　活动当日具体时间安排表

时间	项目	负责人	关注要点	备注

第三节　礼品发放及包装

一、礼品发放业务流程

一般情况下，顾客凭付款收据到柜台取药，销售人员必须当面将药品如数进行清点、逐一装袋，并指导顾客正确地使用药品，销售工作才能宣告结束。

由于门店经营范围扩大，商品种类增多，药品门店的业务内容也逐渐扩大。有些商品售出后要同时发放相应的促销礼品，也有部分顾客在购买了相应的商品后，出于各种原因要求门店对购买的商品进行适当的包装，等等。

门店礼品发放流程应遵循以下原则：①促销礼品由市场部制定下发计划，物流配送部按规定统一发放，严禁厂家直接发放礼品到门店。礼品发放到门店后，门店负责人应指定专人负责保管（过期、破损的应拒收）；②获得礼品赠送的顾客，凭电脑小票到礼品发放处领取礼品；③发放礼品的员工应认真核对电脑小票，确认发放礼品的种类及数量；④请顾客在礼品发放登记本上签上姓名、日期及数量以备日后核查，并在顾客电脑小票上写明“已发礼品”字样；⑤把礼品包装后双手交给顾客；⑥礼品应专项专用，每天交接班收银员清点礼品送出和存货数据，送出礼品后应按规定时间录入电脑，严禁私自把礼品据为己有或随意赠送。

二、礼品包装技巧

医药商品的包装是售后服务的初步体现，是顾客选定商品交清付款后，营业员的最后一道工序，做好这道工序将给整个销售工作画上一个完美的句号。同时，医药商品包装后也是销售的有利促销手段和企业宣传的最佳方法之一。

礼品包装的方法与技巧很多。基本的要求是包装牢固、美观、大方，能体现顾客提升礼品价值的心理要求。由于大多数医药商品包装的形状是方形或长方形，故在此将着重介绍这两种形状商品的包装方法。

（一）包装所需基本工具及材料

包装纸、缎带、透明胶、双面胶、捆扎丝带、剪刀、裁纸刀、尺子、订书机、打孔机、贺卡、小卡片和包装填充物等。

（二）礼品盒的包装

1. 扁平方盒的包装

这是一种最基本的包装，操作步骤如下：（如图 10－1）

（1）把所需包装的扁平方盒放在包装纸的中央。

（2）纸的左右侧卷起，用透明胶纸贴牢。

（3）把靠着包装者一面的包装纸上层向下折。

（4）左右两侧的纸向中间折入，折的时候要注意整理对折的边角，以使盒的边角处尽量整齐和笔直。

（5）把包装纸的下层向上折，若有尖头应折平，并把边缘要紧贴盒底部，然后用透明胶纸贴牢。

（6）用同样的方法包装盒的另一侧。最后，盒面朝上，包装完毕。

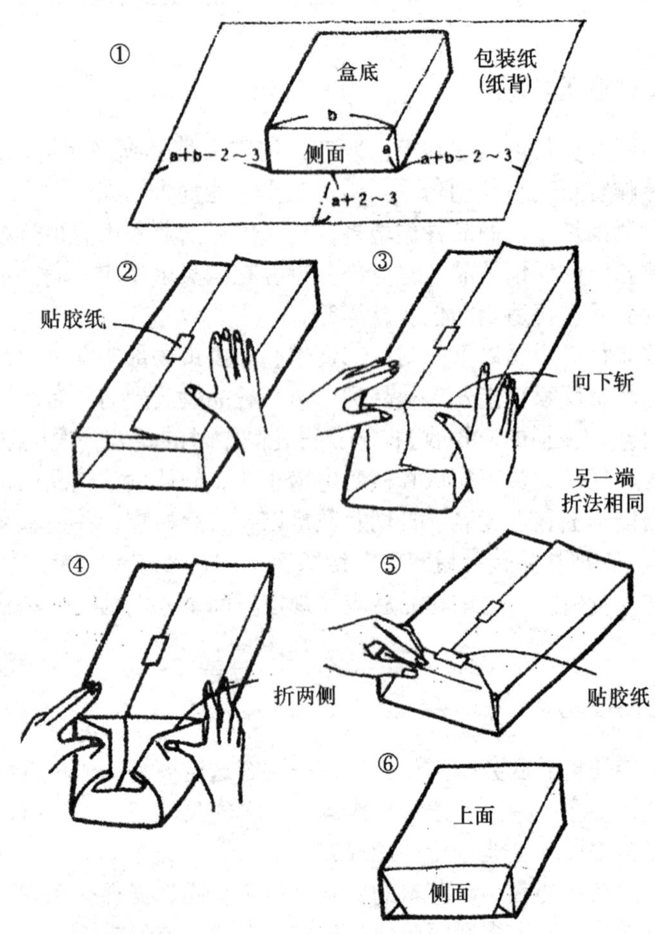

图 10－1　扁平方盒的包装法

2. 瓶子的包装

操作步骤（如图 10－2）：

（1）包装纸的纸背（反面）朝上，瓶子如图横放，在瓶的上端和底部的包装纸各留出约 5 厘米的宽边，纸的上下长度以能绕瓶两周为宜。

（2）瓶子底部的位置确定以后，慢慢转动瓶子，瓶子两端的包装纸同时做皱褶折叠，瓶子转动约一周时，包装纸向内侧折入，多余的纸做皱褶，继续卷绕，连续做数次皱褶，完成绕瓶一周。

（3）剩余的纸和瓶底对齐成直线折入。

（4）滚动瓶子直到最后，并用胶带固定。

（5）在瓶颈处作皱褶后收紧。

（6）用缎带打一花结后即告完成。

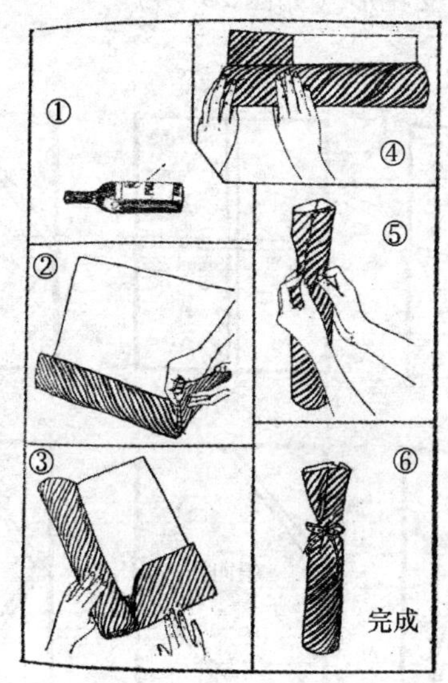

图 10－2　瓶子的包装法

5. 糖果形包装法

操作步骤（如图 10－3）：

（1）纸的内侧朝上展开，在上面放置礼品，再将礼品卷起。

（2）两端的纸作皱折后收紧。

（3）、（4）两端各用缎带打上蝴蝶结。

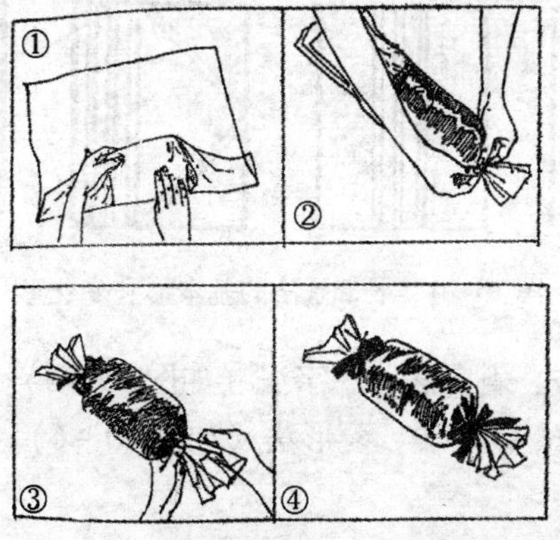

图 10－3　糖果形包装法

（三）缎带和花结装饰

一般来说，好的礼品包装往往是造型简洁、颜色淡雅的，它可以通过一些恰当饰物的搭配，从整体上烘托出礼品高雅的气质来。缎带和花结等饰物，在这里就起着画龙点睛的作用。

1. 缎带

礼品的外包装上系上缎带，可以使包装更加整齐，亮丽达到很好的装饰效果。

（1）缎带系法的基本形和变化形（如图 10－4）。

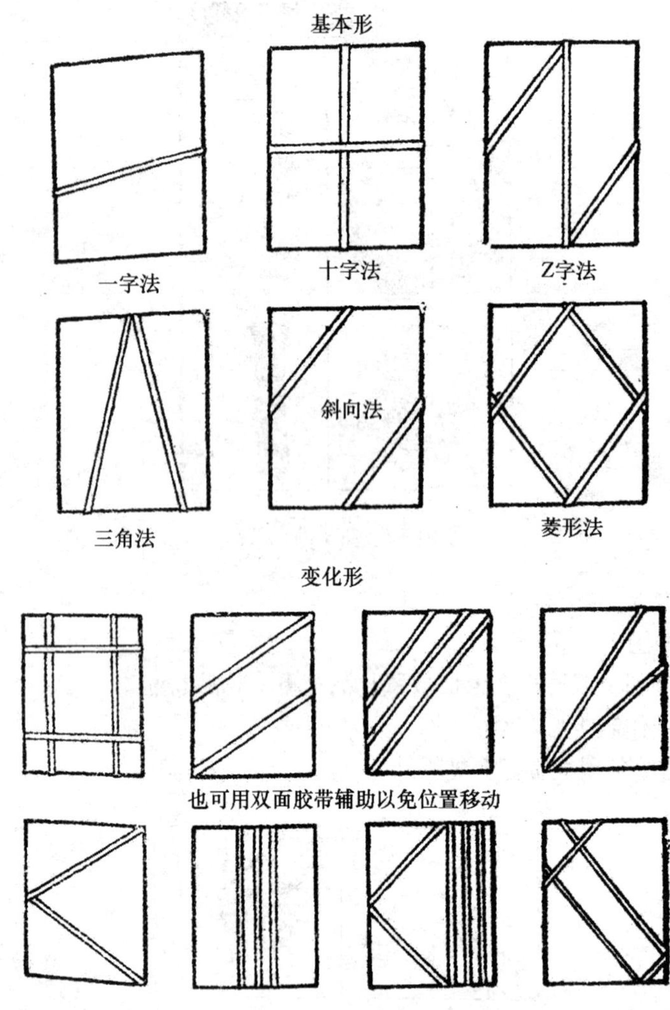

图 10－4　缎带系法的基本形和变化形

（2）缎带系法的十字法、斜向法、一字法（如图 10－5）。

（3）缎带系法的三角法、Z 字法、菱形法（如图 10－6）。

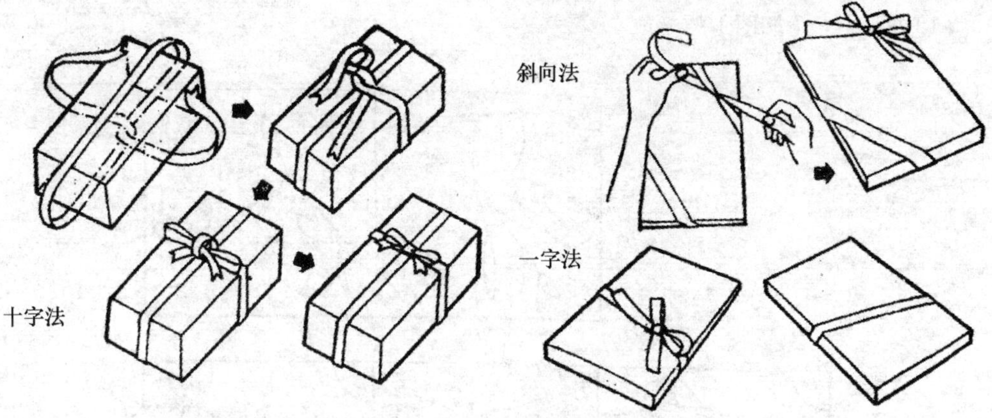

图 10－5　缎带系法的十字法、斜向法、一字法

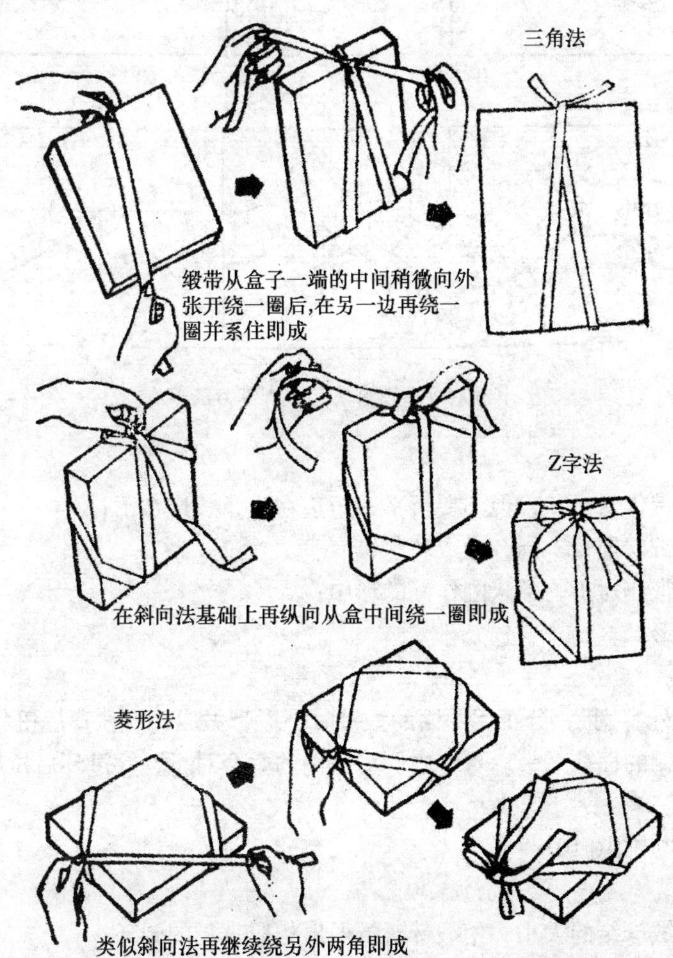

图 10－6　缎带系法的三角法、Z 字法、菱形法

2. 花结装饰

（1）蝴蝶结（如图 10－7）。

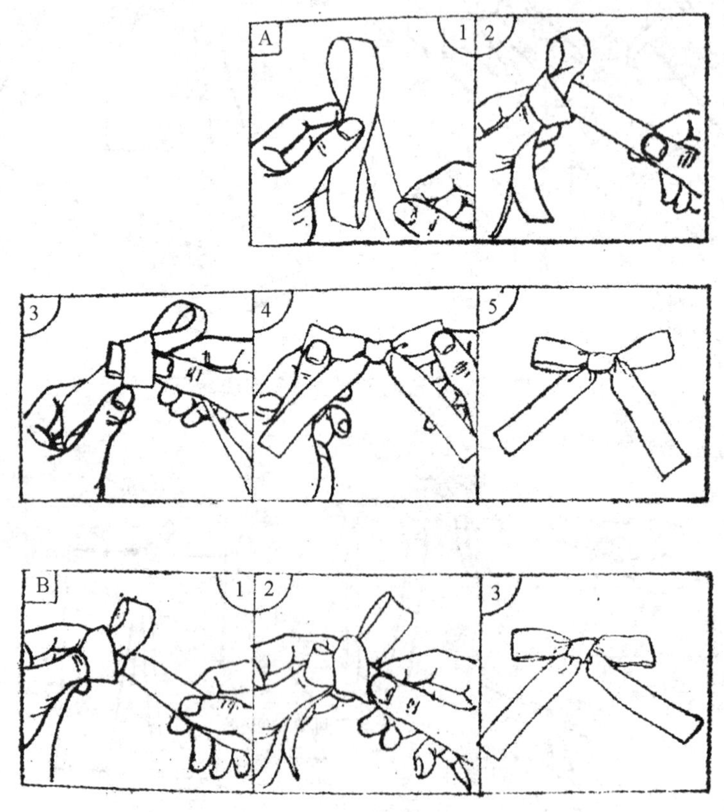

图 10－7　蝴蝶结方法 A 和方法 B

方法 A

①左手将缎带作对折状，但不要折平，短边在上，长边在下；

②长边的缎带向前绕一周，做成环状；

③剩下的缎带作对折，穿入刚作好的环中；

④⑤整理成形。

方法 B

①使用“里外有别”，分正反两面的缎带时，缎带做成环后在背后扭一次；

②已成为外侧的面前缎带，再作内侧对内侧的叠合对折，穿过环后拉出；

③整理成形。

（2）绒球结（如图 10－8）

操作步骤：

①根据所需绒球结的大小，用缎带对折做出相应直径的圆环；

②在圆环上重复绕上 7～8 圈，剪除剩余的缎带，并把圆环用力压平；

③④用剪刀剪去缎带四角，注意剪的角度，尽可能地把剪切中心剪得小些，但不要把

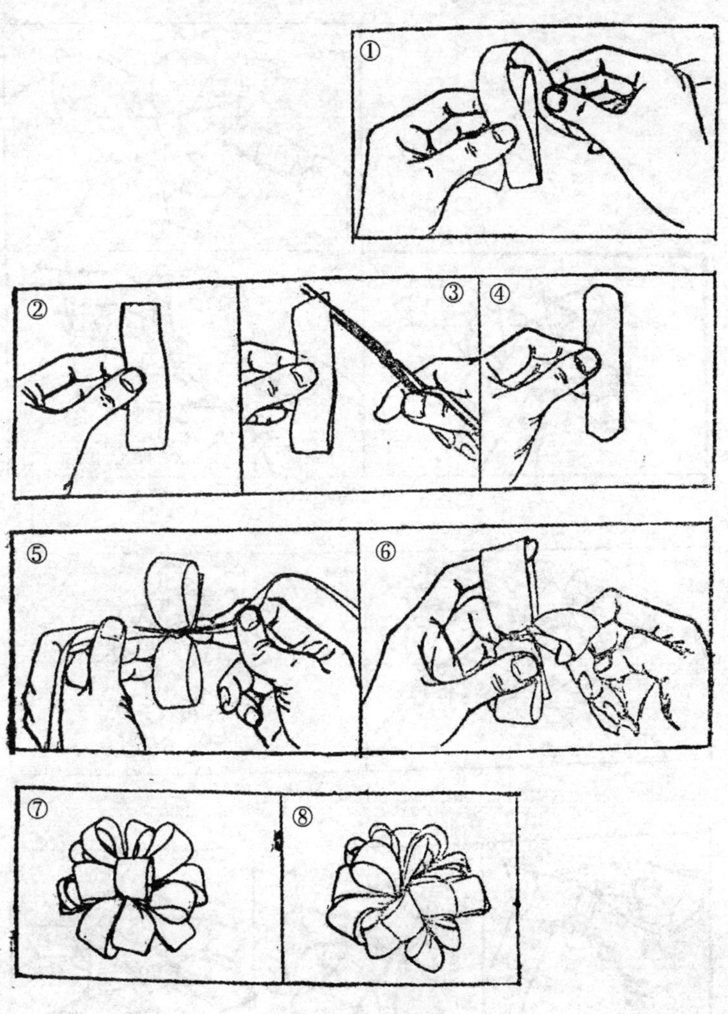

图 10-8　绒球结

缎带剪断；

⑤把经过剪切的上下缎带向中心对折于一点，以剪切部分为中心在中间用同颜色的细缎带牢固地打结；

⑥如图，左手持缎带环，右手把环上面部分的缎带从内侧向左拉出并旋转一圈，以防缎带缩回，再把下面部分的缎带从内侧向右拉出并旋转一圈；

⑦⑧依次操作，并注意边拉扭边整理成立体球形，最后圆球形即成。

（3）星星结（如图 10-9）

星星结制作的要领是每片花瓣要由下向上叠。此外，星星结的制作方法分从外侧开始的制作方法和从内侧开始的制作方法。图 10-9 中上部①～⑤是从外侧开始制作的方法，图下部并排的 3 个小图是从中间开始制作的方法。

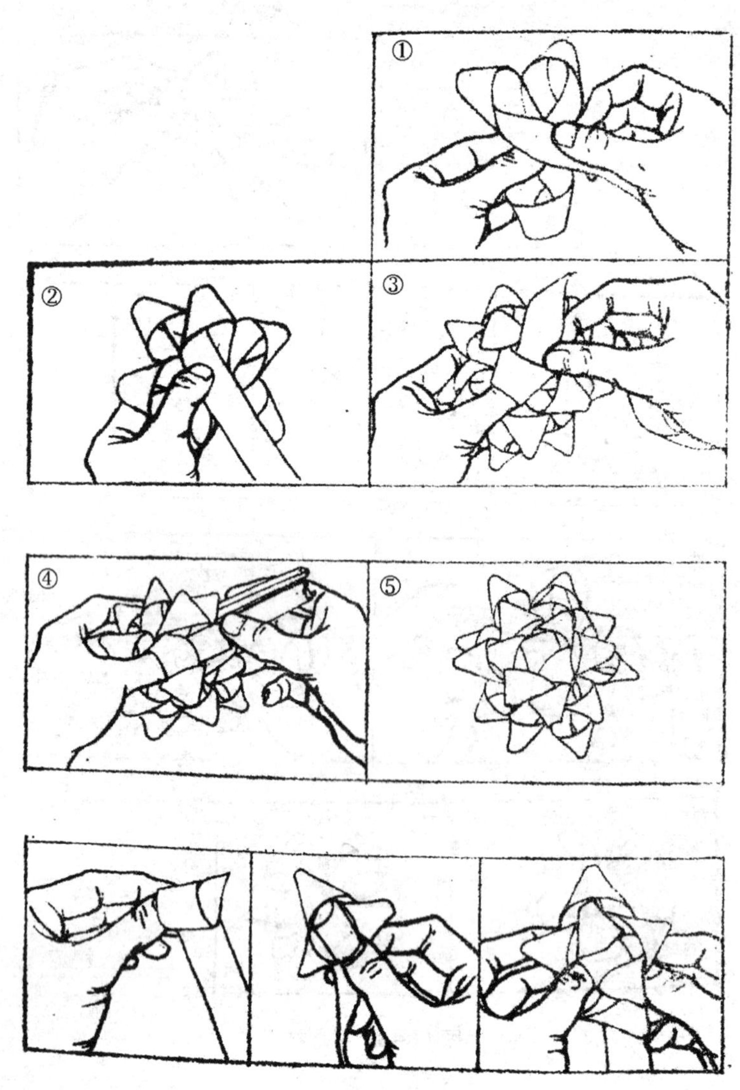

图 10－9　星星结

【课堂互动】

同学们手中的缎带就像是一根神奇的魔术棍，你想它变出什么它就可以变出什么！它可以变成你想要的任何形状、任何花球。给学生看一些花球的图片，比比看哪位同学能最先做出图片中的花球？

三、包装注意事项

在包装药品时前，要当着顾客的面检查药品的数量和质量让顾客放心。

在包装时要注意保护药品，要防止碰坏和串染。

包装操作要规范，不要边聊天边包装，不准出现漏包、松捆或以破损、污秽的包装纸包装药品。

无论是哪一种形状的礼盒，包装时尽量不要将礼盒倒放。

以双手把包好的药品递给顾客，并面带微笑致谢。

注意固体药品与液体药品、易破碎污染的药品和一般药品、怕热药品和一般药品不要混装。

【知识链接】

目前，药店的竞争越来越激烈，为了吸引顾客，门店开展了形式多样的促销活动。门店可以对促销的产品或者对在促销活动中将要发放的礼品进行包装，通过礼品的大小、形状、色彩的对比和搭配，表现一定的主题和气氛。如在主题方面，春节和圣诞节门店礼品的布置和营造的气氛不同，夏季和冬季的布置和气氛也有所不同；随着主题对象的不同而布置各异，儿童节和重阳节的礼品组合及布置不同，专送女士的礼品和专送男士的礼品也不同。在进行促销活动时，还常常会用缎带、花球等来装饰门店，营造良好的购物环境及热销氛围，达到促进销售的目的。

四、实训：礼品包装

（一）实训目的

通过学习掌握常用礼品包装方法。

（二）考核标准

正确掌握各种礼品包装工具及材料的用途，能熟练对方盒进行包装，会用缎带和花结装饰礼盒外包装。

（三）实训内容（常用礼品包装方法）

在实验桌上给出基本的礼品包装材料、工具及需要进行包装的礼品，要求学生在规定时间内对该礼品的包装进行设计并包装好。

（四）实训过程与方法

模拟顾客包装的场景，要求学生两人一组，一个人扮演顾客，一个人扮演营业员。要求教师准备好包装工具与材料：剪刀、尺子、透明胶、双面胶、各式缎带、捆扎丝带、包装纸、贺卡和小卡片等以及需包装的礼品。

（1）营业员与顾客进行沟通，了解顾客需要。

（2）营业员根据顾客需要及礼品的用途选择包装材料，设计适当的包装的款式；在这一过程中注意不断征求顾客的意见。

（3）包装完成双手交给顾客，礼貌送客并给予嘱咐。

（五）工作记录（照片）

（袁　玲）

附　　录

附录一　药品管理法

第一章　总　　则

第一条　为加强药品监督管理，保证药品质量，保障人体用药安全，维护人民身体健康和用药的合法权益，特制定本法。

第二条　在中华人民共和国境内从事药品的研制、生产、经营、使用和监督管理的单位或者个人，必须遵守本法。

第三条　国家发展现代药和传统药，充分发挥其在预防、医疗和保健中的作用。

国家保护野生药材资源，鼓励培育中药材。

第四条　国家鼓励研究和创制新药，保护公民、法人和其他组织研究、开发新药的合法权益。

第五条　国务院药品监督管理部门主管全国药品监督管理工作。国务院有关部门在各自的职责范围内负责与药品有关的监督管理工作。

省、自治区、直辖市人民政府药品监督管理部门负责本行政区域内的药品监督管理工作。省、自治区、直辖市人民政府有关部门在各自的职责范围内负责与药品有关的监督管理工作。

国务院药品监督管理部门应当配合国务院经济综合主管部门，执行国家制定的药品行业发展规划和产业政策。

第六条　药品监督管理部门设置或者确定的药品检验机构，承担依法实施药品审批和药品质量监督检查所需的药品检验工作。

第二章　药品生产企业管理

第七条　开办药品生产企业，须经企业所在地省、自治区、直辖市人民政府药品监督管理部门批准并发给《药品生产许可证》，凭《药品生产许可证》到工商行政管理部门办理登记注册。无《药品生产许可证》的，不得生产药品。

《药品生产许可证》应当标明有效期和生产范围，到期重新审查发证。

药品监督管理部门批准开办药品生产企业，除依据本法第八条规定的条件外，还应当符合国家制定的药品行业发展规划和产业政策，防止重复建设。

第八条　开办药品生产企业，必须具备以下条件：

（一）具有依法经过资格认定的药学技术人员、工程技术人员及相应的技术工人；

（二）具有与其药品生产相适应的厂房、设施和卫生环境；

（三）具有能对所生产药品进行质量管理和质量检验的机构、人员以及必要的仪器设备；

（四）具有保证药品质量的规章制度。

第九条 药品生产企业必须按照国务院药品监督管理部门依据本法制定的《药品生产质量管理规范》组织生产。药品监督管理部门按照规定对药品生产企业是否符合《药品生产质量管理规范》的要求进行认证；对认证合格的，发给认证证书。

《药品生产质量管理规范》的具体实施办法、实施步骤由国务院药品监督管理部门规定。

第十条 除中药饮片的炮制外，药品必须按照国家药品标准和国务院药品监督管理部门批准的生产工艺进行生产，生产记录必须完整准确。药品生产企业改变影响药品质量的生产工艺的，必须报原批准部门审核批准。

中药饮片必须按照国家药品标准炮制；国家药品标准没有规定的，必须按照省、自治区、直辖市人民政府药品监督管理部门制定的炮制规范炮制。省、自治区、直辖市人民政府药品监督管理部门制定的炮制规范应当报国务院药品监督管理部门备案。

第十一条 生产药品所需的原料、辅料，必须符合药用要求。

第十二条 药品生产企业必须对其生产的药品进行质量检验；不符合国家药品标准或者不按照省、自治区、直辖市人民政府药品监督管理部门制定的中药饮片炮制规范炮制的，不得出厂。

第十三条 经国务院药品监督管理部门或者国务院药品监督管理部门授权的省、自治区、直辖市人民政府药品监督管理部门批准，药品生产企业可以接受委托生产药品。

第三章 药品经营企业管理

第十四条 开办药品批发企业，须经企业所在地省、自治区、直辖市人民政府药品监督管理部门批准并发给《药品经营许可证》；开办药品零售企业，须经企业所在地县级以上地方药品监督管理部门批准并发给《药品经营许可证》，凭《药品经营许可证》到工商行政管理部门办理登记注册。无《药品经营许可证》的，不得经营药品。

《药品经营许可证》应当标明有效期和经营范围，到期重新审查发证。

药品监督管理部门批准开办药品经营企业，除依据本法第十五条规定的条件外，还应当遵循合理布局和方便群众购药的原则。

第十五条 开办药品经营企业必须具备以下条件：

（一）具有依法经过资格认定的药学技术人员；

（二）具有与所经营药品相适应的营业场所、设备、仓储设施、卫生环境；

（三）具有与所经营药品相适应的质量管理机构或者人员；

（四）具有保证所经营药品质量的规章制度。

第十六条 药品经营企业必须按照国务院药品监督管理部门依据本法制定的《药品经营质量管理规范》经营药品。药品监督管理部门按照规定对药品经营企业是否符合《药品经营质量管理规范》的要求进行认证；对认证合格的，发给认证证书。

《药品经营质量管理规范》的具体实施办法、实施步骤由国务院药品监督管理部门规定。

第十七条 药品经营企业购进药品，必须建立并执行进货检查验收制度，验明药品合格证明和其他标识；不符合规定要求的，不得购进。

第十八条　药品经营企业购销药品，必须有真实完整的购销记录。购销记录必须注明药品的通用名称、剂型、规格、批号、有效期、生产厂商、购（销）货单位、购（销）货数量、购销价格、购（销）货日期及国务院药品监督管理部门规定的其他内容。

第十九条　药品经营企业销售药品必须准确无误，并正确说明用法、用量和注意事项；调配处方必须经过核对，对处方所列药品不得擅自更改或者代用。对有配伍禁忌或者超剂量的处方，应当拒绝调配；必要时，经处方医师更正或者重新签字，方可调配。

药品经营企业销售中药材，必须标明产地。

第二十条　药品经营企业必须制定和执行药品保管制度，采取必要的冷藏、防冻、防潮、防虫、防鼠等措施，保证药品质量。

药品入库和出库必须执行检查制度。

第二十一条　城乡集市贸易市场可以出售中药材，国务院另有规定的除外。

城乡集市贸易市场不得出售中药材以外的药品，但持有《药品经营许可证》的药品零售企业在规定的范围内可以在城乡集市贸易市场设点出售中药材以外的药品。具体办法由国务院规定。

第四章　医疗机构的药剂管理

第二十二条　医疗机构必须配备依法经过资格认定的药学技术人员。非药学技术人员不得直接从事药剂技术工作。

第二十三条　医疗机构配制制剂，须经所在地省、自治区、直辖市人民政府卫生行政部门审核同意，由省、自治区、直辖市人民政府药品监督管理部门批准，发给《医疗机构制剂许可证》。无《医疗机构制剂许可证》的，不得配制制剂。

《医疗机构制剂许可证》应当标明有效期，到期重新审查发证。

第二十四条　医疗机构配制制剂，必须具有能够保证制剂质量的设施、管理制度、检验仪器和卫生条件。

第二十五条　医疗机构配制的制剂，应当是本单位临床需要而市场上没有供应的品种，并须经所在地省、自治区、直辖市人民政府药品监督管理部门批准后方可配制。配制的制剂必须按照规定进行质量检验；合格的，凭医师处方在本医疗机构使用。特殊情况下，经国务院或者省、自治区、直辖市人民政府的药品监督管理部门批准，医疗机构配制的制剂可以在指定的医疗机构之间调剂使用。

医疗机构配制的制剂，不得在市场销售。

第二十六条　医疗机构购进药品，必须建立并执行进货检查验收制度，验明药品合格证明和其他标识；不符合规定要求的，不得购进和使用。

第二十七条　医疗机构的药剂人员调配处方，必须经过核对，对处方所列药品不得擅自更改或者代用。对有配伍禁忌或者超剂量的处方，应当拒绝调配；必要时，经处方医师更正或者重新签字，方可调配。

第二十八条　医疗机构必须制定和执行药品保管制度，采取必要的冷藏、防冻、防潮、防虫、防鼠等措施，保证药品质量。

第五章　药品管理

第二十九条　研制新药，必须按照国务院药品监督管理部门的规定如实报送研制方法、质量指标、药理及毒理试验结果等有关资料和样品，经国务院药品监督管理部门批准后，方可进行临床试验。药物临床试验机构资格的认定办法，由国务院药品监督管理部门、国务院卫生行政部门共同制定。

完成临床试验并通过审批的新药，由国务院药品监督管理部门批准，发给新药证书。

第三十条　药物的非临床安全性评价研究机构和临床试验机构必须分别执行药物非临床研究质量管理规范、药物临床试验质量管理规范。

药物非临床研究质量管理规范、药物临床试验质量管理规范由国务院确定的部门制定。

第三十一条　生产新药或者已有国家标准的药品的，须经国务院药品监督管理部门批准，并发给药品批准文号；但是，生产没有实施批准文号管理的中药材和中药饮片除外。实施批准文号管理的中药材、中药饮片品种目录由国务院药品监督管理部门会同国务院中医药管理部门制定。

药品生产企业在取得药品批准文号后，方可生产该药品。

第三十二条　药品必须符合国家药品标准。中药饮片依照本法第十条第二款的规定执行。

国务院药品监督管理部门颁布的《中华人民共和国药典》和药品标准为国家药品标准。

国务院药品监督管理部门组织药典委员会，负责国家药品标准的制定和修订。

国务院药品监督管理部门的药品检验机构负责标定国家药品标准品、对照品。

第三十三条　国务院药品监督管理部门组织药学、医学和其他技术人员，对新药进行审评，对已经批准生产的药品进行再评价。

第三十四条　药品生产企业、药品经营企业、医疗机构必须从具有药品生产、经营资格的企业购进药品；但是，购进没有实施批准文号管理的中药材除外。

第三十五条　国家对麻醉药品、精神药品、医疗用毒性药品、放射性药品，实行特殊管理。管理办法由国务院制定。

第三十六条　国家实行中药品种保护制度。具体办法由国务院制定。

第三十七条　国家对药品实行处方药与非处方药分类管理制度。具体办法由国务院制定。

第三十八条　禁止进口疗效不确、不良反应大或者其他原因危害人体健康的药品。

第三十九条　药品进口，须经国务院药品监督管理部门组织审查，经审查确认符合质量标准、安全有效的，方可批准进口，并发给进口药品注册证书。

医疗单位临床急需或者个人自用进口的少量药品，按照国家有关规定办理进口手续。

第四十条　药品必须从允许药品进口的口岸进口，并由进口药品的企业向口岸所在地药品监督管理部门登记备案。海关凭药品监督管理部门出具的《进口药品通关单》放行。无《进口药品通关单》的，海关不得放行。

口岸所在地药品监督管理部门应当通知药品检验机构按照国务院药品监督管理部门的规定对进口药品进行抽查检验，并依照本法第四十一条第二款的规定收取检验费。

允许药品进口的口岸由国务院药品监督管理部门会同海关总署提出，报国务院批准。

第四十一条　国务院药品监督管理部门对下列药品在销售前或者进口时，指定药品检验机构进行检验；检验不合格的，不得销售或者进口：

（一）国务院药品监督管理部门规定的生物制品；

（二）首次在中国销售的药品；

（三）国务院规定的其他药品。

前款所列药品的检验费项目和收费标准由国务院财政部门会同国务院价格主管部门核定并公告。检验费收缴办法由国务院财政部门会同国务院药品监督管理部门制定。

第四十二条　国务院药品监督管理部门对已经批准生产或者进口的药品，应当组织调查；对疗效不确、不良反应大或者其他原因危害人体健康的药品，应当撤销批准文号或者进口药品注册证书。

已被撤销批准文号或者进口药品注册证书的药品，不得生产或者进口、销售和使用；已经生产或者进口的，由当地药品监督管理部门监督销毁或者处理。

第四十三条　国家实行药品储备制度。

国内发生重大灾情、疫情及其他突发事件时，国务院规定的部门可以紧急调用企业药品。

第四十四条　对国内供应不足的药品，国务院有权限制或者禁止出口。

第四十五条　进口、出口麻醉药品和国家规定范围内的精神药品，必须持有国务院药品监督管理部门发给的《进口准许证》、《出口准许证》。

第四十六条　新发现和从国外引种的药材，经国务院药品监督管理部门审核批准后，方可销售。

第四十七条　地区性民间习用药材的管理办法，由国务院药品监督管理部门会同国务院中医药管理部门制定。

第四十八条　禁止生产（包括配制，下同）、销售假药。

有下列情形之一的，为假药：

（一）药品所含成分与国家药品标准规定的成分不符的；

（二）以非药品冒充药品或者以他种药品冒充此种药品的。

有下列情形之一的药品，按假药论处：

（一）国务院药品监督管理部门规定禁止使用的；

（二）依照本法必须批准而未经批准生产、进口，或者依照本法必须检验而未经检验即销售的；

（三）变质的；

（四）被污染的；

（五）使用依照本法必须取得批准文号而未取得批准文号的原料药生产的；

（六）所标明的适应证或者功能主治超出规定范围的。

第四十九条　禁止生产、销售劣药。

药品成分的含量不符合国家药品标准的，为劣药。

有下列情形之一的药品，按劣药论处：

（一）未标明有效期或者更改有效期的；

（二）不注明或者更改生产批号的；

（三）超过有效期的；

（四）直接接触药品的包装材料和容器未经批准的；

（五）擅自添加着色剂、防腐剂、香料、矫味剂及辅料的；

（六）其他不符合药品标准规定的。

第五十条　列入国家药品标准的药品名称为药品通用名称。已经作为药品通用名称的，该名称不得作为药品商标使用。

第五十一条　药品生产企业、药品经营企业和医疗机构直接接触药品的工作人员，必须每年进行健康检查。患有传染病或者其他可能污染药品的疾病的，不得从事直接接触药品的工作。

第六章　药品包装的管理

第五十二条　直接接触药品的包装材料和容器，必须符合药用要求，符合保障人体健康、安全的标准，并由药品监督管理部门在审批药品时一并审批。

药品生产企业不得使用未经批准的直接接触药品的包装材料和容器。

对不合格的直接接触药品的包装材料和容器，由药品监督管理部门责令停止使用。

第五十三条　药品包装必须适合药品质量的要求，方便储存、运输和医疗使用。

发运中药材必须有包装。在每件包装上，必须注明品名、产地、日期、调出单位，并附有质量合格的标志。

第五十四条　药品包装必须按照规定印有或者贴有标签并附有说明书。

标签或者说明书上必须注明药品的通用名称、成分、规格、生产企业、批准文号、产品批号、生产日期、有效期、适应证或者功能主治、用法、用量、禁忌、不良反应和注意事项。

麻醉药品、精神药品、医疗用毒性药品、放射性药品、外用药品和非处方药的标签，必须印有规定的标志。

第七章　药品价格和广告的管理

第五十五条　依法实行政府定价、政府指导价的药品，政府价格主管部门应当依照《中华人民共和国价格法》规定的定价原则，依据社会平均成本、市场供求状况和社会承受能力合理制定和调整价格，做到质价相符，消除虚高价格，保护用药者的正当利益。

药品的生产企业、经营企业和医疗机构必须执行政府定价、政府指导价，不得以任何形式擅自提高价格。

药品生产企业应当依法向政府价格主管部门如实提供药品的生产经营成本，不得拒报、虚报、瞒报。

第五十六条　依法实行市场调节价的药品，药品的生产企业、经营企业和医疗机构应当按照公平、合理和诚实信用、质价相符的原则制定价格，为用药者提供价格合理的药品。

药品的生产企业、经营企业和医疗机构应当遵守国务院价格主管部门关于药价管理的规定，制定和标明药品零售价格，禁止暴利和损害用药者利益的价格欺诈行为。

第五十七条　药品的生产企业、经营企业、医疗机构应当依法向政府价格主管部门提供其药品的实际购销价格和购销数量等资料。

第五十八条　医疗机构应当向患者提供所用药品的价格清单；医疗保险定点医疗机构还应当按照规定的办法如实公布其常用药品的价格，加强合理用药的管理。具体办法由国务院卫生行政部门规定。

第五十九条　禁止药品的生产企业、经营企业和医疗机构在药品购销中账外暗中给予、收受回扣或者其他利益。

禁止药品的生产企业、经营企业或者其代理人以任何名义给予使用其药品的医疗机构的负责人、药品采购人员、医师等有关人员以财物或者其他利益。禁止医疗机构的负责人、药品采购人员、医师等有关人员以任何名义收受药品的生产企业、经营企业或者其代理人给予的财物或者其他利益。

第六十条　药品广告须经企业所在地省、自治区、直辖市人民政府药品监督管理部门批准，并发给药品广告批准文号；未取得药品广告批准文号的，不得发布。

处方药可以在国务院卫生行政部门和国务院药品监督管理部门共同指定的医学、药学专业刊物上介绍，但不得在大众传播媒介发布广告或者以其他方式进行以公众为对象的广告宣传。

第六十一条　药品广告的内容必须真实、合法，以国务院药品监督管理部门批准的说明书为准，不得含有虚假的内容。

药品广告不得含有不科学的表示功效的断言或者保证；不得利用国家机关、医药科研单位、学术机构或者专家、学者、医师、患者的名义和形象作证明。

非药品广告不得有涉及药品的宣传。

第六十二条　省、自治区、直辖市人民政府药品监督管理部门应当对其批准的药品广告进行检查，对于违反本法和《中华人民共和国广告法》的广告，应当向广告监督管理机关通报并提出处理建议，广告监督管理机关应当依法作出处理。

第六十三条　药品价格和广告，本法未规定的，适用《中华人民共和国价格法》、《中华人民共和国广告法》的规定。

第八章　药品监督

第六十四条　药品监督管理部门有权按照法律、行政法规的规定对报经其审批的药品研制和药品的生产、经营以及医疗机构使用药品的事项进行监督检查，有关单位和个人不得拒绝和隐瞒。

药品监督管理部门进行监督检查时，必须出示证明文件，对监督检查中知悉的被检查人的技术秘密和业务秘密应当保密。

第六十五条　药品监督管理部门根据监督检查的需要，可以对药品质量进行抽查检验。抽查检验应当按照规定抽样，并不得收取任何费用。所需费用按照国务院规定列支。

药品监督管理部门对有证据证明可能危害人体健康的药品及其有关材料可以采取查封、扣押的行政强制措施，并在七日内作出行政处理决定；药品需要检验的，必须自检验报告书发出之日起十五日内作出行政处理决定。

第六十六条　国务院和省、自治区、直辖市人民政府的药品监督管理部门应当定期公告药品质量抽查检验的结果；公告不当的，必须在原公告范围内予以更正。

第六十七条　当事人对药品检验机构的检验结果有异议的，可以自收到药品检验结果之日起七日内向原药品检验机构或者上一级药品监督管理部门设置或者确定的药品检验机构申请复验，也可以直接向国务院药品监督管理部门设置或者确定的药品检验机构申请复验。受理复验的药品检验机构必须在国务院药品监督管理部门规定的时间内作出复验结论。

第六十八条　药品监督管理部门应当按照规定，依据《药品生产质量管理规范》、《药品经营质量管理规范》，对经其认证合格的药品生产企业、药品经营企业进行认证后的跟踪检查。

第六十九条　地方人民政府和药品监督管理部门不得以要求实施药品检验、审批等手段限制或者排斥非本地区药品生产企业依照本法规定生产的药品进入本地区。

第七十条　药品监督管理部门及其设置的药品检验机构和确定的专业从事药品检验的机构不得参与药品生产经营活动，不得以其名义推荐或者监制、监销药品。

药品监督管理部门及其设置的药品检验机构和确定的专业从事药品检验的机构的工作人员不得参与药品生产经营活动。

第七十一条　国家实行药品不良反应报告制度。药品生产企业、药品经营企业和医疗机构必须经常考察本单位所生产、经营、使用的药品质量、疗效和反应。发现可能与用药有关的严重不良反应，必须及时向当地省、自治区、直辖市人民政府药品监督管理部门和卫生行政部门报告。具体办法由国务院药品监督管理部门会同国务院卫生行政部门制定。

对已确认发生严重不良反应的药品，国务院或者省、自治区、直辖市人民政府的药品监督管理部门可以采取停止生产、销售、使用的紧急控制措施，并应当在五日内组织鉴定，自鉴定结论作出之日起十五日内依法作出行政处理决定。

第七十二条　药品生产企业、药品经营企业和医疗机构的药品检验机构或者人员，应当接受当地药品监督管理部门设置的药品检验机构的业务指导。

第九章　法律责任

第七十三条　未取得《药品生产许可证》、《药品经营许可证》或者《医疗机构制剂许可证》生产药品、经营药品的，依法予以取缔，没收违法生产、销售的药品和违法所得，并处违法生产、销售的药品（包括已售出的和未售出的药品，下同）货值金额二倍以上五倍以下的罚款；构成犯罪的，依法追究刑事责任。

第七十四条　生产、销售假药的，没收违法生产、销售的药品和违法所得，并处违法生产、销售药品货值金额二倍以上五倍以下的罚款；有药品批准证明文件的予以撤销，并责令停产、停业整顿；情节严重的，吊销《药品生产许可证》、《药品经营许可证》或者《医疗机构制剂许可证》；构成犯罪的，依法追究刑事责任。

第七十五条　生产、销售劣药的，没收违法生产、销售的药品和违法所得，并处违法生产、销售药品货值金额一倍以上三倍以下的罚款；情节严重的，责令停产、停业整顿或者撤销药品批准证明文件、吊销《药品生产许可证》、《药品经营许可证》或者《医疗机构制剂许可证》；构成犯罪的，依法追究刑事责任。

第七十六条　从事生产、销售假药及生产、销售劣药情节严重的企业或者其他单位，其直接负责的主管人员和其他直接责任人员十年内不得从事药品生产、经营活动。

对生产者专门用于生产假药、劣药的原辅材料、包装材料、生产设备，予以没收。

第七十七条　知道或者应当知道属于假劣药品而为其提供运输、保管、仓储等便利条件的，没收全部运输、保管、仓储的收入，并处违法收入百分之五十以上三倍以下的罚款；构成犯罪的，依法追究刑事责任。

第七十八条　对假药、劣药的处罚通知，必须载明药品检验机构的质量检验结果；但是，本法第四十八条第三款第（一）、（二）、（五）、（六）项和第四十九条第三款规定的情形除外。

第七十九条　药品的生产企业、经营企业、药物非临床安全性评价研究机构、药物临床试验机构未按照规定实施《药品生产质量管理规范》、《药品经营质量管理规范》、《药物非临床研究质量管理规范》、《药物临床试验质量管理规范》的，给予警告，责令限期改正；逾期不改正的，责令停产、停业整顿，并处五千元以上二万元以下的罚款；情节严重的，吊销《药品生产许可证》、《药品经营许可证》和药物临床试验机构的资格。

第八十条　药品的生产企业、经营企业或者医疗机构违反本法第三十四条的规定，从无《药品生产许可证》、《药品经营许可证》的企业购进药品的，责令改正，没收违法购进的药品，并处违法购进药品货值金额二倍以上五倍以下的罚款；有违法所得的，没收违法所得；情节严重的，吊销《药品生产许可证》、《药品经营许可证》或者医疗机构执业许可证书。

第八十一条　进口已获得药品进口注册证书的药品，未按照本法规定向允许药品进口的口岸所在地的药品监督管理部门登记备案的，给予警告，责令限期改正；逾期不改正的，撤销进口药品注册证书。

第八十二条　伪造、变造、买卖、出租、出借许可证或者药品批准证明文件的，没收违法所得，并处违法所得一倍以上三倍以下的罚款；没有违法所得的，处二万元以上十万元以下的罚款；情节严重的，并吊销卖方、出租方、出借方的《药品生产许可证》、《药品经营许可证》、《医疗机构制剂许可证》或者撤销药品批准证明文件；构成犯罪的，依法追究刑事责任。

第八十三条　违反本法规定，提供虚假的证明、文件资料样品或者采取其他欺骗手段取得《药品生产许可证》、《药品经营许可证》、《医疗机构制剂许可证》或者药品批准证明文件的，吊销《药品生产许可证》、《药品经营许可证》、《医疗机构制剂许可证》或者撤销药品批准证明文件，五年内不受理其申请，并处一万元以上三万元以下的罚款。

第八十四条 医疗机构将其配制的制剂在市场销售的，责令改正，没收违法销售的制剂，并处违法销售制剂货值金额一倍以上三倍以下的罚款；有违法所得的，没收违法所得。

第八十五条 药品经营企业违反本法第十八条、第十九条规定的，责令改正，给予警告；情节严重的，吊销《药品经营许可证》。

第八十六条 药品标识不符合本法第五十四条规定的，除依法应当按照假药、劣药论处的外，责令改正，给予警告；情节严重的，撤销该药品的批准证明文件。

第八十七条 药品检验机构出具虚假检验报告，构成犯罪的，依法追究刑事责任；不构成犯罪的，责令改正，给予警告，对单位并处三万元以上五万元以下的罚款；对直接负责的主管人员和其他直接责任人员依法给予降级、撤职、开除的处分，并处三万元以下的罚款；有违法所得的，没收违法所得；情节严重的，撤销其检验资格。药品检验机构出具的检验结果不实，造成损失的，应当承担相应的赔偿责任。

第八十八条 本法第七十三条至第八十七条规定的行政处罚，由县级以上药品监督管理部门按照国务院药品监督管理部门规定的职责分工决定；吊销《药品生产许可证》、《药品经营许可证》、《医疗机构制剂许可证》、医疗机构执业许可证书或者撤销药品批准证明文件的，由原发证、批准的部门决定。

第八十九条 违反本法第五十五条、第五十六条、第五十七条关于药品价格管理的规定的，依照《中华人民共和国价格法》的规定处罚。

第九十条 药品的生产企业、经营企业、医疗机构在药品购销中暗中给予、收受回扣或者其他利益的，药品的生产企业、经营企业或者其代理人给予使用其药品的医疗机构的负责人、药品采购人员、医师等有关人员以财物或者其他利益的，由工商行政管理部门处一万元以上二十万元以下的罚款，有违法所得的，予以没收；情节严重的，由工商行政管理部门吊销药品生产企业、药品经营企业的营业执照，并通知药品监督管理部门，由药品监督管理部门吊销其《药品生产许可证》、《药品经营许可证》；构成犯罪的，依法追究刑事责任。

第九十一条 药品的生产企业、经营企业的负责人、采购人员等有关人员在药品购销中收受其他生产企业、经营企业或者其代理人给予的财物或者其他利益的，依法给予处分，没收违法所得；构成犯罪的，依法追究刑事责任。

医疗机构的负责人、药品采购人员、医师等有关人员收受药品生产企业、药品经营企业或者其代理人给予的财物或者其他利益的，由卫生行政部门或者本单位给予处分，没收违法所得；对违法行为情节严重的执业医师，由卫生行政部门吊销其执业证书；构成犯罪的，依法追究刑事责任。

第九十二条 违反本法有关药品广告的管理规定的，依照《中华人民共和国广告法》的规定处罚，并由发给广告批准文号的药品监督管理部门撤销广告批准文号，一年内不受理该品种的广告审批申请；构成犯罪的，依法追究刑事责任。

药品监督管理部门对药品广告不依法履行审查职责，批准发布的广告有虚假或者其他违反法律、行政法规的内容的，对直接负责的主管人员和其他直接责任人员依法给予行政处分；构成犯罪的，依法追究刑事责任。

第九十三条　药品的生产企业、经营企业、医疗机构违反本法规定，给药品使用者造成损害的，依法承担赔偿责任。

第九十四条　药品监督管理部门违反本法规定，有下列行为之一的，由其上级主管机关或者监察机关责令收回违法发给的证书、撤销药品批准证明文件，对直接负责的主管人员和其他直接责任人员依法给予行政处分；构成犯罪的，依法追究刑事责任：

（一）对不符合《药品生产质量管理规范》、《药品经营质量管理规范》的企业发给符合有关规范的认证证书的，或者对取得认证证书的企业未按照规定履行跟踪检查的职责，对不符合认证条件的企业未依法责令其改正或者撤销其认证证书的；

（二）对不符合法定条件的单位发给《药品生产许可证》、《药品经营许可证》或者《医疗机构制剂许可证》的；

（三）对不符合进口条件的药品发给进口药品注册证书的；

（四）对不具备临床试验条件或者生产条件而批准进行临床试验、发给新药证书、发给药品批准文号的。

第九十五条　药品监督管理部门或者其设置的药品检验机构或者其确定的专业从事药品检验的机构参与药品生产经营活动的，由其上级机关或者监察机关责令改正，有违法收入的予以没收；情节严重的，对直接负责的主管人员和其他直接责任人员依法给予行政处分。

药品监督管理部门或者其设置的药品检验机构或者其确定的专业从事药品检验的机构的工作人员参与药品生产经营活动的，依法给予行政处分。

第九十六条　药品监督管理部门或者其设置、确定的药品检验机构在药品监督检验中违法收取检验费用的，由政府有关部门责令退还，对直接负责的主管人员和其他直接责任人员依法给予行政处分。对违法收取检验费用情节严重的药品检验机构，撤销其检验资格。

第九十七条　药品监督管理部门应当依法履行监督检查职责，监督已取得《药品生产许可证》、《药品经营许可证》的企业依照本法规定从事药品生产、经营活动。

已取得《药品生产许可证》、《药品经营许可证》的企业生产、销售假药、劣药的，除依法追究该企业的法律责任外，对有失职、渎职行为的药品监督管理部门直接负责的主管人员和其他直接责任人员依法给予行政处分；构成犯罪的，依法追究刑事责任。

第九十八条　药品监督管理部门对下级药品监督管理部门违反本法的行政行为，责令限期改正；逾期不改正的，有权予以改变或者撤销。

第九十九条　药品监督管理人员滥用职权、徇私舞弊、玩忽职守，构成犯罪的，依法追究刑事责任；尚不构成犯罪的，依法给予行政处分。

第一百条　依照本法被吊销《药品生产许可证》、《药品经营许可证》的，由药品监督管理部门通知工商行政管理部门办理变更或者注销登记。

第一百零一条　本章规定的货值金额以违法生产、销售药品的标价计算；没有标价的，按照同类药品的市场价格计算。

第十章　附　　则

第一百零二条　本法下列用语的含义是：

药品，是指用于预防、治疗、诊断人的疾病，有目的地调节人的生理功能并规定有适应证或者功能主治、用法和用量的物质，包括中药材、中药饮片、中成药、化学原料药及其制剂、抗生素、生化药品、放射性药品、血清、疫苗、血液制品和诊断药品等。

辅料，是指生产药品和调配处方时所用的赋形剂和附加剂。

药品生产企业，是指生产药品的专营企业或者兼营企业。

药品经营企业，是指经营药品的专营企业或者兼营企业。

第一百零三条　中药材的种植、采集和饲养的管理办法，由国务院另行制定。

第一百零四条　国家对预防性生物制品的流通实行特殊管理。具体办法由国务院制定。

第一百零五条　中国人民解放军执行本法的具体办法，由国务院、中央军事委员会依据本法制定。

第一百零六条　本法自 2001 年 12 月 1 日起施行。

附录二　药品管理法实施条例

第一章　总　　则

第一条　根据《中华人民共和国药品管理法》（以下简称《药品管理法》），制定本条例。

第二条　国务院药品监督管理部门设置国家药品检验机构。

省、自治区、直辖市人民政府药品监督管理部门可以在本行政区域内设置药品检验机构。地方药品检验机构的设置规划由省、自治区、直辖市人民政府药品监督管理部门提出，报省、自治区、直辖市人民政府批准。

国务院和省、自治区、直辖市人民政府的药品监督管理部门可以根据需要，确定符合药品检验条件的检验机构承担药品检验工作。

第二章　药品生产企业管理

第三条　开办药品生产企业，应当按照下列规定办理《药品生产许可证》：

（一）申办人应当向拟办企业所在地省、自治区、直辖市人民政府药品监督管理部门提出申请。省、自治区、直辖市人民政府药品监督管理部门应当自收到申请之日起 30 个工作日内，按照国家发布的药品行业发展规划和产业政策进行审查，并作出是否同意筹建的决定。

（二）申办人完成拟办企业筹建后，应当向原审批部门申请验收。原审批部门应当自收到申请之日起 30 个工作日内，依据《药品管理法》第八条规定的开办条件组织验收；验收合格的，发给《药品生产许可证》。申办人凭《药品生产许可证》到工商行政管理部门依法办理登记注册。

第四条　药品生产企业变更《药品生产许可证》许可事项的，应当在许可事项发生变更 30 日前，向原发证机关申请《药品生产许可证》变更登记；未经批准，不得变更许可事项。原发证机关应当自收到申请之日起 15 个工作日内作出决定。申请人凭变更后的《药品生产许可证》到工商行政管理部门依法办理变更登记手续。

第五条　省级以上人民政府药品监督管理部门应当按照《药品生产质量管理规范》和国务院药品监督管理部门规定的实施办法和实施步骤，组织对药品生产企业的认证工作；符合《药品生产质量管理规范》的，发给认证证书。其中，生产注射剂、放射性药品和国务院药品监督管理部门规定的生物制品的药品生产企业的认证工作，由国务院药品监督管理部门负责。

《药品生产质量管理规范》认证证书的格式由国务院药品监督管理部门统一规定。

第六条 新开办药品生产企业、药品生产企业新建药品生产车间或者新增生产剂型的，应当自取得药品生产证明文件或者经批准正式生产之日起30日内，按照规定向药品监督管理部门申请《药品生产质量管理规范》认证。受理申请的药品监督管理部门应当自收到企业申请之日起6个月内，组织对申请企业是否符合《药品生产质量管理规范》进行认证；认证合格的，发给认证证书。

第七条 国务院药品监督管理部门应当设立《药品生产质量管理规范》认证检查员库。《药品生产质量管理规范》认证检查员必须符合国务院药品监督管理部门规定的条件。进行《药品生产质量管理规范》认证，必须按照国务院药品监督管理部门的规定，从《药品生产质量管理规范》认证检查员库中随机抽取认证检查员组成认证检查组进行认证检查。

第八条 《药品生产许可证》有效期为5年。有效期届满，需要继续生产药品的，持证企业应当在许可证有效期届满前6个月，按照国务院药品监督管理部门的规定申请换发《药品生产许可证》。

药品生产企业终止生产药品或者关闭的，《药品生产许可证》由原发证部门缴销。

第九条 药品生产企业生产药品所使用的原料药，必须具有国务院药品监督管理部门核发的药品批准文号或者进口药品注册证书、医药产品注册证书；但是，未实施批准文号管理的中药材、中药饮片除外。

第十条 依据《药品管理法》第十三条规定，接受委托生产药品的，受托方必须是持有与其受托生产的药品相适应的《药品生产质量管理规范》认证证书的药品生产企业。

疫苗、血液制品和国务院药品监督管理部门规定的其他药品，不得委托生产。

第三章 药品经营企业管理

第十一条 开办药品批发企业，申办人应当向拟办企业所在地省、自治区、直辖市人民政府药品监督管理部门提出申请。省、自治区、直辖市人民政府药品监督管理部门应当自收到申请之日起30个工作日内，依据国务院药品监督管理部门规定的设置标准作出是否同意筹建的决定。申办人完成拟办企业筹建后，应当向原审批部门申请验收。原审批部门应当自收到申请之日起30个工作日内，依据《药品管理法》第十五条规定的开办条件组织验收；符合条件的，发给《药品经营许可证》。申办人凭《药品经营许可证》到工商行政管理部门依法办理登记注册。

第十二条 开办药品零售企业，申办人应当向拟办企业所在地设区的市级药品监督管理机构或者省、自治区、直辖市人民政府药品监督管理部门直接设置的县级药品监督管理机构提出申请。受理申请的药品监督管理机构应当自收到申请之日起30个工作日内，依据国务院药品监督管理部门的规定，结合当地常住人口数量、地域、交通状况和实际需要进行审查，作出是否同意筹建的决定。申办人完成拟办企业筹建后，应当向原审批机构申请验收。原审批机构应当自收到申请之日起15个工作日内，依据《药品管理法》第十五条规定的开办条件组织验收；符合条件的，发给《药品经营许可证》。申办人凭《药品经营许可证》到工商行政管理部门依法办理登记注册。

第十三条　省、自治区、直辖市人民政府药品监督管理部门负责组织药品经营企业的认证工作。药品经营企业应当按照国务院药品监督管理部门规定的实施办法和实施步骤，通过省、自治区、直辖市人民政府药品监督管理部门组织的《药品经营质量管理规范》的认证，取得认证证书。《药品经营质量管理规范》认证证书的格式由国务院药品监督管理部门统一规定。

新开办药品批发企业和药品零售企业，应当自取得《药品经营许可证》之日起30日内，向发给其《药品经营许可证》的药品监督管理部门或者药品监督管理机构申请《药品经营质量管理规范》认证。受理药品零售企业认证申请的药品监督管理机构应当自收到申请之日起7个工作日内，将申请移送负责组织药品经营企业认证工作的省、自治区、直辖市人民政府药品监督管理部门。省、自治区、直辖市人民政府药品监督管理部门应当自收到认证申请之日起3个月内，按照国务院药品监督管理部门的规定，组织对申请认证的药品批发企业或者药品零售企业是否符合《药品经营质量管理规范》进行认证；认证合格的，发给认证证书。

第十四条　省、自治区、直辖市人民政府药品监督管理部门应当设立《药品经营质量管理规范》认证检查员库。《药品经营质量管理规范》认证检查员必须符合国务院药品监督管理部门规定的条件。进行《药品经营质量管理规范》认证，必须按照国务院药品监督管理部门的规定，从《药品经营质量管理规范》认证检查员库中随机抽取认证检查员组成认证检查组进行认证检查。

第十五条　国家实行处方药和非处方药分类管理制度。国家根据非处方药品的安全性，将非处方药分为甲类非处方药和乙类非处方药。

经营处方药、甲类非处方药的药品零售企业，应当配备执业药师或者其他依法经资格认定的药学技术人员。经营乙类非处方药的药品零售企业，应当配备经设区的市级药品监督管理机构或者省、自治区、直辖市人民政府药品监督管理部门直接设置的县级药品监督管理机构组织考核合格的业务人员。

第十六条　药品经营企业变更《药品经营许可证》许可事项的，应当在许可事项发生变更30日前，向原发证机关申请《药品经营许可证》变更登记；未经批准，不得变更许可事项。原发证机关应当自收到企业申请之日起15个工作日内作出决定。申请人凭变更后的《药品经营许可证》到工商行政管理部门依法办理变更登记手续。

第十七条　《药品经营许可证》有效期为5年。有效期届满，需要继续经营药品的，持证企业应当在许可证有效期届满前6个月，按照国务院药品监督管理部门的规定申请换发《药品经营许可证》。

药品经营企业终止经营药品或者关闭的，《药品经营许可证》由原发证机关缴销。

第十八条　交通不便的边远地区城乡集市贸易市场没有药品零售企业的，当地药品零售企业经所在地县（市）药品监督管理机构批准并到工商行政管理部门办理登记注册后，可以在该城乡集市贸易市场内设点并在批准经营的药品范围内销售非处方药品。

第十九条　通过互联网进行药品交易的药品生产企业、药品经营企业、医疗机构及其交易的药品，必须符合《药品管理法》和本条例的规定。互联网药品交易服务的管理办法，由国务院药品监督管理部门会同国务院有关部门制定。

第四章　医疗机构的药剂管理

第二十条　医疗机构设立制剂室，应当向所在地省、自治区、直辖市人民政府卫生行政部门提出申请，经审核同意后，报同级人民政府药品监督管理部门审批；省、自治区、直辖市人民政府药品监督管理部门验收合格的，予以批准，发给《医疗机构制剂许可证》。

省、自治区、直辖市人民政府卫生行政部门和药品监督管理部门应当在各自收到申请之日起30个工作日内，作出是否同意或者批准的决定。

第二十一条　医疗机构变更《医疗机构制剂许可证》许可事项的，应当在许可事项发生变更30日前，依照本条例第二十条的规定向原审核、批准机关申请《医疗机构制剂许可证》变更登记；未经批准，不得变更许可事项。原审核、批准机关应当在各自收到申请之日起15个工作日内作出决定。

医疗机构新增配制剂型或者改变配制场所的，应当经所在地省、自治区、直辖市人民政府药品监督管理部门验收合格后，依照前款规定办理《医疗机构制剂许可证》变更登记。

第二十二条　《医疗机构制剂许可证》有效期为5年。有效期届满，需要继续配制制剂的，医疗机构应当在许可证有效期届满前6个月，按照国务院药品监督管理部门的规定申请换发《医疗机构制剂许可证》。

医疗机构终止配制制剂或者关闭的，《医疗机构制剂许可证》由原发证机关缴销。

第二十三条　医疗机构配制制剂，必须按照国务院药品监督管理部门的规定报送有关资料和样品，经所在地省、自治区、直辖市人民政府药品监督管理部门批准，并发给制剂批准文号后，方可配制。

第二十四条　医疗机构配制的制剂不得在市场上销售或者变相销售，不得发布医疗机构制剂广告。

发生灾情、疫情、突发事件或者临床急需而市场没有供应时，经国务院或者省、自治区、直辖市人民政府的药品监督管理部门批准，在规定期限内，医疗机构配制的制剂可以在指定的医疗机构之间调剂使用。

国务院药品监督管理部门规定的特殊制剂的调剂使用以及省、自治区、直辖市之间医疗机构制剂的调剂使用，必须经国务院药品监督管理部门批准。

第二十五条　医疗机构审核和调配处方的药剂人员必须是依法经资格认定的药学技术人员。

第二十六条　医疗机构购进药品，必须有真实、完整的药品购进记录。药品购进记录必须注明药品的通用名称、剂型、规格、批号、有效期、生产厂商、供货单位、购货数量、购进价格、购货日期以及国务院药品监督管理部门规定的其他内容。

第二十七条　医疗机构向患者提供的药品应当与诊疗范围相适应，并凭执业医师或者执业助理医师的处方调配。

计划生育技术服务机构采购和向患者提供药品，其范围应当与经批准的服务范围相一致，并凭执业医师或者执业助理医师的处方调配。

个人设置的门诊部、诊所等医疗机构不得配备常用药品和急救药品以外的其他药品。常用药品和急救药品的范围和品种，由所在地的省、自治区、直辖市人民政府卫生行政部门会同同级人民政府药品监督管理部门规定。

第五章　药品管理

第二十八条　药物非临床安全性评价研究机构必须执行《药物非临床研究质量管理规范》，药物临床试验机构必须执行《药物临床试验质量管理规范》。《药物非临床研究质量管理规范》、《药物临床试验质量管理规范》由国务院药品监督管理部门分别商国务院科学技术行政部门和国务院卫生行政部门制定。

第二十九条　药物临床试验、生产药品和进口药品，应当符合《药品管理法》及本条例的规定，经国务院药品监督管理部门审查批准；国务院药品监督管理部门可以委托省、自治区、直辖市人民政府药品监督管理部门对申报药物的研制情况及条件进行审查，对申报资料进行形式审查，并对试制的样品进行检验。具体办法由国务院药品监督管理部门制定。

第三十条　研制新药，需要进行临床试验的，应当依照《药品管理法》第二十九条的规定，经国务院药品监督管理部门批准。

药物临床试验申请经国务院药品监督管理部门批准后，申报人应当在经依法认定的具有药物临床试验资格的机构中选择承担药物临床试验的机构，并将该临床试验机构报国务院药品监督管理部门和国务院卫生行政部门备案。

药物临床试验机构进行药物临床试验，应当事先告知受试者或者其监护人真实情况，并取得其书面同意。

第三十一条　生产已有国家标准的药品，应当按照国务院药品监督管理部门的规定，向省、自治区、直辖市人民政府药品监督管理部门或者国务院药品监督管理部门提出申请，报送有关技术资料并提供相关证明文件。省、自治区、直辖市人民政府药品监督管理部门应当自受理申请之日起30个工作日内进行审查，提出意见后报送国务院药品监督管理部门审核，并同时将审查意见通知申报方。国务院药品监督管理部门经审核符合规定的，发给药品批准文号。

第三十二条　生产有试行期标准的药品，应当按照国务院药品监督管理部门的规定，在试行期满前3个月，提出转正申请；国务院药品监督管理部门应当自试行期满之日起12个月内对该试行期标准进行审查，对符合国务院药品监督管理部门规定的转正要求的，转为正式标准；对试行标准期满未按照规定提出转正申请或者原试行标准不符合转正要求的，国务院药品监督管理部门应当撤销该试行标准和依据该试行标准生产药品的批准文号。

第三十三条　变更研制新药、生产药品和进口药品已获批准证明文件及其附件中载明事项的，应当向国务院药品监督管理部门提出补充申请；国务院药品监督管理部门经审核符合规定的，应当予以批准。

第三十四条　国务院药品监督管理部门根据保护公众健康的要求，可以对药品生产企业生产的新药品种设立不超过5年的监测期；在监测期内，不得批准其他企业生产和进口。

第三十五条　国家对获得生产或者销售含有新型化学成分药品许可的生产者或者销售者提交的自行取得且未披露的试验数据和其他数据实施保护，任何人不得对该未披露的试验数据和其他数据进行不正当的商业利用。

自药品生产者或者销售者获得生产、销售新型化学成分药品的许可证明文件之日起6年内，对其他申请人未经已获得许可的申请人同意，使用前款数据申请生产、销售新型化学成分药品许可的，药品监督管理部门不予许可；但是，其他申请人提交自行取得数据的除外。

除下列情形外，药品监督管理部门不得披露本条第一款规定的数据：

（一）公共利益需要；

（二）已采取措施确保该类数据不会被不正当地进行商业利用。

第三十六条　申请进口的药品，应当是在生产国家或者地区获得上市许可的药品；未在生产国家或者地区获得上市许可的，经国务院药品监督管理部门确认该药品品种安全、有效而且临床需要的，可以依照《药品管理法》及本条例的规定批准进口。

进口药品，应当按照国务院药品监督管理部门的规定申请注册。国外企业生产的药品取得《进口药品注册证》，中国香港、澳门和台湾地区企业生产的药品取得《医药产品注册证》后，方可进口。

第三十七条　医疗机构因临床急需进口少量药品的，应当持《医疗机构执业许可证》向国务院药品监督管理部门提出申请；经批准后，方可进口。进口的药品应当在指定医疗机构内用于特定医疗目的。

第三十八条　进口药品到岸后，进口单位应当持《进口药品注册证》或者《医药产品注册证》以及产地证明原件、购货合同副本、装箱单、运单、货运发票、出厂检验报告书、说明书等材料，向口岸所在地药品监督管理部门备案。口岸所在地药品监督管理部门经审查，提交的材料符合要求的，发给《进口药品通关单》。进口单位凭《进口药品通关单》向海关办理报关验放手续。

口岸所在地药品监督管理部门应当通知药品检验机构对进口药品逐批进行抽查检验；但是，有《药品管理法》第四十一条规定情形的除外。

第三十九条　疫苗类制品、血液制品、用于血源筛查的体外诊断试剂以及国务院药品监督管理部门规定的其他生物制品在销售前或者进口时，应当按照国务院药品监督管理部门的规定进行检验或者审核批准；检验不合格或者未获批准的，不得销售或者进口。

第四十条　国家鼓励培育中药材。对集中规模化栽培养殖、质量可以控制并符合国务院药品监督管理部门规定条件的中药材品种，实行批准文号管理。

第四十一条　国务院药品监督管理部门对已批准生产、销售的药品进行再评价，根据药品再评价结果，可以采取责令修改药品说明书，暂停生产、销售和使用的措施；对不良反应大或者其他原因危害人体健康的药品，应当撤销该药品批准证明文件。

第四十二条　国务院药品监督管理部门核发的药品批准文号、《进口药品注册证》、《医药产品注册证》的有效期为5年。有效期届满，需要继续生产或者进口的，应当在有效期届满前6个月申请再注册。药品再注册时，应当按照国务院药品监督管理部门的规定报送相关资料。有效期届满，未申请再注册或者经审查不符合国务院药品监督管理部门关于再注册的规定的，注销其药品批准文号、《进口药品注册证》或者《医药产品注册证》。

第四十三条　非药品不得在其包装、标签、说明书及有关宣传资料上进行含有预防、治疗、诊断人体疾病等有关内容的宣传；但是，法律、行政法规另有规定的除外。

第六章　药品包装的管理

第四十四条　药品生产企业使用的直接接触药品的包装材料和容器，必须符合药用要求和保障人体健康、安全的标准，并经国务院药品监督管理部门批准注册。

直接接触药品的包装材料和容器的管理办法、产品目录和药用要求与标准，由国务院药品监督管理部门组织制定并公布。

第四十五条　生产中药饮片，应当选用与药品性质相适应的包装材料和容器；包装不符合规定的中药饮片，不得销售。中药饮片包装必须印有或者贴有标签。

中药饮片的标签必须注明品名、规格、产地、生产企业、产品批号、生产日期，实施批准文号管理的中药饮片还必须注明药品批准文号。

第四十六条　药品包装、标签、说明书必须依照《药品管理法》第五十四条和国务院药品监督管理部门的规定印制。

药品商品名称应当符合国务院药品监督管理部门的规定。

第四十七条　医疗机构配制制剂所使用的直接接触药品的包装材料和容器、制剂的标签和说明书应当符合《药品管理法》第六章和本条例的有关规定，并经省、自治区、直辖市人民政府药品监督管理部门批准。

第七章　药品价格和广告的管理

第四十八条　国家对药品价格实行政府定价、政府指导价或者市场调节价。

列入国家基本医疗保险药品目录的药品以及国家基本医疗保险药品目录以外具有垄断性生产、经营的药品，实行政府定价或者政府指导价；对其他药品，实行市场调节价。

第四十九条　依法实行政府定价、政府指导价的药品，由政府价格主管部门依照《药品管理法》第五十五条规定的原则，制定和调整价格；其中，制定和调整药品销售价格时，应当体现对药品社会平均销售费用率、销售利润率和流通差率的控制。具体定价办法由国务院价格主管部门依照《中华人民共和国价格法》（以下简称《价格法》）的有关规定制定。

第五十条　依法实行政府定价和政府指导价的药品价格制定后，由政府价格主管部门依照《价格法》第二十四条的规定，在指定的刊物上公布并明确该价格施行的日期。

第五十一条　实行政府定价和政府指导价的药品价格，政府价格主管部门制定和调整药品价格时，应当组织药学、医学、经济学等方面专家进行评审和论证；必要时，应当听取药品生产企业、药品经营企业、医疗机构、公民以及其他有关单位及人员的意见。

第五十二条　政府价格主管部门依照《价格法》第二十八条的规定实行药品价格监测时，为掌握、分析药品价格变动和趋势，可以指定部分药品生产企业、药品经营企业和医疗机构作为价格监测定点单位；定点单位应当给予配合、支持，如实提供有关信息资料。

第五十三条　发布药品广告，应当向药品生产企业所在地省、自治区、直辖市人民政府药品监督管理部门报送有关材料。省、自治区、直辖市人民政府药品监督管理部门应当自收到有关材料之日起10个工作日内作出是否核发药品广告批准文号的决定；核发药品广告批准文号的，应当同时报国务院药品监督管理部门备案。具体办法由国务院药品监督管理部门制定。

发布进口药品广告，应当依照前款规定向进口药品代理机构所在地省、自治区、直辖市人民政府药品监督管理部门申请药品广告批准文号。

在药品生产企业所在地和进口药品代理机构所在地以外的省、自治区、直辖市发布药品广告的，发布广告的企业应当在发布前向发布地省、自治区、直辖市人民政府药品监督管理部门备案。接受备案的省、自治区、直辖市人民政府药品监督管理部门发现药品广告批准内容不符合药品广告管理规定的，应当交由原核发部门处理。

第五十四条　经国务院或者省、自治区、直辖市人民政府的药品监督管理部门决定，责令暂停生产、销售和使用的药品，在暂停期间不得发布该品种药品广告；已经发布广告的，必须立即停止。

第五十五条　未经省、自治区、直辖市人民政府药品监督管理部门批准的药品广告，使用伪造、冒用、失效的药品广告批准文号的广告，或者因其他广告违法活动被撤销药品广告批准文号的广告，发布广告的企业、广告经营者、广告发布者必须立即停止该药品广告的发布。

对违法发布药品广告，情节严重的，省、自治区、直辖市人民政府药品监督管理部门可以予以公告。

第八章　药品监督

第五十六条　药品监督管理部门（含省级人民政府药品监督管理部门依法设立的药品监督管理机构，下同）依法对药品的研制、生产、经营、使用实施监督检查。

第五十七条　药品抽样必须由两名以上药品监督检查人员实施，并按照国务院药品监督管理部门的规定进行抽样；被抽检方应当提供抽检样品，不得拒绝。

药品被抽检单位没有正当理由，拒绝抽查检验的，国务院药品监督管理部门和被抽检单位所在地省、自治区、直辖市人民政府药品监督管理部门可以宣布停止该单位拒绝抽检的药品上市销售和使用。

第五十八条　对有掺杂、掺假嫌疑的药品，在国家药品标准规定的检验方法和检验项目不能检验时，药品检验机构可以补充检验方法和检验项目进行药品检验；经国务院药品监督管理部门批准后，使用补充检验方法和检验项目所得出的检验结果，可以作为药品监督管理部门认定药品质量的依据。

第五十九条　国务院和省、自治区、直辖市人民政府的药品监督管理部门应当根据药品质量抽查检验结果，定期发布药品质量公告。药品质量公告应当包括抽验药品的品名、检品来源、生产企业、生产批号、药品规格、检验机构、检验依据、检验结果、不合格项目等内容。药品质量公告不当的，发布部门应当自确认公告不当之日起5日内，在原公告范围内予以更正。

当事人对药品检验机构的检验结果有异议，申请复验的，应当向负责复验的药品检验机构提交书面申请、原药品检验报告书。复验的样品从原药品检验机构留样中抽取。

第六十条　药品监督管理部门依法对有证据证明可能危害人体健康的药品及其有关证据材料采取查封、扣押的行政强制措施的，应当自采取行政强制措施之日起7日内作出是否立案的决定；需要检验的，应当自检验报告书发出之日起15日内作出是否立案的决定；不符合立案条件的，应当解除行政强制措施；需要暂停销售和使用的，应当由国务院或者省、自治区、直辖市人民政府的药品监督管理部门作出决定。

第六十一条　药品抽查检验，不得收取任何费用。

当事人对药品检验结果有异议，申请复验的，应当按照国务院有关部门或者省、自治区、直辖市人民政府有关部门的规定，向复验机构预先支付药品检验费用。复验结论与原检验结论不一致的，复验检验费用由原药品检验机构承担。

第六十二条　依据《药品管理法》和本条例的规定核发证书、进行药品注册、药品认证和实施药品审批检验及其强制性检验，可以收取费用。具体收费标准由国务院财政部门、国务院价格主管部门制定。

第九章　法律责任

第六十三条　药品生产企业、药品经营企业有下列情形之一的，由药品监督管理部门依照《药品管理法》第七十九条的规定给予处罚：

（一）开办药品生产企业、药品生产企业新建药品生产车间、新增生产剂型，在国务院药品监督管理部门规定的时间内未通过《药品生产质量管理规范》认证，仍进行药品生产的；

（二）开办药品经营企业，在国务院药品监督管理部门规定的时间内未通过《药品经营质量管理规范》认证，仍进行药品经营的。

第六十四条　违反《药品管理法》第十三条的规定，擅自委托或者接受委托生产药品的，对委托方和受托方均依照《药品管理法》第七十四条的规定给予处罚。

第六十五条　未经批准，擅自在城乡集市贸易市场设点销售药品或者在城乡集市贸易市场设点销售的药品超出批准经营的药品范围的，依照《药品管理法》第七十三条的规定给予处罚。

第六十六条　未经批准，医疗机构擅自使用其他医疗机构配制的制剂的，依照《药品管理法》第八十条的规定给予处罚。

第六十七条　个人设置的门诊部、诊所等医疗机构向患者提供的药品超出规定的范围和品种的，依照《药品管理法》第七十三条的规定给予处罚。

第六十八条　医疗机构使用假药、劣药的，依照《药品管理法》第七十四条、第七十五条的规定给予处罚。

第六十九条　违反《药品管理法》第二十九条的规定，擅自进行临床试验的，对承担药物临床试验的机构，依照《药品管理法》第七十九条的规定给予处罚。

第七十条　药品申报者在申报临床试验时，报送虚假研制方法、质量标准、药理及毒理试验结果等有关资料和样品的，国务院药品监督管理部门对该申报药品的临床试验不予批准，对药品申报者给予警告；情节严重的，3 年内不受理该药品申报者申报该品种的临床试验申请。

第七十一条　生产没有国家药品标准的中药饮片，不符合省、自治区、直辖市人民政府药品监督管理部门制定的炮制规范的；医疗机构不按照省、自治区、直辖市人民政府药品监督管理部门批准的标准配制制剂的，依照《药品管理法》第七十五条的规定给予处罚。

第七十二条　药品监督管理部门及其工作人员违反规定，泄露生产者、销售者为获得生产、销售含有新型化学成分药品许可而提交的未披露试验数据或者其他数据，造成申请人损失的，由药品监督管理部门依法承担赔偿责任；药品监督管理部门赔偿损失后，应当责令故意或者有重大过失的工作人员承担部分或者全部赔偿费用，并对直接责任人员依法给予行政处分。

第七十三条　药品生产企业、药品经营企业生产、经营的药品及医疗机构配制的制剂，其包装、标签、说明书违反《药品管理法》及本条例规定的，依照《药品管理法》第八十六条的规定给予处罚。

第七十四条　药品生产企业、药品经营企业和医疗机构变更药品生产经营许可事项，应当办理变更登记手续而未办理的，由原发证部门给予警告，责令限期补办变更登记手续；逾期不补办的，宣布其《药品生产许可证》、《药品经营许可证》和《医疗机构制剂许可证》无效；仍从事药品生产经营活动的，依照《药品管理法》第七十三条的规定给予处罚。

第七十五条　违反本条例第四十八条、第四十九条、第五十条、第五十一条、第五十二条关于药品价格管理的规定的，依照《价格法》的有关规定给予处罚。

第七十六条　篡改经批准的药品广告内容的，由药品监督管理部门责令广告主立即停止该药品广告的发布，并由原审批的药品监督管理部门依照《药品管理法》第九十二条的规定给予处罚。

药品监督管理部门撤销药品广告批准文号后，应当自作出行政处理决定之日起 5 个工作日内通知广告监督管理机关。广告监督管理机关应当自收到药品监督管理部门通知之日起 15 个工作日内，依照《中华人民共和国广告法》的有关规定作出行政处理决定。

第七十七条　发布药品广告的企业在药品生产企业所在地或者进口药品代理机构所在地以外的省、自治区、直辖市发布药品广告，未按照规定向发布地省、自治区、直辖市人民政府药品监督管理部门备案的，由发布地的药品监督管理部门责令限期改正；逾期不改正的，停止该药品品种在发布地的广告发布活动。

第七十八条　未经省、自治区、直辖市人民政府药品监督管理部门批准，擅自发布药品广告的，药品监督管理部门发现后，应当通知广告监督管理部门依法查处。

第七十九条 违反《药品管理法》和本条例的规定，有下列行为之一的，由药品监督管理部门在《药品管理法》和本条例规定的处罚幅度内从重处罚：

（一）以麻醉药品、精神药品、医疗用毒性药品、放射性药品冒充其他药品，或者以其他药品冒充上述药品的；

（二）生产、销售以孕产妇、婴幼儿及儿童为主要使用对象的假药、劣药的；

（三）生产、销售的生物制品、血液制品属于假药、劣药的；

（四）生产、销售、使用假药、劣药，造成人员伤害后果的；

（五）生产、销售、使用假药、劣药，经处理后重犯的；

（六）拒绝、逃避监督检查，或者伪造、销毁、隐匿有关证据材料的，或者擅自动用查封、扣押物品的。

第八十条 药品监督管理部门设置的派出机构，有权作出《药品管理法》和本条例规定的警告、罚款、没收违法生产、销售的药品和违法所得的行政处罚。

第八十一条 药品经营企业、医疗机构未违反《药品管理法》和本条例的有关规定，并有充分证据证明其不知道所销售或者使用的药品是假药、劣药的，应当没收其销售或者使用的假药、劣药和违法所得；但是，可以免除其他行政处罚。

第八十二条 依照《药品管理法》和本条例的规定没收的物品，由药品监督管理部门按照规定监督处理。

第十章 附　　则

第八十三条 本条例下列用语的含义：

药品合格证明和其他标识，是指药品生产批准证明文件、药品检验报告书、药品的包装、标签和说明书。

新药，是指未曾在中国境内上市销售的药品。

处方药，是指凭执业医师和执业助理医师处方方可购买、调配和使用的药品。

非处方药，是指由国务院药品监督管理部门公布的，不需要凭执业医师和执业助理医师处方，消费者可以自行判断、购买和使用的药品。

医疗机构制剂，是指医疗机构根据本单位临床需要经批准而配制、自用的固定处方制剂。

药品认证，是指药品监督管理部门对药品研制、生产、经营、使用单位实施相应质量管理规范进行检查、评价并决定是否发给相应认证证书的过程。

药品经营方式，是指药品批发和药品零售。

药品经营范围，是指经药品监督管理部门核准经营药品的品种类别。

药品批发企业，是指将购进的药品销售给药品生产企业、药品经营企业、医疗机构的药品经营企业。

药品零售企业，是指将购进的药品直接销售给消费者的药品经营企业。

第八十四条 《药品管理法》第四十一条中“首次在中国销售的药品”，是指国内或者国外药品生产企业第一次在中国销售的药品，包括不同药品生产企业生产的相同品种。

第八十五条 《药品管理法》第五十九条第二款“禁止药品的生产企业、经营企业或者其代理人以任何名义给予使用其药品的医疗机构的负责人、药品采购人员、医师等有关人员以财物或者其他利益”中的“财物或者其他利益”，是指药品的生产企业、经营企业或者其代理人向医疗机构的负责人、药品采购人员、医师等有关人员提供的目的在于影响其药品采购或者药品处方行为的不正当利益。

第八十六条 本条例自2002年9月15日起施行。

附录三　药品经营质量管理规范（GSP）

第一章　总　　则

第一条　为加强药品经营质量管理，保证人民用药安全有效，依据《中华人民共和国药品管理法》等有关法律、法规，制定本规范。

第二条　药品经营企业应在药品的购进、储运和销售等环节实行质量管理，建立包括组织结构、职责制度、过程管理和设施设备等方面的质量体系，并使之有效运行。

第三条　本规范是药品经营质量管理的基本准则，适用于中华人民共和国境内经营药品的专营或兼营企业。

第二章　药品批发的质量管理

第一节　管理职责

第四条　企业主要负责人应保证企业执行国家有关法律、法规及本规范，对企业经营药品的质量负领导责任。

第五条　企业应建立以企业主要负责人为首的质量领导组织。其主要职责是：建立企业的质量体系，实施企业质量方针，并保证企业质量管理工作人员行使职权。

第六条　企业应设置专门的质量管理机构，行使质量管理职能，在企业内部对药品质量具有裁决权。

第七条　企业应设置与经营规模相适应的药品检验部门和验收、养护等组织。药品检验部门和验收组织应隶属于质量管理机构。

第八条　企业应依据有关法律、法规及本规范，结合企业实际制定质量管理制度，并定期检查和考核制度执行情况。

第九条　企业应定期对本规范实施情况进行内部评审，确保规范的实施。

第二节　人员与培训

第十条　企业主要负责人应具有专业技术职称，熟悉国家有关药品管理的法律、法规、规章和所经营药品的知识。

第十一条　企业负责人中应有具有药学专业技术职称的人员，负责质量管理工作。

第十二条　企业质量管理机构的负责人，应是执业药师或具有相应的药学专业技术职称，并能坚持原则、有实践经验，可独立解决经营过程中的质量问题。

第十三条　药品检验部门的负责人，应具有相应的药学专业技术职称。

第十四条　企业从事质量管理和检验工作的人员，应具有药学或相关专业的学历，或者具有药学专业技术职称，经专业培训并考核合格后持证上岗。

第十五条　从事验收、养护、计量、保管等工作的人员，应具有相应的学历或一定的文化程度，经有关培训并考核合格后持证上岗。

在国家有就业准入规定岗位工作的人员，需通过职业技能鉴定并取得职业资格证书后方可上岗。

第十六条　企业每年应组织直接接触药品的人员进行健康检查，并建立健康档案。发现患有精神病、传染病或者其他可能污染药品疾病的患者，应调离直接接触药品的岗位。

第十七条　企业应定期对各类人员进行药品法律、法规、规章和专业技术、药品知识、职业道德等教育或培训，并建立档案。

第三节　设施与设备

第十八条　企业应有与经营规模相适应的营业场所及辅助、办公用房。营业场所应明亮、整洁。

第十九条　有与经营规模相适应的仓库。库区地面平整，无积水和杂草，无污染源，并做到：

（一）药品储存作业区、辅助作业区、办公生活区分开一定距离或有隔离措施，装卸作业场所有顶棚。

（二）有适宜药品分类保管和符合药品储存要求的库房。库房内墙壁、顶棚和地面光洁、平整，门窗结构严密。

（三）库区有符合规定要求的消防、安全设施。

第二十条　仓库应划分待验库（区）、合格品库（区）、发货库（区）、不合格品库（区）、退货库（区）等专用场所，经营中药饮片还应划分零货称取专库（区）。以上各库（区）均应设有明显标志。

第二十一条　仓库应有以下设施和设备：

（一）保持药品与地面之间有一定距离的设备。

（二）避光、通风和排水的设备。

（三）检测和调节温、湿度的设备。

（四）防尘、防潮、防霉、防污染以及防虫、防鼠、防鸟等设备。

（五）符合安全用电要求的照明设备。

（六）适宜拆零及拼箱发货的工作场所和包装物料等的储存场所和设备。

第二十二条　储存麻醉药品、一类精神药品、医疗用毒性药品、放射性药品的专用仓库应具有相应的安全保卫措施。

第二十三条　有与经营规模、范围相适应的药品检验部门，配置相应的检验仪器和设备。经营中药材及中药饮片的应设置中药标本室（柜）。

第二十四条　有与企业规模相适应、符合卫生要求的验收养护室，配备必要的验收和养护用工具及仪器设备。

第二十五条　对所用设施和设备应定期进行检查、维修、保养并建立档案。

第二十六条　分装中药饮片应有符合规定的专门场所，其面积和设备应与分装要求相适应。

第四节　进　货

第二十七条　企业应把质量放在选择药品和供货单位条件的首位，制定能够确保购进的药品符合质量要求的进货程序。

第二十八条　购进的药品应符合以下基本条件：

（一）合法企业所生产或经营的药品。

（二）具有法定的质量标准。

（三）除国家未规定的以外，应有法定的批准文号和生产批号。进口药品应有符合规定的、加盖了供货单位质量检验机构原印章的《进口药品注册证》和《进口药品检验报告书》复印件。

（四）包装和标识符合有关规定和储运要求。

（五）中药材应标明产地。

第二十九条　企业对首营企业应进行包括资格和质量保证能力的审核。审核由业务部门会同质量管理机构共同进行。除审核有关资料外，必要时应实地考察。经审核批准后，方可从首营企业进货。

第三十条　企业对首营品种（含新规格、新剂型、新包装等）应进行合法性和质量基本情况的审核，审核合格后方可经营。

第三十一条　企业编制购货计划时应以药品质量作为重要依据，并有质量管理机构人员参加。

第三十二条　签订进货合同应明确质量条款。

第三十三条　购进药品应有合法票据，并按规定建立购进记录，做到票、账、货相符。购货记录按规定保存。

第三十四条　企业每年应对进货情况进行质量评审。

第五节　验收与检验

第三十五条　药品质量验收的要求是：

（一）严格按照法定标准和合同规定的质量条款对购进药品、销后退回药品的质量进行逐批验收。

（二）验收时应同时对药品的包装、标签、说明书以及有关要求的证明或文件进行逐一检查。

（三）验收抽取的样品应具有代表性。

（四）验收应按有关规定做好验收记录。验收记录应保存至超过药品有效期一年，但不得少于三年。

（五）验收首营品种，还应进行药品内在质量的检验。

（六）验收应在符合规定的场所进行，在规定时限内完成。

第三十六条　仓库保管员凭验收员签字或盖章收货。对货与单不符、质量异常、包装不牢或破损、标志模糊等情况，有权拒收并报告企业有关部门处理。

第三十七条　企业的药品检验部门承担本企业药品质量的检验任务，提供准确、可靠的检验数据。

第三十八条　药品检验部门抽样检验批数应达到总进货批数的规定比例。

第三十九条　药品质量验收和检验管理的主要内容是：

（一）药品质量标准及有关规定的收集、分发和保管。

（二）抽样的原则和程序、验收和检验的操作规程。

（三）发现有问题药品的处理方法。

（四）仪器设备、计量工具的定期校准和检定，仪器的使用、保养和登记等。

（五）原始记录和药品质量档案的建立、收集、归档和保管。

（六）中药标本的收集和保管。

第四十条　企业应对质量不合格药品进行控制性管理，其管理重点为：

（一）发现不合格药品应按规定的要求和程序上报。

（二）不合格药品的标识、存放。

（三）查明质量不合格的原因，分清质量责任，及时处理并制定预防措施。

（四）不合格药品报废、销毁的记录。

（五）不合格药品处理情况的汇总和分析。

第六节　储存与养护

第四十一条　药品应按规定的储存要求专库、分类存放。储存中应遵守以下几点：

（一）药品按温、湿度要求储存于相应的库中。

（二）在库药品均应实行色标管理。

（三）搬运和堆垛应严格遵守药品外包装图式标志的要求，规范操作。怕压药品应控制堆放高度，定期翻垛。

（四）药品与仓间地面、墙、顶、散热器之间应有相应的间距或隔离措施。

（五）药品应按批号集中堆放。有效期的药品应分类相对集中存放，按批号及效期远近依次或分开堆码并有明显标志。

（六）药品与非药品、内用药与外用药、处方药与非处方药之间应分开存放；易串味的药品、中药材、中药饮片以及危险品等应与其他药品分开存放。

（七）麻醉药品、一类精神药品、医疗用毒性药品、放射性药品应当专库或专柜存放，双人双锁保管，专账记录。

第四十二条　药品养护工作的主要职责是：

（一）指导保管人员对药品进行合理储存。

（二）检查在库药品的储存条件，配合保管人员进行仓间温、湿度等管理。

（三）对库存药品进行定期质量检查，并做好检查记录。

（四）对中药材和中药饮片按其特性，采取干燥、降氧、熏蒸等方法养护。

（五）对由于异常原因可能出现质量问题的药品和在库时间较长的中药材，应抽样送检。

（六）对检查中发现的问题及时通知质量管理机构复查处理。

（七）定期汇总、分析和上报养护检查、近效期或长时间储存的药品等质量信息。

（八）负责养护用仪器设备、温湿度检测和监控仪器、仓库在用计量仪器及器具等的管理工作。

（九）建立药品养护档案。

第七节　出库与运输

第四十三条　药品出库应遵循“先产先出”、“近期先出”和按批号发货的原则。

第四十四条　药品出库应进行复核和质量检查。麻醉药品、一类精神药品、医疗用毒性药品应建立双人核对制度。

第四十五条　药品出库应做好药品质量跟踪记录，以保证能快速、准确地进行质量跟踪。记录应保存至超过药品有效期一年，但不得少于三年。

第四十六条　对有温度要求的药品的运输，应根据季节温度变化和运程采取必要的保温或冷藏措施。

第四十七条　麻醉药品、一类精神药品、医疗用毒性药品和危险品的运输应按有关规定办理。

第四十八条　由生产企业直调药品时，须经经营单位质量验收合格后方可发运。

第四十九条　搬运、装卸药品应轻拿轻放，严格按照外包装图示标志要求堆放和采取防护措施。

第八节　销售与售后服务

第五十条　企业应依据有关法律、法规和规章，将药品销售给具有合法资格的单位。

第五十一条　销售特殊管理的药品应严格按照国家有关规定执行。

第五十二条　销售人员应正确介绍药品，不得虚假夸大和误导用户。

第五十三条　销售应开具合法票据，并按规定建立销售记录，做到票、账、货相符。销售票据和记录应按规定保存。

第五十四条　因特殊需要从其他商业企业直调的药品，本企业应保证药品质量，并及时做好有关记录。

第五十五条　药品营销宣传应严格执行国家有关广告管理的法律、法规，宣传的内容必须以国家药品监督管理部门批准的药品使用说明书为准。

第五十六条　对质量查询、投诉、抽查和销售过程中发现的质量问题要查明原因，分清责任，采取有效的处理措施，并做好记录。

第五十七条　企业已售出的药品如发现质量问题，应向有关管理部门报告，并及时追回药品和做好记录。

第三章　药品零售的质量管理

第一节　管理职责

第五十八条　药品零售和零售连锁企业应遵照依法批准的经营方式和经营范围从事经营活动，应在营业店堂的显著位置悬挂药品经营企业许可证、营业执照以及与执业人员要求相符的执业证明。

第五十九条　企业主要负责人对企业经营药品的质量负领导责任。

第六十条　企业应设置质量管理机构或专职质量管理人员，具体负责企业质量管理工作。

第六十一条　企业应根据国家有关法律、法规和本规范，并结合企业实际，制定各项质量管理制度。管理制度应定期检查和考核，并建立记录。

第二节　人员与培训

第六十二条　企业的质量负责人应具有药学专业的技术职称。

第六十三条　药品零售中处方审核人员应是执业药师或有药师以上（含药师和中药师）的专业技术职称。

第六十四条　企业的质量管理和药品检验人员应具有药学或相关专业的学历，或者具有药学专业的技术职称。

第六十五条　企业从事质量管理、检验、验收、保管、养护、营业等工作的人员应经过专业培训，考核合格后持证上岗。国家有就业准入规定的岗位，工作人员需通过职业技能鉴定并取得职业资格证书后方可上岗。

第六十六条　企业每年应组织直接接触药品的人员进行健康检查，并建立健康档案。发现患有精神病、传染病和其他可能污染药品疾病的人员，应及时调离其工作岗位。

第三节　设施和设备

第六十七条　药品零售企业应有与经营规模相适应的营业场所和药品仓库，并且环境整洁、无污染物。企业的营业场所、仓库、办公生活等区域应分开。

第六十八条　药品零售企业营业场所和药品仓库应配置以下设备：

（一）便于药品陈列展示的设备。

（二）特殊管理药品的保管设备。

（三）符合药品特性要求的常温、阴凉和冷藏保管的设备。

（四）必要的药品检验、验收、养护的设备。

（五）检验和调节温、湿度的设备。

（六）保持药品与地面之间有一定距离的设备。

（七）药品防尘、防潮、防污染和防虫、防鼠、防霉变等设备。

（八）经营中药饮片所需的调配处方和临方炮制的设备。

第六十九条　药品零售连锁企业应设立与经营规模相适应的配送中心，其仓储、验收、检验、养护等设施要求与同规模的批发企业相同。零售连锁门店的药品陈列、保管等设备要求应与零售企业相同。

第四节　进货与验收

第七十条　企业购进药品应以质量为前提，从合法的企业进货。对首营企业应确认其合法资格，并做好记录。

第七十一条　购进药品应有合法票据，并按规定建立购进记录，做到票、账、货相符。

购进票据和记录应保存至超过药品有效期一年，但不得少于两年。

第七十二条　购进药品的合同应明确质量条款。

第七十三条　购进首营品种，应进行药品质量审核，审核合格后方可经营。

第七十四条　验收人员对购进的药品，应根据原始凭证，严格按照有关规定逐批验收并记录。必要时应抽样送检验机构检验。

第七十五条　验收药品质量时，应按规定同时检查包装、标签、说明书等项内容。

第五节　陈列与储存

第七十六条　在零售店堂内陈列药品的质量和包装应符合规定。

第七十七条　药品应按剂型或用途以及储存要求分类陈列和储存：

（一）药品与非药品、内服药与外用药应分开存放，易串味的药品与一般药品应分开存放。

（二）药品应根据其温湿度要求，按照规定的储存条件存放。

（三）处方药与非处方药应分柜摆放。

（四）特殊管理的药品应按照国家的有关规定存放。

（五）危险品不应陈列。如因需要必须陈列时，只能陈列代用品或空包装。危险品的储存应按国家有关规定管理和存放。

（六）拆零药品应集中存放于拆零专柜，并保留原包装的标签。

（七）中药饮片装斗前应做质量复核，不得错斗、串斗，防止混药。饮片斗前应写正名正字。

第七十八条　陈列和储存药品的养护工作包括：

（一）定期检查陈列与储存药品的质量并记录。近效期的药品、易霉变、易潮解的药品视情况缩短检查周期，对质量有疑问及储存日久的药品应及时抽样送检。

（二）检查药品陈列环境和储存条件是否符合规定要求。

（三）对各种养护设备进行检查。

（四）检查中发现的问题应及时向质量负责人汇报并尽快处理。

第七十九条　库存药品应实行色标管理。

第六节　销售与服务

第八十条　销售药品要严格遵守有关法律、法规和制度，正确介绍药品的性能、用途、禁忌及注意事项。

第八十一条　销售药品时，处方要经执业药师或具有药师以上（含药师和中药师）职称的人员审核后方可调配和销售。对处方所列药品不得擅自更改或代用。对有配伍禁忌或超剂量的处方，应当拒绝调配、销售，必要时，需经原处方医生更正或重新签字方可调配和销售。审核、调配或销售人员均应在处方上签字或盖章，处方按有关规定保存备查。

第八十二条　药品拆零销售使用的工具、包装袋应清洁和卫生，出售时应在药袋上写明药品名称、规格、服法、用量、有效期等内容。

第八十三条　销售特殊管理的药品，应严格按照国家有关规定，凭盖有医疗单位公章的医生处方限量供应，销售及复核人员均应在处方上签字或盖章，处方保存两年。

第八十四条　企业应在零售场所内提供咨询服务，指导顾客安全、合理用药。企业还应设置意见簿和公布监督电话，对顾客的批评或投诉要及时加以解决。

第四章　附　　则

第八十五条　本规范下列用语的含义是：

企业主要负责人：具有法人资格的企业指其法定代表人；不具有法人资格的企业指其最高管理者。

首营企业：购进药品时，与本企业首次发生供需关系的药品生产或经营企业。

首营品种：本企业向某一药品生产企业首次购进的药品。

药品直调：将已购进但未入库的药品，从供货方直接发送到向本企业购买同一药品的需求方。

处方调配：销售药品时，营业人员根据医生处方调剂、配合药品的过程。

第八十六条　国家药品监督管理局根据本规范制定实施细则。

第八十七条　本规范由国家药品监督管理局负责解释。

第八十八条　本规范自2000年7月1日起施行。

附录四　药品经营质量管理规范实施细则

第一章　总　　则

第一条　为贯彻实施《药品经营质量管理规范》（以下简称《规范》），根据《规范》的有关规定，制定本细则。

第二条　本细则适用范围与《规范》相同。

第三条　本细则是对《规范》部分条款的具体说明。《规范》中已有明确规定的，本细则不再说明。

第二章　药品批发和零售连锁的质量管理

第一节　管理职责

第四条　药品批发和零售连锁企业应按照依法批准的经营方式和经营范围，从事药品经营活动。

第五条　药品批发和零售连锁企业应建立以主要负责人为首，包括进货、销售、储运等业务部门负责人和企业质量管理机构负责人在内的质量领导组织。其具体职能是：

（一）组织并监督企业实施《中华人民共和国药品管理法》等药品管理的法律、法规和行政规章；

（二）组织并监督实施企业质量方针；

（三）负责企业质量管理部门的设置，确定各部门质量管理职能；

（四）审定企业质量管理制度；

（五）研究和确定企业质量管理工作的重大问题；

（六）确定企业质量奖惩措施。

第六条　药品批发和零售连锁企业应设置质量管理机构，机构下设质量管理组、质量验收组。批发企业和直接从工厂进货的零售连锁企业还应设置药品检验室。

批发和零售连锁企业应按经营规模设立养护组织。大中型企业应设立药品养护组，小型企业设立药品养护组或药品养护员。养护组或养护员在业务上接受质量管理机构的监督指导。

第七条　药品批发和零售连锁企业质量管理机构的主要职能是：

（一）贯彻执行有关药品质量管理的法律、法规和行政规章。

（二）起草企业药品质量管理制度，并指导、督促制度的执行。

（三）负责首营企业和首营品种的质量审核。

（四）负责建立企业所经营药品并包含质量标准等内容的质量档案。
（五）负责药品质量的查询和药品质量事故或质量投诉的调查、处理及报告。
（六）负责药品的验收和检验，指导和监督药品保管、养护和运输中的质量工作。
（七）负责质量不合格药品的审核，对不合格药品的处理过程实施监督。
（八）收集和分析药品质量信息。
（九）协助开展对企业职工药品质量管理方面的教育或培训。
（十）其他相关工作。

第八条　药品批发和零售连锁企业制定的质量管理制度应包括以下内容：
（一）质量方针和目标管理；
（二）质量体系的审核；
（三）有关部门、组织和人员的质量责任；
（四）质量否决的规定；
（五）质量信息管理；
（六）首营企业和首营品种的审核；
（七）质量验收和检验的管理；
（八）仓储保管、养护和出库复核的管理；
（九）有关记录和凭证的管理；
（十）特殊管理药品的管理；
（十一）有效期药品、不合格药品和退货药品的管理；
（十二）质量事故、质量查询和质量投诉的管理；
（十三）药品不良反应报告的规定；
（十四）卫生和人员健康状况的管理；
（十五）质量方面的教育、培训及考核的规定。

第二节　人员与培训

第九条　药品批发和零售连锁企业质量管理工作的负责人，大中型企业应具有主管药师（含主管药师、主管中药师）或药学相关专业（指医学、生物、化学等专业，下同）工程师（含）以上的技术职称；小型企业应具有药师（含药师、中药师）或药学相关专业助理工程师（含）以上的技术职称；

跨地域连锁经营的零售连锁企业质量管理工作负责人，应是执业药师。

第十条　药品批发和零售连锁企业质量管理机构的负责人，应是执业药师或符合本细则第九条的相应条件。

第十一条　药品批发和零售连锁企业药品检验部门的负责人，应符合本细则第九条的相应条件。

第十二条　药品批发和零售连锁企业从事质量管理和检验工作的人员，应具有药师（含药师、中药师）以上技术职称，或者具有中专（含）以上药学或相关专业的学历。以上人员应经专业培训和省级药品监督管理部门考试合格后，取得岗位合格证书方可上岗。

从事质量管理和检验工作的人员应在职在岗，不得为兼职人员。

第十三条　药品批发和零售连锁企业从事药品验收、养护、计量和销售工作的人员，应具有高中（含）以上的文化程度。以上人员应经岗位培训和地市级（含）以上药品监督管理部门考试合格后，取得岗位合格证书方可上岗。

第十四条　药品批发企业从事质量管理、检验、验收、养护及计量等工作的专职人员数量，不少于企业职工总数的4%（最低不应少于3人），零售连锁企业此类人员不少于职工总数的2%（最低不应少于3人），并保持相对稳定。

第十五条　药品批发和零售连锁企业从事质量管理、检验的人员，每年应接受省级药品监督管理部门组织的继续教育；从事验收、养护、计量等工作的人员，应定期接受企业组织的继续教育。以上人员的继续教育应建立档案。

第十六条　药品批发和零售连锁企业在质量管理、药品检验、验收、养护、保管等直接接触药品的岗位工作的人员，每年应进行健康检查并建立档案。

第三节　设施与设备

第十七条　药品批发和零售连锁企业应按经营规模设置相应的仓库，其面积（指建筑面积，下同）大型企业不应低于1500平方米，中型企业不应低于1000平方米，小型企业不应低于500平方米。

第十八条　药品批发和零售连锁企业应根据所经营药品的储存要求，设置不同温、湿度条件的仓库。其中冷库温度为2～10℃；阴凉库温度不高于20℃；常温库温度为0～30℃；各库房相对湿度应保持在45%～75%之间。

第十九条　药品批发和零售连锁企业设置的药品检验室应有用于仪器分析、化学分析、滴定液标定的专门场所，并有用于易燃易爆、有毒等环境下操作的安全设施和温、湿度调控的设备。药品检验室的面积，大型企业不小于150平方米；中型企业不小于100平方米；小型企业不小于50平方米。

第二十条　药品检验室应开展化学测定、仪器分析（大中型企业还应增加卫生学检查、效价测定）等检测项目，并配备与企业规模和经营品种相适应的仪器设备。

（一）小型企业：配置万分之一分析天平、酸度仪、电热恒温干燥箱、恒温水浴锅、片剂崩解仪、澄明度检测仪。经营中药材和中药饮片的，还应配置水分测定仪、紫外荧光灯和显微镜。

（二）中型企业：在小型企业配置基础上，增加自动旋光仪、紫外分光光度计、生化培养箱、高压灭菌锅、高温炉、超净工作台、高倍显微镜。经营中药材、中药饮片的还应配置生物显微镜。

（三）大型企业：在中小型企业配置基础上，增加片剂溶出度测定仪、真空干燥箱、恒温湿培养箱。

第二十一条　药品批发和零售连锁企业应在仓库设置验收养护室，其面积大型企业不小于50平方米；中型企业不小于40平方米；小型企业不小于20平方米。验收养护室应有必要的防潮、防尘设备。如所在仓库未设置药品检验室或不能与检验室共用仪器设备的，应配置千分之一天平、澄明度检测仪、标准比色液等；企业经营中药材、中药饮片的还应配置水分测定仪、紫外荧光灯、解剖镜或显微镜。

第二十二条 药品批发和零售连锁企业分装中药饮片应有固定的分装室，其环境应整洁，墙壁、顶棚无脱落物。

第二十三条 药品零售连锁企业应设置单独的、便于配货活动展开的配货场所。

第四节 进 货

第二十四条 购进药品应按照可以保证药品质量的进货质量管理程序进行。此程序应包括以下环节：

（一）确定供货企业的法定资格及质量信誉。

（二）审核所购入药品的合法性和质量可靠性。

（三）对与本企业进行业务联系的供货单位销售人员，进行合法资格的验证。

（四）对首营品种，填写“首次经营药品审批表”，并经企业质量管理机构和企业主管领导的审核批准。

（五）签订有明确质量条款的购货合同。

（六）购货合同中质量条款的执行。

第二十五条 对首营品种合法性及质量情况的审核，包括核实药品的批准文号和取得质量标准，审核药品的包装、标签、说明书等是否符合规定，了解药品的性能、用途、检验方法、储存条件以及质量信誉等内容。

第二十六条 购货合同中应明确质量条款。

（一）工商间购销合同中应明确：

1. 药品质量符合质量标准和有关质量要求；

2. 药品附产品合格证；

3. 药品包装符合有关规定和货物运输要求。

（二）商商间购销合同中应明确：

1. 药品质量符合质量标准和有关质量要求；

2. 药品附产品合格证；

3. 购入进口药品，供应方应提供符合规定的证书和文件；

4. 药品包装符合有关规定和货物运输要求。

第二十七条 购进药品，应按国家有关规定建立完整的购进记录。记录应注明药品的品名、剂型、规格、有效期、生产厂商、供货单位、购进数量、购货日期等项内容。购进记录应保存至超过药品有效期 1 年，但不得少于 3 年。

第二十八条 购进特殊管理的药品，应严格按照国家有关管理规定进行。

第五节 验收与检验

第二十九条 药品质量验收，包括药品外观的性状检查和药品内外包装及标识的检查。包装、标识主要检查以下内容：

（一）每件包装中，应有产品合格证。

（二）药品包装的标签和所附说明书上，有生产企业的名称、地址，有药品的品名、规格、批准文号、产品批号、生产日期、有效期等；标签或说明书上还应有药品的成分、适应证或功能主治、用法、用量、禁忌、不良反应、注意事项以及贮藏条件等。

（三）特殊管理药品、外用药品包装的标签或说明书上有规定的标识和警示说明。处方药和非处方药按分类管理要求，标签、说明书上有相应的警示语或忠告语；非处方药的包装有国家规定的专有标识。

（四）进口药品，其包装的标签应以中文注明药品的名称、主要成分以及注册证号，并有中文说明书。

进口药品应有符合规定的《进口药品注册证》和《进口药品检验报告书》复印件；进口预防性生物制品、血液制品应有《生物制品进口批件》复印件；进口药材应有《进口药材批件》复印件。以上批准文件应加盖供货单位质量检验机构或质量管理机构原印章。

（五）中药材和中药饮片应有包装，并附有质量合格的标志。每件包装上，中药材标明品名、产地、供货单位；中药饮片标明品名、生产企业、生产日期等。实施文号管理的中药材和中药饮片，在包装上还应标明批准文号。

第三十条　药品验收应做好记录。验收记录记载供货单位、数量、到货日期、品名、剂型、规格、批准文号、批号、生产厂商、有效期、质量状况、验收结论和验收人员等项内容。验收记录按《规范》第三十五条要求保存。

第三十一条　对销后退回的药品，验收人员按进货验收的规定验收，必要时应抽样送检验部门检验。

第三十二条　对特殊管理的药品，应实行双人验收制度。

第三十三条　首营品种应进行内在质量检验。某些项目如无检验能力，应向生产企业索要该批号药品的质量检验报告书，或送县以上药品检验所检验。

第三十四条　药品抽样检验（包括自检和送检）的批数，大中型企业不应少于进货总批次数的1.5%，小型企业不应少于进货总批次数的1%。

第三十五条　药品检验部门或质量管理机构负责药品质量标准的收集。

第三十六条　药品检验应有完整的原始记录，并做到数据准确、内容真实、字迹清楚、格式及用语规范。记录保存5年。

第三十七条　用于药品验收、检验、养护的仪器、计量器具及滴定液等，应有使用和定期检定的记录。

第六节　储存与养护

第三十八条　药品储存时，应有效期标志。对近效期药品，应按月填报效期报表。

第三十九条　药品堆垛应留有一定距离。药品与墙、屋顶（房梁）的间距不小于30厘米，与库房散热器或供暖管道的间距不小于30厘米，与地面的间距不小于10厘米。

第四十条　药品储存应实行色标管理。其统一标准是：待验药品库（区）、退货药品库（区）为黄色；合格药品库（区）、零货称取库（区）、待发药品库（区）为绿色；不合格药品库（区）为红色。

第四十一条　对销后退回的药品，凭销售部门开具的退货凭证收货，存放于退货药品库（区），由专人保管并做好退货记录。经验收合格的药品，由保管人员记录后方可存入合格药品库（区）；不合格药品由保管人员记录后放入不合格药品库（区）。

退货记录应保存3年。

第四十二条　不合格药品应存放在不合格品库（区），并有明显标志。不合格药品的确认、报告、报损、销毁应有完善的手续和记录。

第四十三条　对库存药品应根据流转情况定期进行养护和检查，并做好记录。检查中，对由于异常原因可能出现问题的药品、易变质药品、已发现质量问题药品的相邻批号药品、储存时间较长的药品，应进行抽样送检。

第四十四条　库存养护中如发现质量问题，应悬挂明显标志和暂停发货，并尽快通知质量管理机构予以处理。

第四十五条　应做好库房温、湿度的监测和管理。每日应上、下午各一次定时对库房温、湿度进行记录。如库房温、湿度超出规定范围，应及时采取调控措施，并予以记录。

第七节　出库与运输

第四十六条　药品出库时，应按发货或配送凭证对实物进行质量检查和数量、项目的核对。如发现以下问题应停止发货或配送，并报有关部门处理：

（一）药品包装内有异常响动和液体渗漏；

（二）外包装出现破损、封口不牢、衬垫不实、封条严重损坏等现象；

（三）包装标识模糊不清或脱落；

（四）药品已超出有效期。

第四十七条　药品批发企业在药品出库复核时，为便于质量跟踪所做的复核记录，应包括购货单位、品名、剂型、规格、批号、有效期、生产厂商、数量、销售日期、质量状况和复核人员等项目。

药品零售连锁企业配送出库时，也应按规定做好质量检查和复核。其复核记录包括药品的品名、剂型、规格、批号、有效期、生产厂商、数量、出库日期，以及药品送至门店的名称和复核人员等项目。

以上复核记录按《规范》第四十五条的要求保存。

第四十八条　药品运输时，应针对运送药品的包装条件及道路状况，采取相应措施，防止药品的破损和混淆。运送有温度要求的药品，途中应采取相应的保温或冷藏措施。

第八节　销　　售

第四十九条　药品批发企业应按规定建立药品销售记录，记载药品的品名、剂型、规格、有效期、生产厂商、购货单位、销售数量、销售日期等项内容。销售记录应保存至超过药品有效期1年，但不得少于3年。

第五十条　药品批发和零售连锁企业应按照国家有关药品不良反应报告制度的规定和企业相关制度，注意收集由本企业售出药品的不良反应情况。发现不良反应情况，应按规定上报有关部门。

第三章　药品零售的质量管理

第一节　管理职责

第五十一条　药品零售企业和零售连锁门店应按依法批准的经营方式和经营范围经营药品。连锁门店应在门店前悬挂本连锁企业的统一商号和标志。

第五十二条　药品零售企业应按企业规模和管理需要设置质量管理机构，其职能与本细则第七条相同。小型零售企业如果因经营规模较小而未能设置质量管理机构的，应设置质量管理人员，其工作可参照管理机构的职能进行。

第五十三条　药品零售企业制定的质量管理制度，应包括以下内容：

（一）有关业务和管理岗位的质量责任；

（二）药品购进、验收、储存、陈列、养护等环节的管理规定；

（三）首营企业和首营品种审核的规定；

（四）药品销售及处方管理的规定；

（五）拆零药品的管理规定；

（六）特殊管理药品的购进、储存、保管和销售的规定；

（七）质量事故的处理和报告的规定；

（八）质量信息的管理；

（九）药品不良反应报告的规定；

（十）卫生和人员健康状况的管理；

（十一）服务质量的管理规定；

（十二）经营中药饮片的，有符合中药饮片购、销、存管理的规定。

药品零售连锁门店的质量管理制度，除不包括购进、储存等方面的规定外，应与药品零售企业有关制度相同。

第二节　人员与培训

第五十四条　药品零售企业质量管理工作的负责人，大中型企业应具有药师（含药师和中药师）以上的技术职称；小型企业应具有药士（含药士和中药士）以上的技术职称。药品零售连锁门店应由具有药士（含药士和中药士）以上技术职称的人员负责质量管理工作。

第五十五条　药品零售企业从事质量管理和药品检验工作的人员，应具有药师（含药师和中药师）以上技术职称，或者具有中专（含）以上药学或相关专业的学历。

药品零售企业从事药品验收工作的人员以及营业员应具有高中（含）以上文化程度。如为初中文化程度，须具有 5 年以上从事药品经营工作的经历。

第五十六条　药品零售企业从事质量管理、药品检验和验收工作的人员以及营业员应经专业或岗位培训，并经地市级（含）以上药品监督管理部门考试合格，发给岗位合格证书后方可上岗。

从事质量管理和检验工作的人员应在职在岗，不得在其他企业兼职。

第五十七条　药品零售连锁门店质量管理、验收人员和营业员应符合本细则第五十五条和五十六条中的相关规定。

第五十八条　药品零售企业和零售连锁门店应按照本细则第十五条的要求，对企业人员进行继续教育。

第五十九条　对照本细则第十六条的规定，药品零售企业和零售连锁门店的相关人员以及营业员，每年应进行健康检查并建立档案。

第三节　设施和设备

第六十条　用于药品零售的营业场所和仓库，面积不应低于以下标准：

（一）大型零售企业营业场所面积100平方米，仓库30平方米；

（二）中型零售企业营业场所面积50平方米，仓库20平方米；

（三）小型零售企业营业场所面积40平方米，仓库20平方米。

（四）零售连锁门店营业场所面积40平方米。

第六十一条　药品零售企业和零售连锁门店的营业场所应宽敞、整洁，营业用货架、柜台齐备，销售柜组标志醒目。

第六十二条　药品零售企业和零售连锁门店应配备完好的衡器以及清洁卫生的药品调剂工具、包装用品，并根据需要配置低温保存药品的冷藏设备。

第六十三条　药品零售企业和零售连锁门店销售特殊管理药品的，应配置存放药品的专柜以及保管用设备、工具等。

第六十四条　药品零售企业的仓库应与营业场所隔离，库房内地面和墙壁平整、清洁，有调节温、湿度的设备。

第六十五条　药品零售企业设置药品检验室的，其仪器设备可按本细则第二十条对小型药品批发企业的要求配置。

第四节　进货与验收

第六十六条　药品零售企业应按本细则第二十四条、二十五条、二十六条、二十七条、二十八条的要求购进药品，购进记录保存至超过药品有效期1年，但不得少于2年。

药品零售连锁门店不得独立购进药品。

第六十七条　药品零售企业应按本细则第二十九条、三十条、三十二条的相关要求进行药品验收。

第六十八条　药品零售连锁门店在接收企业配送中心药品配送时，可简化验收程序，但验收人员应按送货凭证对照实物，进行品名、规格、批号、生产厂商以及数量的核对，并在凭证上签字。送货凭证应按零售企业购进记录的要求保存。验收时，如发现有质量问题的药品，应及时退回配送中心并向总部质量管理机构报告。

第六十九条　药品零售企业购入首营品种时，如无进行内在质量检验能力，应向生产企业索要该批号药品的质量检验报告书，或送县以上药品检验所检验。

第五节　陈列与储存

第七十条　药品零售企业储存药品，应按本细则第三十八条、三十九条、四十条、四十二条、四十五条进行。

对储存中发现的有质量疑问的药品，不得摆上柜台销售，应及时通知质量管理机构或质量管理人员进行处理。

第七十一条　药品零售企业和零售连锁门店在营业店堂陈列药品时，除按《规范》第七十七条的要求外，还应做到：

（一）陈列药品的货柜及橱窗应保持清洁和卫生，防止人为污染药品。

（二）陈列药品应按品种、规格、剂型或用途分类整齐摆放，类别标签应放置准确、字迹清晰。

（三）对陈列的药品应按月进行检查，发现质量问题要及时处理。

第六节　销售与服务

第七十二条　药品零售企业和零售连锁门店应按国家药品分类管理的有关规定销售药品。

（一）营业时间内，应有执业药师或药师在岗，并佩戴标明姓名、执业药师或其技术职称等内容的胸卡。

（二）销售药品时，应由执业药师或药师对处方进行审核并签字后，方可依据处方调配、销售药品。无医师开具的处方不得销售处方药。

（三）处方药不应采用开架自选的销售方式。

（四）非处方药可不凭处方出售。但如顾客要求，执业药师或药师应负责对药品的购买和使用进行指导。

（五）药品销售不得采用有奖销售、附赠药品或礼品销售等方式。

第七十三条　药品零售企业和零售连锁门店销售的中药饮片应符合炮制规范，并做到计量准确。

第七十四条　药品零售企业和零售连锁门店应按照本细则第五十条，做好药品不良反应报告工作。

第七十五条　药品零售企业和零售连锁门店在营业店堂内进行的广告宣传，应符合国家有关规定。

第七十六条　药品零售企业和零售连锁门店应在营业店堂明示服务公约，公布监督电话和设置顾客意见簿。对顾客反映的药品质量问题，应认真对待、详细记录、及时处理。

第四章　附　　则

第七十七条　本细则中批发企业是指具有法人资格的药品批发企业，或是非专营药品的企业法人下属的药品批发企业。

第七十八条　本细则中所指企业规模的含义是：

（一）药品批发或零售连锁企业

1. 大型企业，年药品销售额20 000万元以上；
2. 中型企业，年药品销售额5000万~20 000万元；
3. 小型企业，年药品销售额5000万元以下。

（二）药品零售企业

1. 大型企业，年药品销售额1000万元以上；
2. 中型企业，年药品销售额500万~1000万元；
3. 小型企业，年药品销售额500万元以下。

以上企业规模的划定，仅适用于本细则。

第七十九条　本细则由国家药品监督管理局负责解释。

第八十条　本细则自发布之日起施行。

附录五　中华人民共和国消费者权益保护法

第一章　总　则

第一条　为保护消费者的合法权益，维护社会经济秩序，促进社会主义市场经济健康发展，制定本法。

第二条　消费者为生活消费需要购买、使用商品或者接受服务，其权益受本法保护；本法未作规定的，受其他有关法律、法规保护。

第三条　经营者为消费者提供其生产、销售的商品或者提供服务，应当遵守本法；本法未作出规定的，应当遵守其他有关法律、法规。

第四条　经营者与消费者进行交易，应当遵循自愿、平等、公平、诚实信用的原则。

第五条　国家保护消费者的合法权益不受侵害。国家采取措施，保障消费者依法行使权利，维护消费者的合法权益。

第六条　保护消费者的合法权益是全社会的共同责任。国家鼓励、支持一切组织和个人对损害消费者合法权益的行为进行社会监督。大众传播媒介应当做好维护消费者合法权益的宣传，对损害消费者合法权益的行为进行舆论监督。

第二章　消费者的权利

第七条　消费者在购买、使用商品和接受服务时享有人身、财产安全不受损害的权利。消费者有权要求经营者提供的商品和服务，符合保障人身、财产安全的要求。

第八条　消费者享有知悉其购买、使用的商品或者接受的服务的真实情况的权利。消费者有权根据商品或者服务的不同情况，要求经营者提供商品的价格、产地、生产者、用途、性能、规格、等级、主要成分、生产日期、有效期限、检验合格证明、使用方法说明书、售后服务，或者服务的内容、规格、费用等有关情况。

第九条　消费者享有自主选择商品或者服务的权利。消费者有权自主选择提供商品或者服务的经营者，自主选择商品品种或者服务方式，自主决定购买或者不购买任何一种商品、接受或者不接受任何一项服务。消费者在自主选择商品或者服务时，有权进行比较、鉴别和挑选。

第十条　消费者享有公平交易的权利。消费者在购买商品或者接受服务时，有权获得质量保障、价格合理、计量正确等公平交易条件，有权拒绝经营者的强制交易行为。

第十一条　消费者因购买、使用商品或者接受服务受到人身、财产损害的，享有依法获得赔偿的权利。

第十二条　消费者享有依法成立维护自身合法权益的社会团体的权利。

第十三条 消费者享有获得有关消费和消费者权益保护方面的知识的权利。消费者应当努力掌握所需商品或者服务的知识和使用技能，正确使用商品，提高自我保护意识。

第十四条 消费者在购买、使用商品和接受服务时，享有其人格尊严、民族风俗习惯得到尊重的权利。

第十五条 消费者享有对商品和服务以及保护消费者权益工作进行监督的权利。消费者有权检举、控告侵害消费者权益的行为和国家机关及其工作人员在保护消费者权益工作中的违法失职行为，有权对保护消费者权益工作提出批评、建议。

第三章 经营者的义务

第十六条 经营者向消费者提供商品或者服务，应当依照《中华人民共和国产品质量法》和其他有关法律、法规的规定履行义务。经营者和消费者有约定的，应当按照约定履行义务，但双方的约定不得违背法律、法规的规定。

第十七条 经营者应当听取消费者对其提供的商品或者服务的意见，接受消费者的监督。

第十八条 经营者应当保证其提供的商品或者服务符合保障人身、财产安全的要求。对可能危及人身、财产安全的商品和服务，应当向消费者作出真实的说明和明确的警示，并说明和标明正确使用商品或者接受服务的方法以及防止危害发生的方法。经营者发现其提供的商品或者服务存在严重缺陷，即使正确使用商品或者接受服务仍然可能对人身、财产安全造成危害的，应当立即向有关行政部门报告和告知消费者，并采取防止危害发生的措施。

第十九条 经营者应当向消费者提供有关商品或者服务的真实信息，不得作引人误解的虚假宣传。经营者对消费者就其提供的商品或者服务的质量和使用方法等问题提出的询问，应当作出真实、明确的答复。商店提供商品应当明码标价。

第二十条 经营者应当标明其真实名称和标记。租赁他人柜台或者场地的经营者，应当标明其真实名称和标记。

第二十一条 经营者提供商品或者服务，应当按照国家有关规定或者商业惯例向消费者出具购货凭证或者服务单据；消费者索要购货凭证或者服务单据的，经营者必须出具。

第二十二条 经营者应当保证在正常使用商品或者接受服务的情况下其提供的商品或者服务应当具有的质量、性能、用途和有效期限；但消费者在购买该商品或者接受该服务前已经知道其存在瑕疵的除外。经营者以广告、产品说明、实物样品或者其他方式表明商品或者服务的质量状况的，应当保证其提供的商品或者服务的实际质量与表明的质量状况相符。

第二十三条 经营者提供商品或者服务，按照国家规定或者与消费者的约定，承担包修、包换、包退或者其他责任的，应当按照国家规定或者约定履行，不得故意拖延或者无理拒绝。

第二十四条 经营者不得以格式合同、通知、声明、店堂告示等方式作出对消费者不公平、不合理的规定，或者减轻、免除其损害消费者合法权益应当承担的民事责任。

格式合同、通知、声明、店堂告示等含有前款所列内容的，其内容无效。

第二十五条　经营者不得对消费者进行侮辱、诽谤，不得搜查消费者的身体及其携带的物品，不得侵犯消费者的人身自由。

第四章　国家对消费者合法权益的保护

第二十六条　国家制定有关消费者权益的法律、法规和政策时，应听取消费者的意见和要求。

第二十七条　各级人民政府应当加强领导，组织、协调、督促有关行政部门做好保护消费者合法权益的工作。各级人民政府应当加强监督，预防危害消费者人身、财产安全行为的发生，及时制止危害消费者人身、财产安全的行为。

第二十八条　各级人民政府工商行政管理部门和其他有关行政部门应当依照法律、法规的规定，在各自的职责范围内，采取措施，保护消费者的合法权益。有关行政部门应当听取消费者及其社会团体对经营者交易行为、商品和服务质量问题的意见，及时调查处理。

第二十九条　有关国家机关应当依照法律、法规的规定，惩处经营者在提供商品和服务中侵害消费者合法权益的违法犯罪行为。

第三十条　人民法院应当采取措施，方便消费者提起诉讼。对符合《中华人民共和国民事诉讼法》起诉条件的消费者权益争议，必须受理，及时审理。

第五章　消费者组织

第三十一条　消费者协会和其他消费者组织是依法成立的对商品和服务进行社会监督的保护消费者合法权益的社会团体。

第三十二条　消费者协会履行下列职能：

（一）向消费者提供消费信息和咨询服务；

（二）参与有关行政部门对商品和服务的监督、检查；

（三）就有关消费者合法权益的问题，向有关行政部门反映、查询，提出建议；

（四）受理消费者的投诉，并对投诉事项进行调查、调解；

（五）投诉事项涉及商品和服务质量问题的，可以提请鉴定部门鉴定，鉴定部门应当告知鉴定结论；

（六）就损害消费者合法权益的行为，支持受损害的消费者提起诉讼；

（七）对损害消费者合法权益的行为，通过大型传播媒介予以揭露、批评。各级人民政府对消费者协会履行职能应当予以支持。

第三十三条　消费者组织不得从事商品经营和营利性服务，不得以牟利为目的向社会推荐商品和服务。

第六章　争议的解决

第三十四条　消费者和经营者发生消费者权益争议的，可以通过下列途径解决：

（一）与经营者协商和解；

（二）请求消费者协会调解；

（三）向有关行政部门申诉；

（四）根据与经营者达成的仲裁协议提请仲裁机构仲裁；

（五）向人民法院提起诉讼。

第三十五条　消费者在购买、使用商品时，其合法权益受到损害的，可以向销售者要求赔偿。销售者赔偿后，属于生产者的责任或者属于向销售者提供商品的其他销售者的责任的，销售者有权向生产者或者其他销售者追偿。消费者或者其他受害人因商品缺陷造成人身、财产损害的，可以向销售者要求赔偿，也可以向生产者要求赔偿。属于生产者责任的，销售者赔偿后，有权向生产者追偿。属于销售者责任的，生产者赔偿后，有权向销售者追偿。消费者在接受服务时，其合法权益受到损害的，可以向服务者要求赔偿。

第三十六条　消费者在购买、使用商品或者接受服务时，其合法权益受到损害，因原企业分立、合并的，可以向变更后承受其权利义务的企业要求赔偿。

第三十七条　使用他人营业执照的违法经营者提供商品或者服务，损害消费者合法权益的，消费者可以向其要求赔偿，也可以向营业执照的持有人要求赔偿。

第三十八条　消费者在展销会、租赁柜台购买商品或者接受服务，其合法权益受到损害的，可以向销售者或者服务者要求赔偿。展销会结束或者柜台租赁期满后，也可以向展销会的举办者、柜台的出租者要求赔偿。展销会的举办者、柜台的出租者赔偿后，有权向销售者或者服务者追偿。

第三十九条　消费者因经营者利用虚假广告提供商品或者服务，其合法权益受到损害的，可以向经营者要求赔偿。广告的经营者发布虚假广告的，消费者可以请求行政主管部门予以惩处。广告的经营者不得提供经营者的真实名称、地址的，应当承担赔偿责任。

第七章　法 律 责 任

第四十条　经营者提供商品或者服务有下列情形之一的，除本法另有规定外，应当依照《中华人民共和国产品质量法》和其他有关法律、法规的规定，承担民事责任：

（一）商品存在缺陷的；

（二）不具备商品应当具备的使用性能而出售时未作说明的；

（三）不符合在商品或者其包装上注明采用的商品标准的；

（四）不符合商品说明、实物样品等方式表明的质量状况的；

（五）生产国家明令淘汰的商品或者销售失效、变质的商品的；

（六）销售的商品数量不足的；

（七）服务的内容和费用违反约定的；

（八）对消费者提出的修理、重作、更换、退货、补足商品数量、退还货款和服务费用或者赔偿损失的要求，故意拖延或者无理拒绝的；

（九）法律、法规规定的其他损害消费者权益的情形。

第四十一条 经营者提供商品或者服务，造成消费者或者其他受害人人身伤害的，应当支付医疗费、治疗期间的护理费、因误工减少的收入等费用，造成残疾的，还应当支付残疾者生活自助具费、生活补助费、残疾赔偿金以及由其扶养的人所必需的生活费等费用；构成犯罪的，依法追究刑事责任。

第四十二条 经营者提供商品或者服务，造成消费者或者其他受害人死亡的，应当支付丧葬费、死亡赔偿金以及由死者生前扶养的人所必需的生活费等费用；构成犯罪的，依法追究刑事责任。

第四十三条 经营者违反本法第二十五条规定，侵害消费者的人格尊严或者侵犯消费者人身自由的，应当停止侵害、恢复名誉、消除影响、赔礼道歉，并赔偿损失。

第四十四条 经营者提供商品或者服务，造成消费者财产损害的，应当按照消费者的要求，以修理、重作、更换、退货、补足商品数量、退还货款和服务费用或者赔偿损失等方式承担民事责任。消费者与经营者另有约定的，按照约定履行。

第四十五条 对国家规定或者经营者与消费者约定包修、包换、包退的商品，经营者应当负责修理、更换或者退货。在保修期内两次修理仍不能正常使用的，经营者应当负责更换或者退货。对包修、包换、包退的大件商品，消费者要求经营者修理、更换、退货的，经营者应当承担运输等合理费用。

第四十六条 经营者以邮购方式提供商品的，应当按照约定提供。未按照约定提供的，应当按照消费者的要求履行约定或者退回货款；并应当承担消费者必须支付的合理费用。

第四十七条 经营者以预收款方式提供商品或者服务的，应当按照约定提供。未按照约定提供的，应当按照消费者的要求履行约定或者退回预付款；并应当承担预付款的利息、消费者必须支付的合理费用。

第四十八条 依法经有关行政部门认定为不合格的商品，消费者要求退货的，经营者应当负责退货。

第四十九条 经营者提供商品或者服务有欺诈行为的，应当按照消费者的要求增加赔偿其受到的损失，增加赔偿的金额为消费者购买商品的价款或者接受服务的费用的一倍。

第五十条 经营者有下列情形之一，《中华人民共和国产品质量法》和其他有关法律、法规对处罚机关和处罚方式有规定的，依照法律、法规的规定执行；法律、法规未作规定的，由工商行政管理部门责令改正，可以根据情节单处或者并处警告、没收违法所得、处以违法所得一倍以上五倍以下的罚款，没有违法所得的处以一万元以下的罚款；情节严重的，责令停业整顿、吊销营业执照：

（一）生产、销售的商品不符合保障人身、财产安全要求的；

（二）在商品中掺杂、掺假，以假充真，以次充好，或者以不合格商品冒充合格商品的；

（三）生产国家明令淘汰的商品或者销售失效、变质的商品的；

（四）伪造商品的产地，伪造或者冒用他人的厂名、厂址，伪造或者冒用认证标志、名优标志等质量标志的；

（五）销售的商品应当检验、检疫而未检验、检疫或者伪造检验、检疫结果的；

（六）对商品或者服务作引人误解的虚假宣传的；

（七）对消费者提出的修理、重作、更换、退货、补足商品数量、退还货款和服务费用或者赔偿损失的要求，故意拖延或者无理拒绝的；

（八）侵害消费者人格尊严或者侵犯消费者人身自由的；

（九）法律、法规规定的对损害消费者权益应当予以处罚的其他情形。

第五十一条　经营者对行政处罚决定不服的，可以自收到处罚决定之日起十五日内向上一级机关申请复议，对复议决定不服的，可以自收到复议决定书之日起十五日内向人民法院提起诉讼；也可以直接向人民法院提起诉讼。

第五十二条　以暴力、威胁等方法阻碍有关行政部门工作人员依法执行职务的，依法追究刑事责任；拒绝、阻碍有关行政部门工作人员依法执行职务，未使用暴力、威胁方法的，由公安机关依照《中华人民共和国治安管理处罚条例》的规定处罚。

第五十三条　国家机关工作人员玩忽职守或者包庇经营者侵害消费者合法权益的行为的，由其所在单位或者上级机关给予行政处分；情节严重，构成犯罪的，依法追究刑事责任。

第八章　附　　则

第五十四条　农民购买、使用直接用于农业生产的生产资料，参照本法执行。

第五十五条　本法自 1994 年 1 月 1 日起施行。

附录六　药品推介实训参考资料

一、感冒

感冒是一种常见的呼吸道疾病，分为普通感冒和流行性感冒。其中流行性感冒是由流感病毒引起的一种极易传染的呼吸道疾病。

引起感冒的原因：当过度疲劳、受惊、淋雨、受寒时，感冒病毒可迅速繁殖，释放毒素，引发鼻、咽、喉部发生炎症。此时咽部细胞失去抵抗力，口腔中一般不危害人体的细菌会乘势繁殖，引起细菌继发感染。

引起流行性感冒的病毒分甲、乙、丙三型，并有多种亚型，它是通过吸入空气中含病毒的小颗粒，或通过接触流感患者污染的物品而受到传染。

那感冒有哪些症状呢？

普通感冒主要包括鼻部症状和全身症状，其中鼻部症状明显，如：鼻塞、流鼻涕、打喷嚏、流眼泪，而全身症状相对较轻，如：头痛、咽喉痛、肌肉关节痛。一般不发热。流行性感冒患者起病急骤、畏寒、高热（38～39℃）、咽痛、全身酸痛、乏力、鼻塞、打喷嚏、头痛。

患者主诉

近日因工作繁忙，过度疲劳，昨又淋雨。现头痛，咽干，周身酸痛。请问是感冒吗？吃什么药？

当患者来到柜台前时，你首先应先查询患者本人的年龄、性别，然后进一步查询：

（1）您是突然发烧的吗？体温多少？（普通感冒一般不发烧，个别有37.2～37.3℃微热。流行性感冒起病急骤、高烧可达39℃。）

（2）您全身肌肉、关节酸痛吗？（流行性感冒发烧时伴头痛，全身酸痛。）

（3）您发热较高，今天是第几天了？（流行性感冒一般发热持续3～5日。）

（4）您周围的同事或家人有发烧吗？（流行性感冒很易传染别人。）

（5）有哪些具体症状？（如全身酸痛、咽痛、流涕、鼻塞、打喷嚏，以便对症选药。）

（6）病人有无眼睛红、痒、鼻痒、突发性打喷嚏等情形？（病人只有这些症状而无其他感冒症状的话，则可能为过敏性鼻炎而非感冒。）

（7）病人有无其他疾病如糖尿病、青光眼、心脏病、高血压，甲状腺疾病等（因为这些患者需谨慎应用某些抗感冒药。）

（8）症状持续多久了？（一般感冒持续3～7天即可痊愈，若超过7天仍未缓解反而加重，则可能有并发症，应建议病人就医。）

现在你对感冒有了一定的认识了吧，合上书本，再结合我们现实生活中的体会或所见所闻，总结一下，什么是感冒？

患者有鼻塞、流涕、打喷嚏、流眼泪、身体懒倦、头痛、咽干、低热，可判断为普通感冒。

结合药品商品学的知识，去社会零售药店或模拟药房，找十种用于治疗感冒的常用药物，了解它的成分，并说出它是针对哪些感冒症状的？

如果你评估患者确为普通感冒，应根据感冒症状不同，选择不同的抗感冒药。

(1) 感冒初起，鼻塞、咽干、流涕、打喷嚏、流眼泪等（临床称为卡他症状），可选用复方伪麻黄碱缓释胶囊。

(2) 畏寒，发烧，头痛初起，伴有全身肌肉关节痛，可选用阿司匹林、对乙酰氨基酚、布洛芬、芬必得、萘普生、贝诺酯、牛磺酸等，复方制剂如复方对乙酰氨基酚片。

(3) 感冒症状较重，发热，头痛，流涕，打喷嚏，鼻塞，咽痛，咯痰等，可选用含有伪麻黄碱、马来酸氯苯那敏、二氧丙嗪、人工牛黄、右美沙芬等的复方抗感冒药。

(4) 服用抗感冒药时，要注意只用一种，不应重复用药，否则可对肝，肾功能造成损害。

(5) 应用含有伪麻黄碱的药品抗感冒时，老年人、心脏病、高血压、甲亢、青光眼和前列腺肥大等患者谨慎使用。

(6) 凡驾驶机、车、船人员或其他机械操作者，工作时间内禁用含有马来酸氯苯那敏、盐酸苯海拉明的抗感冒药。

(7) 服用抗感冒药时，禁止饮酒。

(8) 孕妇、哺乳期妇女慎用抗感冒药。

(9) 服用本类药物，疗程为3~7天，症状不缓解应去医院就医。前列腺肥大建议患者去医院就医。

(10) 对于流行性感冒患者，可重点选用含有金刚烷胺、人工牛黄、板蓝根浸膏、葡萄糖酸锌的复方制剂抗感冒药。

(11) 患者如咽痛、咳黄痰，为预防细菌合并感染，可建议患者应用一些处方药抗菌药，如磺胺类的复方新诺明。喹诺酮类的诺氟沙星、氧氟沙星，抗生素类的罗红霉素、阿莫西林等。

二、咳嗽、咯痰

咳嗽是呼吸系统疾病的常见症状，为机体的一种防卫性功能，咳嗽能将呼吸道内异物和病理性分泌物排出体外，起到排除异物，清洗呼吸道的作用。

痰液为呼吸道发生炎症时产生的过多分泌物，其刺激呼吸道黏膜引起咳嗽，并将痰液咳出，称咯痰。

引起咳嗽、咯痰的原因有以下几方面：

任何能刺激呼吸道以致诱发保护性咳嗽反射的物质均能引起咳嗽。例如：感冒、流感、鼻窦炎、呼吸道感染时，产生的大量黏液刺激呼吸道黏膜可出现咳嗽，其中较常见的病因为急性上呼吸道感染。偶尔吸入的小颗粒、尘埃、烟雾等均可引起咳嗽。

慢性、持续性的咳嗽通常是病理性病变所致，其可能因为吸烟、变态反应疾病、哮喘，慢性支气管炎而引起，也可能是肺气肿、肺结核、肺癌的征象。

由于病因、病程、时间、性质的不同，咳嗽和咯痰的表现也不同。

(1) 流行性感冒的咳嗽为干咳或有少量白痰，多伴有背痛、发热（体温在 39℃以上)、头痛、咽痛。

(2) 上呼吸道感染多为突发性咳嗽。

(3) 百日咳引起的为阵发性咳嗽。

(4) 慢性支气管炎、支气管扩张多引起连续性咳嗽。黄色或淡黄色痰提示呼吸系统有化脓性感染。

(5) 黄绿色痰则见于肺结核、慢性支气管炎。

(6) 铁锈色痰多见于大叶性肺炎。

(7) 而大量黏稠痰则多见于支气管扩张、哮喘发作、肺炎初期等。

患者主诉

前几天因患普通感冒，现咳嗽频繁，晚上不能安睡，影响了正常的休息，想买一种镇咳祛痰药。

如果你是店员你应该问他一些什么问题呢?

首先询问患者本人的年龄、性别，然后进一步查询：

(1) 您咳嗽多长时间了?(近日突发咳嗽、咯痰，多为急性上呼吸道感染所致。)

(2) 您咳嗽时是否还伴有发热、全身酸痛?(普通感冒或流感引起的咳嗽。)

(3) 咳嗽多在早晨、白天、还是晚间?(白天偶尔干咳或少痰多见于感冒，夜间咳嗽可能为肺结核引起，晨间咳嗽剧烈多为慢性炎症或吸烟引起。)

(4) 您咳嗽有无痰液?(一般的轻微干咳为感冒所致。)

(5) 痰液是什么颜色?(痰液稀、薄白为感冒所致，如呈铁锈色痰，并伴有胸闷气喘则考虑合并细菌感染，注意是否为肺炎。)

如果你是店员，你可能会给上述患者推荐什么药品？用于治疗咳嗽、咯痰的还有哪些药品呢?

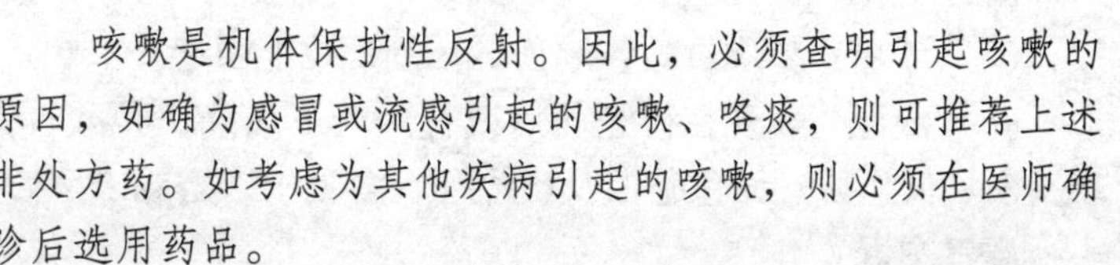

咳嗽是机体保护性反射。因此，必须查明引起咳嗽的原因，如确为感冒或流感引起的咳嗽、咯痰，则可推荐上述非处方药。如考虑为其他疾病引起的咳嗽，则必须在医师确诊后选用药品。

(1) 镇咳药主要用于无痰干咳，咳嗽伴有大量咯痰时不宜使用镇咳药，因其不利于痰液的咳出。

(2) 凡中枢抑制性镇咳药，如右美沙芬、苯丙哌林、喷托维林等，禁用于有精神病史患者及哺乳期妇女；机动车驾驶员、高空作业者工作时间内禁用此类药物，肝肾功能不全者，哮喘患者以及孕妇应该慎用。

(3) 胃肠刺激性较大的祛痰药，如氯化铵、愈创木酚甘油醚等禁用于溃疡病患者及严重肝功能不全的患者。

(4) 服用本类中成药者，禁食辛辣、油腻、腥冷的食物。

(5) 含有麻黄的中成药，高血压、心脏病患者慎用。

(6) 中成药冲剂（颗粒剂）含糖的，糖尿病患者慎用。

(7) 服用镇咳祛痰药七天，症状仍未见缓解的，建议患者去医院就医。

三、疼痛

疼痛是许多疾病的一种常见症状，是机体受到物理性或化学性因素的影响，刺激痛觉神经纤维而发生的一种保护性反应。

引起疼痛的原因有很多，常见的疼痛如头痛、关节痛、肌肉痛、神经痛、牙痛、痛经等，都是由物理性或化学性刺激而引起的。物理性刺激包括压迫、痉挛、牵引等，化学性刺激包括病毒、细菌的毒素、体内某些坏死组织的分解产物等。

疼痛有哪些表现?

不同部位的疼痛其特征，发作时间，疼痛程度，伴随症状均不同。

(1) 头痛　很多疾病都可引起头痛，其症状可以表现为整个头部或局部头痛。局部头痛又可以表现为额部，头侧部（偏头痛）以及后头部疼痛。如感冒引起的头痛位于头顶部或头侧部，并伴发烧、怕冷：神经衰弱引起的头痛不剧烈，但持续时间长；高血压、颅内占位病变、眼屈光不正、青光眼、鼻窦炎也可引起头痛。

(2) 关节痛　可伴有或不伴有关节局部改变，主要表现为疼痛与活动受限。感冒或流感引起四肢关节痛，但无红、肿；痛风、类风湿性关节炎引起的疼痛常伴有红、肿、痛、热、僵硬，或红肿、疼痛在早晨加重，类风湿性关节炎反复发作，可导致关节变形与僵直；50 岁以上老年人常发生肩周炎，有“五十肩”之称。

(3) 肌肉痛　感冒常伴有全身肌肉酸痛，尤其是流感，肌肉过度疲劳、用力伸长(运动过度)、受凉等均可引起肌肉痛。发生在摔倒或突然移动之后引起扭伤或拉伤，前者疼痛位于所损伤的关节，关节迅速肿胀、僵硬并难以移动，后者在损伤部位锐痛，继而僵硬、压痛、有时肿胀。

(4) 神经痛　沿着神经走行方向疼痛，如坐骨神经痛表现为臀部及大腿后侧，小腿后外侧的窜痛。

(5) 牙痛　牙质过敏、龋齿、牙周病均能引起。

(6) 痛经　表现在行经前后或行经期下腹痛、腰酸、下腹坠胀或其他不适，还可出现头晕、低血压、面色苍白及出冷汗，多见于未婚或未孕妇女。

患者主诉

顾客诉说头痛，四肢酸痛，关节痛，要求购买止痛药。

如果你是店员，你该如何处理呢?

建议：

顾客来到柜台前，你首先要询问患者的年龄、性别、职业，然后进一步询问：

(1) 您什么部位疼？多长时间了？(根据疼痛的部位和类型，来判断是何种疾病所致的疼痛。)

(2) 您有四肢酸痛，关节痛，伴有发烧，流涕，鼻塞等症状吗？(如有这些症状，可能为感冒或流感所致。)

(3) 您关节疼痛多长时间了，有无红肿，灼热的感觉？(多为炎症。)

(4) 您最近摔倒过吗？进行过强度大的劳动或运动吗？(可能为摔伤、扭伤。)

(5) 您的腹痛是否与月经周期有关？(可能为痛经。)

查阅有关资料并记录治疗痛经的药品有哪些？并对这些药品进行适当的归类？

相关知识

对疼痛患者绝不可轻易给药，以免掩盖和贻误病情。并注意：

(1) 无论何种疾病引起的疼痛，均须找出病因，进行对症治疗。与此同时，为减轻疼痛所带来的不适，在不影响病因治疗的同时，可推荐使用一些非处方药。

(2) 对于止痛，非处方药应用不得超过5天，症状不缓解，应建议患者去医院就医。

(3) 服用西药用于解热、镇痛、抗炎时要注意以下事项：

①阿司匹林类禁用于孕妇及哺乳期妇女。

②肾功能不全、高血压、心功能不全、消化道溃疡、血友病以及其他出血性疾病患者慎用。

③服药期间禁止饮酒。

④不要同时服用两种或两种以上的本类药物。

⑤服用本类药物时如还需服用其他药物时，要告诉患者可能发生什么样的药物相互作用。

(4) 服用中成药时必须明确病因，辨证选药。

(5) 中成药药酒不能兑其他白酒同服。

四、维生素，矿物质缺乏症

维生素与矿物质是人类维持生命与健康、促进生长发育所必需的微量元素，它们是组成人体的重要物质，如缺乏或不足，则可产生一系列疾病。

引起维生素、矿物质缺乏的主要原因有：

不合理的饮食习惯、偏食，处于妊娠期、哺乳期，老年人，某些疾病如高热，劳动量过大使消耗增加，以及生活条件差等情况下，均可因维生素和矿物质的供应量不足或需求量增加，如再加上长期得不到补充，就会导致一系列疾病。

那维生素、矿物质缺乏有哪些症状呢？

常见的症状是维生素A、D、E、K、B_1、B_2、B_6、B_{12}、烟酸、烟酰胺、叶酸等缺乏，而引发的疾病，如夜盲、舌炎、口腔炎、阴囊炎、周围神经炎、脚气病、食欲不振、消化不良、坏血病、佝偻病，甚至影响生长发育。

矿物质是维持人体正常生命活动所必须的物质，有些矿物质为酶的组成部分，能调节多种生理功能。人体中钙、磷、钠、钾、镁、硫、氯化物等含量较大，称常量元素；铜、氟、碘、铁、锌、铬、硒、锰、钼、镍、钴、锡、铅、硅等含量甚微，称微量元素。常量元素是构成人体骨骼和牙齿的重要成分，可维持体液平衡、细胞正常活动和神经肌肉兴奋性，如缺乏钙则易引起老年人和妇女骨质疏松，腰、腿、膝酸痛，微量元素对激素、细胞膜起激活和稳定作用，如锌缺乏可引起味觉、嗅觉失常、食欲不振和儿童生长发育不良等，碘缺乏可引起甲状腺肿大，铁缺乏可引起缺铁性贫血。

患者主诉

日常食欲不好、偏食、体质虚弱、乏力易倦，希望购买一些营养保健药品。

如果你是店员，你将如何接待他呢？

顾客来到柜台前主诉后，应先询问患者的年龄、性别和职业，然后进一步查询：

(1) 您（70岁老人）夜间常有腿部抽筋吗？腰背酸痛吗？（可能是骨质疏松，需要补钙）

(2) 您有眼角膜干燥、皮肤干燥、经常感冒吗？（可能缺乏维生素A）

(3) 您有齿龈发肿、流血、牙齿松动吗？（可能缺乏维生素C）

(4) 您孩子上课经常注意力不集中、智力偏低吗？（可能缺锌）

(5) 您总是感到疲乏、精力不好吗？（可能缺乏维生素及矿物质）

若患者主诉目前并无明显某种疾病的症状，那你认为他的问题出在哪儿？

你可以利用周末或课余时间，去市场上搜集一些维生素和矿物类药，记下该药品的商品名称，并说出它的作用。

五、慢性咽炎

慢性咽炎是指咽部黏膜、黏膜下及淋巴组织部位的炎症。

引起慢性咽炎的原因有：慢性咽炎是由急性咽炎反复发作及咽部经常受到刺激转变而来，也可由慢性鼻炎、慢性扁桃体炎以及龋齿等影响形成。各种慢性病，如贫血、便秘、下呼吸道慢性炎症等都可继发本病。

那慢性咽炎有哪些症状呢？主要表现在：咽部有明显异物感、干燥、发痒、灼热、微痛，咽部常有稠厚分泌物，故患者常作吭哧动作，一般晨起时症状更为明显，一般无全身症状。

患者主诉

入冬以来经常感到咽部干、疼、痒，有异物感，多痰，咳嗽，热饮时咽疼。

如果你是店员，你将如何了解对方的情况呢？

当患者来到柜台前时，首先应查询患者本人的年龄、职业。

(1) 您最近有否感冒、发热？（可能是感冒引起的扁桃体炎或咽炎。）

(2) 您最近有发热吗？周身酸痛吗？(是否是感冒引起的咽痛。)

(3) 您经常患急性咽炎吗？(急性咽炎反复发作可引起慢性咽炎。)

(4) 您有慢性鼻炎、便秘或支气管炎吗？(这些病都可能继发慢性咽炎。)

(5) 您抽烟吗？喜食辛辣食物吗？(刺激咽部产生炎症。)

(6) 您最近是否工作较累、身体疲乏、又受了些寒？(这类情况可引起慢性咽炎、中医云外邪乘虚而入。)

(7) 身体还有其他不适之处吗？(慢性咽炎患者全身无其他不适之处。)

市场小调查：教师由于职业的关系是慢性咽炎的高发人群，你能对身边的老师作一个调查吗？如慢性咽炎的症状以及他们经常使用什么样的药品来进行治疗与控制？快准备吧，你一定会有所收获的。

六、手、足癣

手足癣是最常见的皮肤病之一。中医称手癣为“鹅掌风”，足癣俗称“脚气”、“脚湿气”、“香港脚”。

引起手、足癣的原因主要有以下几方面：

手足癣是致病性真菌感染指（趾）间及掌跖皮肤所致，主要是红色毛癣菌、絮状表皮癣菌感染。近几年来，白色念珠菌及其他酵母样菌感染也屡见不鲜，足癣的主要传播途径为公用拖鞋、公用洗脚盆、公用浴池，以及毛巾互相感染；手癣大多由足癣感染而来，常由搓足引起。

手、足癣有哪些症状呢？

手、足癣根据症状不同分为三型：

(1) 水疱型　足底或手掌出现群集或散在的小疱，针尖或米粒大小，瘙痒较重，往往由于搔抓而继发感染，可引起丹毒和淋巴管炎。

(2) 糜烂型　主要见于足趾间，由于潮湿、浸渍而使表面发白，剥去白色表皮，为基底发红的糜烂，瘙痒较重，在湿热条件下工作或生活的人多见。

(3) 鳞屑角化型　此型以干性鳞屑、皲裂为主，皮肤角化较重，干燥、粗糙、寒冷季节多见，多发生手足皲裂。

患者主诉

多年来患有香港脚，夏季严重，脚趾间奇痒，有小水疱，用手搓揉后，水疱破裂，基底发红，可挤出液体，冬季则脚后跟皲裂，可购买一些非处方药治疗。

店员必须要查询：

首先询问患者的年龄、性别，用过什么药物，然后进一步查询：

(1) 您的足癣是否已有好多年了?(足癣不易彻底治愈，主要因患者治疗不耐心，治疗方法不得当，导致反复发作，夏季尤甚。)

(2) 您家属中有类似病情的人吗?(一般家中可能因公用拖鞋、毛巾等互相感染。)

(3) 您手部，如手掌或手指间也经常发痒，有时会有水疱吗?(因经常搓足而引起手部感染真菌。)

(4) 您冬季发生手足皲裂吗?(皮肤角化，寒冷冬季常见。)

走访你所在学校周边的药店，记录用于治疗手、足癣的药品的名称，并适当进行分类。

患者应注意以下一些问题:

(1) 您已患有手足癣，应注意个人、家庭及集体的卫生，不公用毛巾、拖鞋等。

(2) 在应用上述非处方药治疗的同时，还应注意个人卫生，如手套、鞋袜最好左右分别穿戴，并经常洗换，保持干燥清洁。

(3) 避免接触患癣的猫狗等动物。

(4) 如瘙痒严重，并由于抓挠而感染、化脓，自觉疼痛，应去医院诊治，以防并发丹毒或淋巴管炎。

七、结膜炎、沙眼

结膜是覆盖在眼球和眼睑表面的透明黏膜。结膜炎是由于细菌或病毒感染结膜引起的炎症。沙眼是一种特殊类型的结膜、角膜炎，接触感染而发病，呈慢性进展，是一种社会性疾病。

引起结膜炎和沙眼的原因主要有:

多种微生物(包括细菌、病毒、衣原体)可引起结膜发炎，花粉、尘埃、化学物质等可引起过敏性结膜炎。沙眼是由一种称为沙眼衣原体的微生物感染所致。是一种传染性很强的结膜病，主要通过分泌物经手、毛巾、污水等传播。沙眼引起的病变，损害角膜可造成视力损害。

结膜炎一般会有哪些症状呢?

结膜炎一般分为以下三种类型:

(1) 细菌性结膜炎:双眼充血、羞明、怕光、灼热感、瘙痒、分泌大量黏稠液体，晨起时会因分泌物过多而睁不开眼睛。

(2) 病毒性结膜炎:眼睛流泪，淋巴结肿大，单眼有少量黏液分泌。

(3) 过敏性结膜炎:结膜充血，痒而流泪。

患者主诉

几天来，感觉眼痒、流泪、双眼充血，经常想揉眼睛，眼睛怕光且有灼热感，分泌大量黏稠液体，晨起时会因分泌物过多而睁不开眼睛。

作为店员，你必须要问清楚病情才能进行有针对性的推介，那么你将向对方查询哪些问题呢？

患者来到柜台前主诉后，应先查询患者本人的年龄、性别。然后进一步查询：

(1) 你有眼睛瘙痒、怕光、难以睁开吗？

(2) 家人有类似症状吗？(因为结膜炎有传染性。)

(3) 家里人是公用脸盆和毛巾吗？

(4) 最近去游泳池游泳了吗？游泳池卫生情况如何？

(5) 是否每年到这个季节都会感觉眼部不适？鼻子有过敏症状吗？(过敏性结膜炎。)

(6) 最近受到了某种化学刺激，如染发、空气污染等吗？(有可能刺激结膜而发炎。)

(7) 耳前淋巴结有肿大吗？影响到视力了吗？(是严重的结膜炎。)

可能推荐的药品有：

氯霉素眼药水、卡那霉素眼药水、新霉素眼药水、磺胺醋酰钠眼药水、红霉素眼药膏、金霉素药膏、四环素药膏、四环素考的松眼药膏、疱疹净眼药水、吗啉胍（病毒灵）眼药水、无环鸟苷眼药水、病毒唑眼药水、利巴韦林滴眼液、明目上清片、明目地黄丸、杞菊地黄丸等。

你能通过查阅一些资料，说出以上药品的主要用途吗？

出现哪些情况病人该看医生？

(1) 眼睛出现较多脓性、黏稠分泌物。甚至晨起眼睛睁不开。

(2) 视力明显下降，或视物不清。

(3) 异物进入眼内。

(4) 患者有看到光环的感觉。

(5) 左右瞳孔大小不等。

(6) 眼睛、眼周疼痛肿胀。

(7) 原有眼疾的患者（如：白内障、青光眼等）发生结膜炎。

温馨提示：

(1) 注意个人卫生，不用脏手揉眼睛。

(2) 不公用毛巾、脸盆等生活用品，不到卫生不符合标准的游泳池游泳。防止互相传染。

(3) 可选用上述非处方药。

(4) 沙眼较重或有并发症的应去就医。

八、胃病

人们常说的胃病，一般是胃炎和胃、十二指肠溃疡（也称消化性溃疡）。

胃炎是胃黏膜炎症的总称，此病常见于成人，但也可在任何年龄发病。胃及十二指肠溃疡经常发生于40~50岁之间，男性比女性常见。

引起胃病的原因主要有：

胃病是一种多病因疾病，诸如遗传、环境、饮食、药物，细菌以及吸烟，过度饮酒等都可引起胃病。上述这些因素可导致胃酸过度分泌而破坏胃、十二指肠的保护层，从而产生溃疡。现代医学理论认为，幽门螺旋杆菌在胃病的发生中扮演着重要角色。

胃病有哪些症状呢?

1. 慢性胃炎的症状

(1) 慢性胃炎无特异性症状表现，少数患者可无临床症状。常见症状为持续性上腹部疼痛，约占85%，大多为隐痛，半数以上病人胃痛与饮食有关，空腹时比较舒服，进食以后出现不适，常因进冷食、硬食、辛辣或者其他刺激性食物而引起腹痛或使症状加重。有的病人还可因寒冷引起胃痛。

(2) 上腹饱胀感、嗳气、反酸、烧心、恶心、呕吐、食欲不振、乏力、呕血、黑便等也是慢性胃炎的常见症状。

2. 胃、十二指肠溃疡的症状

临床特点为慢性过程、周期性发作、节律性疼痛。

(1) 上腹部疼痛不适，表现为胀痛、烧灼样痛或饥饿样不适感。胃溃疡多在进食后0.5~2小时出现，即所谓餐后痛，表现为进食—疼痛—缓解的规律，如溃疡位置接近幽门，疼痛节律可与十二指肠溃疡相同。十二指肠溃疡的疼痛为右上腹痛，多在进食后3-4小时出现，进食后可减轻，又称空腹痛，疼痛也常在半夜出现，称夜间痛，故有疼痛—进食—缓解的规律。

(2) 反酸、烧心也是上消化道溃疡的常见症状。患者如伴恶心、呕吐，提示溃疡高度活动，如呕吐物为隔夜食物，表明有幽门梗阻。

(3) 本病患者还可有失眠、多汗、消瘦和贫血等症状。

患者主诉:

患者来到药店柜台前，诉说一段时间以来上腹疼痛、嗳气要求购买胃药。

店员询问:

当患者来到柜台前，首先应查询患者本人的年龄、性别、然后进一步查询：

(1) 出现这些症状多长时间了?（如果是当天突然疼痛，应排除急性胃炎。）

(2) 胃疼是时好时坏? 还是经常隐痛?（时好时坏的节律性痛为消化性溃疡，经常隐痛为慢性胃炎。）

(3) 胃痛是饭后或饭前? 夜间痛醒过吗?（饭前痛为慢性胃炎，进食后可减轻者为消化性溃疡，夜间痛者也为消化性溃疡。）

(4) 是否常使用非甾体抗炎药（如阿司匹林)?（如病者有风湿性关节炎，则经常须服用阿司匹林、布洛芬等抗炎药，可伤害胃黏膜而致慢性胃炎或消化性溃疡。)

(5) 是否常饮烈酒、抽烟、喝浓茶、咖啡？(均可伤害胃。)

无论胃炎或消化性溃疡，都是因为胃酸过多而胃黏膜损害加重所致，因此，治疗的药物一类是中和或减弱胃酸的药物；一类是胃黏膜保护剂。

常用的药品有：

(1) 制酸剂：如碳酸氢钠、碳酸钙、氢氧化铝等。

(2) 抑酸剂：雷尼替丁、法莫替丁、奥美拉唑等，服药的疗程，一般是四周。

(3) 胃黏膜保护剂：如丽珠得乐、麦滋林、果胶铋等。

(4) 抗幽门螺旋杆菌：如丽珠胃三联。

(5) 消化不良或胃动力药：如吗丁啉、西沙比利、莫沙比利、胃复胺、贝络纳、金双歧、健胃消食片、多酶片、大山楂颗粒等。

(6) 中药治疗：香砂六君子丸、气滞胃痛冲剂、逍遥丸、元胡止痛片、胃苏颗粒、左金丸等。

查阅有关资料或医生处方，对胃溃疡或十二指肠溃疡的用药中，药物怎么搭配使用会更为科学、合理？

九、慢性肝炎

慢性肝炎是指由多种病因引起的慢性肝炎性疾病，其病理改变为不同程度的肝细胞坏死和炎症，病程在半年以上。本病为一种常见性疾病，因可转变为肝硬化、肝癌，对人类健康危害极大。

慢性肝炎一般分为慢性迁延性肝炎及慢性活动性肝炎两类，人们常说的慢性肝炎就是指的前者，多为乙型肝炎病毒引起。此外酒精、药物、寄生虫等也可引起与病毒性肝炎相同的症状及肝损害。

慢性肝炎多见于30～50岁的男性，常见的症状是间歇性全身不适、乏力、食欲下降、肝区隐痛。病重时可出现黄胆、厌食、恶心呕吐、体重下降、低热、面部常呈黝黑，巩膜可黄染，可见到蜘蛛痣、肝掌、男性乳房发育。

患者主诉

近半年来常感全身乏力，食欲下降，有时有恶心，见油腻更甚，并有肝区隐痛，在医院医生已确诊为慢性肝炎，欲选择几种治疗药品，特别是非处方药。

店员查询

首先应询问病人本人的年龄、性别、职业，然后查询下列问题，以便进一步选用药物。

(1) 您患慢性肝炎有多长时间了？(6个月以上属于慢性肝炎。)

(2) 最近是否到医院复查过？特别是有关肝功能的检查，如谷丙转氨酶（英文缩写为ALT或GPT)，正常值范围5～40U/L：谷草转氨酶（英文缩写AST或GOT)，正常值范围8～40U/L,血清γ－谷氨酰转酞酶（英文缩写GGT或γ－GT)，正常值范围8～50U/L。

(3) 医师建议您服用哪些药物？（药店非处方药只有肝炎辅助用药。）

(4) 目前还有哪些症状？如恶心、呕吐、厌油等？（症状严重者应建议其及时去医院再诊治。）

乙型肝炎是目前比较常见，也是对人类危害比较大的一种疾病，在医院化验室检查，我们常常会听到“大三阳”和“小三阳”之说，那么你知道“大三阳”和“小三阳”指的是什么吗？

“大三阳”是指：HBsAg（＋)、抗HBc（＋)、HBeAg（＋)；

“小三阳”是指：HBsAg（＋)、抗HBc（＋)、抗HBe（＋)。

可以推荐的药品有：

西药：联苯双脂滴丸、肝必复胶囊、肝达康薄膜片、肝宁片、肝泰乐、贺普丁、齐墩果酸片、益肝灵片、西利宾胺片。

中成药：护肝片、东宝肝泰片、复肝能胶囊、复肝宁片、甘利欣胶囊、肝达片、肝肾康口服液、鸡骨草肝炎冲剂、鸡骨草胶囊、健肝乐、解郁肝舒胶囊、龙胆泻肝口服液（丸)、双虎清肝颗粒、乙肝宁冲剂、益气舒肝片。

十、神经衰弱

长期精神紧张以及思想、生活压力大等原因，引起大脑皮质层兴奋与抑制过程失调的疾病称为神经衰弱。主要特点是极易兴奋、激动及疲倦，常有睡眠障碍和内脏不适等多种自觉症状，而一般体检及化验则无明显身体器官病变的表现。本病多见于青壮年，以脑力劳动者居多，女性多于男性。

引起神经衰弱的原因主要是：长期工作繁忙，精神紧张，心理压力大，生活不规律，不能做到劳逸结合，是发生本病的常见原因。

神经衰弱有哪些症状呢？

表现为慢性发病，病情时轻时重，症状表现较多，可归纳如下：

(1) 兴奋　易激动，心悸，胸闷，头部血管搏动，胃肠蠕动，出汗，入睡困难，易醒或多梦，起床后头重和身乏，精神时好时坏。

(2) 神疲　终日精神萎靡不振，疲乏无力，注意力不集中，记忆力减退，不能胜任日常工作，食欲不振，性功能减退。

(3) 头痛　头部如裹，持续疼痛，可因睡眠或转移注意力而减轻，因工作或焦虑而加重。

(4) 烦躁　情绪不稳，易激动或急躁易怒，缺乏耐心。

(5) 多疑　多愁善感，怀疑自己得了重病，到处求医。

患者主诉

一年来因工厂不景气，下岗在家，经常为家庭生活与前途而发愁，晚间入睡困难、多梦，白天精神疲乏，感觉昏昏沉沉。

店员查询

首先询问患者本人的年龄、性别、职业，然后进一步查询。

（1）您下岗时间有多久？曾经是什么职业？（如为脑力工作者更易患神经衰弱。）

（2）您是经常失眠，注意力不集中，疲乏，头痛吗？（神经衰弱的典型症状。）

（3）您经常怀疑自己患有重病而四处求医吗？行为过分吗？（神经衰弱可有多疑症状，但不至于思想行为很怪异，需与精神病患者鉴别。）

（4）您对自己的生活与前途自信吗？经常情绪低落、消极悲观吗？（此症较为严重时，有可能是抑郁症。）

可以推荐的药品有：

如谷维素、氯美扎酮、维生素 B_1、地西泮（安定）、全天麻胶囊，脑心舒口服液，灵芝胶囊，安神补脑液、参芪五味子糖浆、养心宁神丸、滋肾宁心丸等，也可联合用药，如：谷维素 10mg + 维生素 B_1 10mg + 地西泮 2.5mg，口服，一日 3 次。这种联合用药治疗神经衰弱方法，能调节失眠、疲乏等症状。经临床验证效果较好，必要时睡前加服谷维素 20～30mg，或地西泮 5mg。

温馨提示：

（1）地西泮与氯美扎酮均有中枢抑制作用，如白天应用此类药物，应提醒患者勿外出作运动，尤其不应骑自行车或操作机器设备。

（2）地西泮和氯美扎酮用于晚间催眠时，不应连续使用超过一周。

（3）怀孕、有药物过敏史以及经常饮酒者，患有肝炎、肺气肿、青光眼、重症肌无力、哮喘、严重精神抑郁等患者，一定要慎用地西泮。

（4）老年人慎用地西泮。

（5）谷维素、维生素 B_1 及地西泮联合用药效果较好，特别适用于单独应用其中一种而效果不佳者。

（6）维生素 B_1 应用以白天为宜，个别病人睡前应用，可能引起神经兴奋而不能安眠。

十一、寄生虫病

人们常说的寄生虫病通常是指蛔虫病和蛲虫病。

蛔虫病是蛔虫引起的肠道寄生虫病，蛔虫的成虫寄生于肠道，引起蛔虫病。本病常见于3～10岁的儿童，也可发生于成人。发病率农村远高于城市，在温暖，潮湿和卫生条件差的地区，人群感染比较普遍。

蛲虫病是因蛲虫的成虫寄生于人体的肠道引起的，它是一种常见的人体寄生虫病，国内各地人体感染较为普遍。一般感染率城市高于农村、儿童高于成人、集体机构（如幼儿园等）生活的儿童感染率更高。

蛔虫对人体的致病作用主要由成虫引起，可产生以下症状：

（1）腹痛部位多在上腹或脐周围，多半呈间歇性发作。

（2）儿童还可出现精神不安、失眠、头痛和营养不良等症状，严重者甚至会导致发育障碍和智力迟钝。

（3）食欲减退、便秘或恶心呕吐、腹泻等消化道症状。

（4）引起变态反应（即过敏反应），患者可出现荨麻疹、哮喘、皮肤瘙痒、血管神经性水肿，有的还会出现结膜炎。

（5）民间诊断蛔虫病的经验是：根据面色不均匀、有白色虫斑，指甲堆花、舌上鼓点，下唇内侧有血色小颗粒等，推断小儿可能患肠蛔虫病。

另外，蛔虫病还有以下并发症：

（1）胆道蛔虫　由于蛔虫有钻孔习性，当人体因发热、胃肠病变、食入过多辛辣食物以及不适当的驱虫治疗时，常可刺激虫体活动力增强，容易钻入开口于肠壁上的各种管道引起相应的并发症。如胆道、胰管、阑尾等。如蛔虫钻入胆道，可引起胆道蛔虫症，引起右上腹突发性绞痛，并向右肩、背部和下腹部放射。疼痛呈间隙性加剧，伴呕吐、腹胀，如诊治不及时，可因虫体带入胆道的细菌引起胆道严重感染，导致化脓性胆管炎、胆囊炎，甚至发生胆管坏死、穿孔。蛔虫钻入胰管可引起蛔虫性胰腺炎，钻入阑尾可引起阑尾炎。

（2）肠梗阻　原因是由于大量成虫扭结成团，堵塞肠管，阻塞部位多发生在回肠，临床表现为脐周或右下腹突发间歇性疼痛，并有腹胀、呕吐等。在患者腹部可触及絮状移动团块，个别病人甚至出现蛔虫性肠穿孔、肠坏死而危及生命。有报道曾经从一个 11 岁的男孩肠内取出重达 4 公斤的 1806 条蛔虫。

说完了蛔虫，我们再来看看蛲虫病有哪些症状？

雌虫的产卵活动引起肛门及会阴部皮肤痛痒及继发性炎症，是蛲虫病的主要症状。患者常有烦躁不安、失眠、食欲减退、夜惊等表现，长期反复感染会影响儿童的健康成长。蛲虫异位寄生时，可产生以下严重后果。

（1）雌虫侵入阴道，可引起阴道炎、子宫内膜炎和输卵管炎等。

（2）雌虫侵入尿道，可引起泌尿系感染，出现尿频、尿急、尿痛等症。

（3）雌虫如在腹腔、腹膜、盆腔、肠壁等组织寄生，可引起以虫体或虫卵为中心的肉芽肿病变。

把蛔虫病和蛲虫病的临床表现作一比较，看看有什么区别？

患者主诉

某青年妇女来到药店，诉说上一年级的儿子食欲不好，夜眠不安，有时腹痛，可能有寄生虫病，需要购买打虫药，哪一种药好？

店员询问

首先，应该查询孩子的年龄？性别？然后进一步查询。如：

(1) 您孩子参加过有关单位组织的蛔虫或蛲虫的普查吗？（可以确定是蛔虫还是蛲虫。）

(2) 您孩子发育如何？是否食欲不好？智力如何？(可以判断是否是闹虫子。)

(3) 您孩子腹痛持续的？还是间歇性的？疼痛的部位是在上腹部和肚脐周围吗？(可以判断是蛔虫。)

(4) 您孩子是否在入睡后经常搔抓肛门，并且惊吓？(是蛲虫的症状。)

(5) 您检查过孩子的肛周有小白线虫吗？(是蛲虫。)

(6) 您孩子有吸吮手指的习惯吗？(不讲究卫生，容易感染蛔虫或蛲虫。)

可推荐的药品有：

内服：史克肠虫清片（阿苯达唑片)、安乐士（甲苯咪唑片)、驱虫消食片、驱蛔灵(枸橼酸哌吡嗪)、宝塔糖等；

外用：治虫栓（盐酸左旋咪唑栓)、蛲虫药膏等。

蛔虫病或蛲虫病患者在什么情况下需配合使用泻下药物进行治疗？

建议患者

注意饭前便后要洗手，瓜果蔬菜必须洗净，小儿不要吸吮手指，且要经常将指甲剪短，蛲虫症患者要每天换洗患者内衣、内裤、床单、浴巾、消毒马桶座板、直至服完驱虫药后1星期。

十二、阴道炎

阴道炎是由细菌或滴虫引起的阴道炎症。下面主要介绍常见的霉菌性阴道炎和滴虫性阴道炎。

念珠菌性阴道炎也称真菌性阴道炎也称霉菌性阴道炎，是由于感染白色念珠菌引起的一种阴道炎症，也有少数患者感染其他念珠菌及类酵母菌而发病。

霉菌性阴道炎患者表现为外阴瘙痒、灼痛。严重时坐卧不宁、痛苦异常。还可有尿频、尿痛及性交痛。急性期白带增多，呈白色稠厚豆腐渣样。检查可见小阴唇内侧及阴道黏膜上附着白色膜状物，擦除可露出红肿黏膜面。急性期可见到白色膜状物覆盖下的糜烂面及浅表溃疡。分泌物可查到白色念珠菌。

患者主诉

近来外阴奇痒，阴道分泌物多，分泌物如豆腐渣样，有臭气。对工作及睡眠都有影响，严重时坐卧不宁。

店员查询

首先询问患者年龄、职业，然后进一步查询。

(1) 外阴是否特别的瘙痒?(本病可引起外阴奇痒难耐，坐卧不安。)

(2) 白带的量多不多?(本病的白带量多。)

(3) 白带有无臭味? 颜色? 性状?(本病白带有臭味，为白色，呈凝乳或豆腐渣样。这是真菌性阴道炎的典型症状，可区别于其他类型的阴道炎。)

(4) 阴唇是否肿胀并有烧灼感?(本病有此症状，严重时甚至排尿疼痛且困难。)

(5) 是否最近因其他病而较长时间应用了广谱抗生素或皮质激素? 是否患有糖尿病? 是否处于怀孕期?(这些都是该病的常见诱因。)

可推荐药品:

口服：制霉菌素、氟康唑、斯皮仁诺胶囊、易启康、伊曲康唑、特比奈尔。

外用：米可定泡腾阴道片、制霉菌素泡腾阴道片（原米可定)、凯妮汀（克霉唑阴道片)、克霉唑栓、克霉唑软膏、荷洛松乳膏、得立安软膏、肤阴洁湿巾、洁尔阴洗剂、妇炎康、青柏洁身洗液。

治疗用具：妇科冲洗器。

滴虫性阴道炎是妇科常见病，病原体是阴道毛滴虫，寄生于女性阴道内，也可寄生于男性尿道、包皮皱褶及前列腺内。滴虫性阴道炎的发病率约为10% ~25%。

滴虫性阴道炎是由厌氧的阴道毛滴虫所引起，其传染途径有：通过性交直接传染，经共用浴盆、毛巾、坐便器或污染的器械间接传染。

滴虫性阴道炎的症状一般是：外阴瘙痒伴有白带增多，白带呈稀薄泡沫状，有腥臭味，是本病的典型表现。其次，间或阴道有灼热、疼痛、性交痛等。搔抓后常引起外阴炎、局部潮红、充血及轻度肿胀，如尿道口有感染，则可有尿频、尿痛、偶见血尿。医生检查时，可见阴道黏膜有散在的红色斑点，后穹窿有多量的液性或脓性泡沫状分泌物。在分泌物中可查到滴虫。

患者主诉

近来外阴瘙痒，白带多而有腥味，呈稀薄泡沫状。

店员询问

(1) 您外阴和阴道口除瘙痒外，还灼痛吗?(滴虫性阴道炎的灼痛感明显，可用于区别于其他类型的阴道炎。)·

(2) 阴道分泌物有腥臭味吗? 白带是泡沫样吗?（白带为泡沫样是滴虫性阴道炎的特征。)

(3) 阴道黏膜上有无出血点（滴虫性阴道炎可见阴道黏膜上有散在的红色斑点。)

(4) 您的爱人有尿频、尿痛、尿急等症状吗?(滴虫可在夫妻之间相互传染。)

可推荐药品有:

一般治疗：保持外阴清洁。碧洁洗剂（甲硝唑氯已定)、青柏洁身洗液、高锰酸钾。

改变阴道酸碱度：醋酸洗必泰溶液、光泰溶液冲洗。

阴道上药：甲硝唑阴道泡腾片、卿甲硝唑阴道泡腾片、甲硝唑栓、比适片（替硝唑阴道泡腾片)、循克源（替硝唑栓)、光泰软膏、光泰栓剂。

口服药物：甲硝唑片、替硝唑片、罗红霉素、氧氟沙星。

十三、支气管哮喘

哮喘的医学术语是支气管哮喘，这是一种慢性、非传染性呼吸道疾病，是在支气管高反应状态下由于变应原（过敏原或其他因素）引起的广泛气道狭窄的疾病。

哮喘的病因是多方面的，归纳起来有两方面，即过敏性和非过敏性因素。过敏性因素包括花粉、灰尘、螨虫、动物毛发、食物（尤其是鱼虾类）、油漆、烟雾等，非过敏因素包括遗传、呼吸道感染、药物（如阿司匹林等）、精神紧张、情绪激动、剧烈运动等。

哮喘的主要症状有，呼吸时可听到哮鸣音，呼吸短促，喘息以及咳嗽。轻、中度发作时，常见胸部发紧，阵发性咳嗽，有些患者有大量的痰、呼吸困难、烦躁不安、难以入睡，可听到呼吸哮鸣音；严重发作时呼吸困难、冒冷汗、不能讲话或平卧、面色青灰或苍白、肢端和口唇青紫。

患者主诉

前日下午去刚搬新居的朋友家后，感到鼻痒、喉痒、胸闷、咳嗽、气急、呼吸困难，去医院急诊后经治疗缓解，但这两天仍感不适，常常呼吸困难，偶有喘鸣音，希望选购一种止喘药。

店员查询

（1）您过去曾经犯过哮喘吗？（哮喘多有反复发作史。）

（2）您家族中有患哮喘病的人吗？（哮喘多有遗传或家族史。）

（3）您朋友家是新装修的新居吗？您闻到油漆味了吗？（可能对油漆过敏。）

（4）当时是否就感到胸部发紧，有轻微咳嗽和呼吸困难吗？（哮喘初起的轻度症状。）

（5）您去医院治疗后，服用什么药？昨天有否继续服药？（可能没有连续用药。）

（6）现在您是否感到呼吸困难，不能讲话或平卧？（哮喘严重发作，发展为哮喘持续状态。）

疾病评估

患者有过敏史，此次可能对油漆过敏，未彻底治愈，现正处于哮喘严重发作状态。

推荐药品：

支气管解痉药：沙丁胺醇、特布他林、氨茶碱、茶碱、博利康尼、酮替芬等。

糖皮质激素：地塞米松、倍氯米松、强的松等。

急性发作期用气雾剂、静脉滴注，急性发作但病情不严重者可用气雾剂、普通口服药；缓解期或预防时可用缓释片。

抗菌药：预防感染、防止并发症等。

其他：补液（葡萄糖、氯化钠等）；吸氧等。

注：正确的吸入技术

喘乐宁、必可酮均为手持定量气雾剂。使用前应上下晃动气雾剂，使用时取下瓶盖，用拇指按气雾瓶上端，中指及无名指扶气雾瓶下端，示指扶瓶体，将喷口放进患者口内，合并双唇含着喷口、呼气并开始吸气后，马上按气雾瓶上端喷雾，喷后憋气 10 秒，然后再呼吸。先喷必可酮，再喷喘乐宁。两次喷雾间隔 1 分钟。

十四、疖肿

疖肿是由于局部皮肤损伤或受到抓挠、摩擦、刺激、擦伤，引起毛囊及其所属皮质腺的急性细菌感染，所以也称毛囊炎。是农村和较差卫生环境的地区人群经常容易发生的疾病。

引起疖肿的致病菌多为金黄色葡萄球菌和表皮葡萄球菌。其他因素包括：免疫疾病患者，糖尿病患者，过度使用皮质激素类药品者，经常暴露在某些化学物质环境中者，较差的卫生状况，较差的营养与体质等情况。

疖肿有哪些症状呢?

疖肿好发于头面部、颈后、背部和臀部，开始为红、肿、痛的硬结，几天后硬结扩大，呈锥形隆起，中央形成脓点，然后化脓坏死，排出血性脓液后逐渐愈合。其中发生于鼻翼周围危险三角区及耳部的疖肿症状较重，危险性较大，可有发热、头痛等症状。如被挤压或挑破，细菌可顺血行流入颅内，发生感染后很危险。故疖肿严禁挤压。

患者主诉

在夏天工地上干活的一工人，近两日背部出现两个红肿的硬结，压痛明显，今天硬结肿痛加重，拟购买一种治疗药。

店员查询

患者来到柜台前主诉后，应先查询患者本人的年龄、性别，然后进一步查询：

(1) 您背部硬结、肿痛有多长时间了?

(2) 近几日经常洗澡、换洗衣服了吗? 出汗多吗?

(3) 还有其他身体不适吗?(一般无身体其他不适症状。)

疾病评估

根据患者的症状，是由于出汗多，没有注意个人卫生，造成毛囊堵塞，而引起疖肿的发生。

可推荐的药品：

聚维酮碘溶液、碘酊、利凡诺软膏（乳酸依沙啶软膏）、甲硝唑凝胶、杆菌肽软膏、红霉素软膏、盐酸金霉素软膏、复方新霉素软膏、鱼石脂软膏等。

温馨提示：

(1) 平时注意皮肤清洁、剪指甲，勤洗澡、勤换衣。

(2) 对于疖肿初起时的红小结节，可以局部热敷，涂以2%的碘酊或聚维酮碘，也可局部涂以10%的鱼石脂软膏。1～2日后疖肿可能消退。

(3) 如果疖肿自然破溃，可以用消毒的生理盐水洗净创面，敷以红霉素软膏、金霉素软膏、甲硝唑软膏等。

参 考 文 献

1. 陈玉文．药店经营管理实务．北京：中国医药科技出版社，2006
2. 周树清，冯章主编．如何经营一家成功的药店．北京：中国经济出版社，2005
3. 刘碧蓉．完美起跳——店铺投资规划与开业运作．北京：中国时代经济出版社，2005
4. 达拉滨，礼品包装技巧．广东：广东科技出版社．1998．